陕西蓝皮书

BLUE BOOK OF SHAANXI

陕西省社会科学院／编

陕西经济发展报告
（2019）

ANNUAL REPORT ON ECONOMY OF SHAANXI
(2019)

主　编／白宽犁　裴成荣

社会科学文献出版社
SOCIAL SCIENCES ACADEMIC PRESS（CHINA）

图书在版编目（CIP）数据

陕西经济发展报告.2019／白宽犁，裴成荣主编
.－－北京：社会科学文献出版社，2019.1
（陕西蓝皮书）
ISBN 978－7－5201－3979－3

Ⅰ.①陕…　Ⅱ.①白…②裴…　Ⅲ.①区域经济发展
－研究报告－陕西－2019　Ⅳ.①F127.41

中国版本图书馆 CIP 数据核字（2018）第 274268 号

陕西蓝皮书
陕西经济发展报告（2019）

主　　编／白宽犁　裴成荣

出 版 人／谢寿光
项目统筹／邓泳红　吴　敏
责任编辑／吴　敏

出　　版／社会科学文献出版社·皮书出版分社（010）59367127
　　　　　　地址：北京市北三环中路甲 29 号院华龙大厦　邮编：100029
　　　　　　网址：www.ssap.com.cn
发　　行／市场营销中心（010）59367081　59367083
印　　装／三河市东方印刷有限公司

规　　格／开本：787mm×1092mm　1/16
　　　　　　印张：22　字数：330 千字
版　　次／2019 年 1 月第 1 版　2019 年 1 月第 1 次印刷
书　　号／ISBN 978－7－5201－3979－3
定　　价／128.00 元

本书如有印装质量问题，请与读者服务中心（010－59367028）联系

陕西蓝皮书编委会

主　　　　　任	白宽犁	
副　主　　任	刘卫民　杨　辽　毛　斌	
委　　　　　员	（按姓氏笔画排列）	
	于宁锴　王长寿　王建康　牛　昉　李继武	
	吴敏霞　张艳茜　谷孟宾　郭兴全　唐　震	
	裴成荣	
主　　　　　编	白宽犁　裴成荣	
本书执行主编	裴成荣	
本书执行副主编	张　馨	

主要编撰者简介

白宽犁　陕西省社会科学院副院长，研究员。研究领域为马克思主义中国化、思想政治教育工作、宣传思想文化工作、社会治理等。在各类报刊上发表理论文章 100 余篇，编辑出版著作 20 余部，承担国家社科基金项目 1 项、其他项目 20 余项。兼任陕西省社会科学信息学会会长。

裴成荣　陕西省社会科学院学术委员会副主任，经济研究所所长，二级研究员，主要研究方向为区域经济、城市经济、产业经济。出版《国有企业改革与产权市场建设》《区域发展与产业培育》《中国西部失地农民可持续发展研究》《国际化大都市特色研究》《文化大繁荣背景下遗址保护与都市圈和谐共生机制研究》《陕西经济发展报告》等 20 余部著作。

摘　要

　　《陕西经济发展报告（2019）》主要包括四部分内容。第一部分为总报告，主要对 2018 年陕西宏观经济运行特点进行了分析并对 2019 年宏观经济形势进行了预测。第二部分为综合篇，对 2018 年陕西农村经济形势、工业经济形势、对外贸易发展形势进行了分析并对 2019 年发展趋势进行了预测，对陕西"三个经济"发展路径、发展不平衡不充分矛盾表现及对策、市场和产业开放环境评测及促进民间投资稳增长对策进行了研究。第三部分为区域篇，主要围绕关中平原城市群协同发展、陕西建设高水平自贸试验区、"一带一路"国家贸易便利化水平对陕西出口贸易的影响、西安提升在"一带一路"建设中的地位与作用、西安军民融合示范区发展、咸阳建设创新型科技园区等问题进行了分析，并提出了政策建议。第四部分为产业篇，主要围绕改革开放 40 年陕西产业发展的历程及成就与经验、汽车产业、物联网产业、绿色矿业发展机制、企业跨境贸易和投资便利化研究、降低获得信贷难度和成本等热点难点问题进行了分析，并提出相应的政策建议。

Abstract

Annual Report on Economy of Shaanxi (2019) included four parts. The first part, General Report, focused on macroscopic economy operation of Shaanxi in 2018 and forecasted tendency in 2019. The second part, Comprehensive Economy, mainly concentrated on industrial operation situation, rural economy and external trade operation of Shaanxi in 2018 and forecasted the tendency in 2019, and made comprehensive analysis on development path of " Three Economies", contradictory performance and countermeasures of Shaanxi's unbalanced and insufficient development, market and industry open environment evaluation, promoting the steady growth of private investment and so on. The third part, Regional Economy, analyzed the main problems including coordinated development of Guanzhong Plain Urban Agglomeration, high level construction of Pilot Free Trade Zone of Shaannxi, influence of trade facilitation level of " The Belt and Road" countries on Shaanxi export trade, Xi'an promoting status and role in " The Belt and Road" construction, development of Xi'an military-civilian integration demonstration zone, construction of innovative technology park in Xianyang, and the corresponding policy suggestion were proposed. The fourth part, Industrial Economy, mainly focused on the topics including achievements and experience of Shaanxi's industrial development in the past forty years of reform and opening up, automobile industry, internet of things industry, development mechanism of the green mining, cross-border trade and investment facilitation of enterprises, reducing the difficulty and cost of credit, and proposed the corresponding policy suggestion.

目 录

I 总报告

B.1 2018年陕西经济形势分析及2019年预测

………………………………… 陕西省社会科学院经济研究所课题组 / 001

一 2018 年陕西宏观经济运行特点分析 ………………………… / 002

二 2018 年陕西经济运行中存在的问题 ………………………… / 011

三 2018 年陕西经济发展面临的国内外环境分析 ……………… / 015

四 2019 年全省宏观经济发展基本面预测 ……………………… / 020

五 2019 年促进陕西经济发展的对策建议 ……………………… / 022

II 综合篇

B.2 2018年陕西农村经济形势分析与2019年预测 ………… 赖作莲 / 029

B.3 2018年陕西工业经济形势分析与2019年预测

………………………………………………… 武 斌 吴 刚 / 047

B.4 2018年陕西对外贸易发展形势分析及2019年预测 ……… 刘晓惠 / 056

B.5 陕西"三个经济"发展路径研究

………………………… 陕西省社会科学院经济研究所课题组 / 071

B. 6 陕西市场和产业开放环境评测及优化路径研究

·············· 陕西省社会科学院课题组 / 089

B. 7 陕西发展不平衡不充分矛盾表现与对策研究·············· 张　馨 / 112

B. 8 促进陕西民间投资稳增长对策研究········· 西安理工大学课题组 / 128

Ⅲ　区域篇

B. 9 陕西建设关中平原城市群研究················· 裴成荣　顾　菁 / 149

B. 10 陕西建设高水平自贸试验区研究

·············· 陕西省社会科学院经济研究所课题组 / 162

B. 11 关中平原城市群发展现状评价 ················· 冉淑青　曹　林 / 172

B. 12 “一带一路”国家贸易便利化水平对陕西出口贸易的

影响研究 ················· 薛伟贤　高艺娜 / 187

B. 13 西安提升在“一带一路”建设中的地位与作用研究

·············· 陕西省社会科学院经济研究所课题组 / 206

B. 14 西安军民融合示范区发展研究 ······ 姜　涛　吴晓星　范晓鹏 / 226

B. 15 支持咸阳高新区建设创新型科技园区研究

·············· 陕西省决策咨询委员会课题组 / 237

B. 16 陕西特色小镇集体经营性建设用地入市对策研究

——以西安为例 ················· 张　沛　王　峥　信建国 / 246

Ⅳ　产业篇

B. 17 改革开放四十年陕西产业发展历程、成就与经验

················· 曹　林　张爱玲　李　艳　严　卫 / 263

B. 18 推进汽车产业成为陕西“三个经济”发展领航

产业路径研究 ················· 吴　刚　王文刚 / 281

B.19 抓住时代机遇　促使物联网成为支柱产业
………………………………… 陕西省决策咨询委员会课题组 / 291

B.20 新时代背景下的绿色矿业发展机制与响应政策
——以陕西为例 …………………………………… 周　宾 / 301

B.21 陕西提升企业跨境贸易和投资便利化研究 ………… 孙雅姗 / 313

B.22 降低陕西企业获得信贷难度和成本的报告 ………… 郭普松 / 323

[皮书数据库阅读**使用指南**]

CONTENTS

I General Report

B.1 2018 Analysis of Shaanxi Economic Situation and 2019 Forecast

Project Group of Economic Research Institution of Shaanxi Academy of

Social Sciences / 001

1. The Characteristics of Shaanxi Macro-economy Operation in 2018 / 002

2. The Problems of Shaanxi Economy Operation in 2018 / 011

3. The Analysis of Shaanxi Economic Environment and the

Impact in 2018 / 015

4. The Targets of Shaanxi Economy Development in 2019 / 020

5. The Policy Recommendations of Shaanxi Economy Development

in 2019 / 022

II Comprehensive Studies

B.2 The Analysis of Shaanxi Rural Economic Situation in 2018 and

Forecast in 2019 *Lai Zuolian* / 029

B.3 The Analysis of Shaanxi Industrial Economic Situation in 2018

and Forecast in 2019 *Wu Bin, Wu Gang* / 047

B.4　The Analysis of Shaanxi Foreign Trade of Shaanxi in 2018 and

　　　Forecast in 2019　　　　　　　　　　　　　　*Liu Xiaohui* / 056

B.5　Study on the Development Path of "Three Economies" in Shannxi

　　　　　Project Group of Economic Research Institution of Shaanxi Academy of

　　　　　　　　　　　　　　　　　　　　　Social Sciences / 071

B.6　Study on the Market and Industry Open Environment

　　　Evaluation and Optimization Path in Shannxi

　　　　　　　Project Group of Shaanxi Academy of Social Sciences / 089

B.7　Study on the Contradictory Performance and Countermeasures of

　　　Shaanxi's Unbalanced and Insufficient Development　　*Zhang Xin* / 112

B.8　Study on Promoting the Steady Growth of Private Investment

　　　in Shaanxi Province　　*Project Group of Xi'an University of Technology* / 128

Ⅲ　Regional Reports

B.9　Study on Shaanxi's Construction of Guanzhong Plain Urban

　　　Agglomeration　　　　　　　　　　*Pei Chengrong, Gu Jing* / 149

B.10　Study on the High Level Construction of Pilot Free Trade

　　　Zone of Shaannxi

　　　　　Project Group of Economic Research Institution of Shaanxi Academy of

　　　　　　　　　　　　　　　　　　　　　Social Sciences / 162

B.11　Evaluation on the Development Status of Guanzhong Plain

　　　Urban Agglomeration　　　　　　　　*Ran Shuqing, Cao Lin* / 172

B.12　Study on the Influence of Trade Facilitation Level of

　　　"The Belt and Road" Countries on Shaanxi Export Trade

　　　　　　　　　　　　　　　　　　Xue Weixian, Gao Yina / 187

B.13　Study on the Path of Xi'an Promoting Status and Role in

　　　"The Belt and Road" Construction

　　　　　Project Group of Economic Research Institution of Shaanxi Academy of

　　　　　　　　　　　　　　　　　　　　　Social Sciences / 206

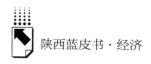
B.14 Study on the Development of Xi'an Military-Civilian
Integration Demonstration Zone
Jiang Tao, Wu Xiaoxing and Fan Xiaopeng / 226

B.15 Study on the Supporting the Construction of Innovative
Technology Park in Xianyang High-tech Zone
Project Group of Policy Advisory Commission of Shaanxi Province / 237

B.16 Study on the Countermeasures for the Entry of Collective
Construction Land in Characteristic Towns in Shaanxi-Take
Xi'an as an Example   *Zhang Pei, Wang Zheng and Xin Jianguo* / 246

Ⅳ Industry Reports

B.17 The Course, Achievements and Experience of Shaanxi's Industrial
Development in the Past Forty Years of Reform and
Opening up   *Cao Lin, Zhang Ailing, Li Yan and Yan Wei* / 263

B.18 Research on the Path of Building the Automobile Industry into the
Leading Industry of Shaanxi's "Three Economics" Development
Wu Gang, Wang Wengang / 281

B.19 Seizing the Opportunity of the Times and Promoting the Internet
of Things to Develop a Pillar Industry
Project Group of Policy Advisory Commission of Shaanxi Province / 291

B.20 Development Mechanism and Response Policies of the Green
Mining Based on Shaanxi   *Zhou Bin* / 301

B.21 Study on Promoting Cross-border Trade and Investment
Facilitation of Enterprises in Shaanxi   *Sun Yashan* / 313

B.22 Report on Reducing the Difficulty and Cost of Obtaining
Credit for Shaanxi Enterprises   *Guo Pusong* / 323

总 报 告

General Report

B.1

2018年陕西经济形势分析
及2019年预测*

陕西省社会科学院经济研究所课题组**

摘　要： 2018 年是贯彻党的十九大精神的开局之年，是改革开放
40 周年，是决胜全面建成小康社会的关键一年。省委、省
政府以习近平新时代中国特色社会主义思想为指导，全面
贯彻落实党的十九大精神、总书记批示指示精神和省委十
三届三次全会精神，坚持稳中求进工作总基调，深入推进
供给侧结构性改革，围绕建设现代化经济体系，加快推动
高质量发展。前三季度，全省经济运行呈现"总体平稳、

* 本报告中未注明的数据均来源于国家统计局网站、陕西统计局网站和国家统计局陕西调查总队
网站。
** 课题组组长：裴成荣，陕西省社会科学院经济研究所所长，研究员；课题执笔：张馨，陕西
省社会科学院经济研究所助理研究员。

活力增强、质效提升"良好态势，但经济运行面临一些下行压力，需进一步夯实经济稳增长基础。2019 年，陕西要以"三个经济"为抓手，继续构建现代经济体系、扩大对外开放、推动军民融合深度发展、加快推进精准扶贫脱贫、优化提升营商环境、推动关中平原城市群协同发展等工作。

关键词： 陕西　宏观经济　"三个经济"

一　2018年陕西宏观经济运行特点分析

（一）经济运行保持平稳较快增长

2018 年前三季度，陕西实现生产总值 16867.92 亿元，同比增长 8.4%，较上年同期增长 0.3 个百分点，高于全国 1.7 个百分点（见图 1）。其中，第一产业增加值 930.44 亿元，同比增长 3.3%；第二产业增加值 8217.80 亿元，同比增长 8.8%；第三产业增加值 7719.68 亿元，同比增长 8.6%。陕西前三季度生产总值在全国位列第 15，在西部 12 个省区市排名第 2，仅次于四川。总体来看，前三季度省经济运行呈现"总体平稳、活力增强、质效提升"态势。

从各市（区）来看，4 个市（区）前三季度生产总值同比增速高于全省平均水平。其中，安康、汉中、延安和榆林的增速分别为 10.3%、9.6%、9.3% 和 9.3%，列全省前四位；铜川以 5.2% 的增速列全省末位（见图 2）。

（二）农业生产平稳向好

2018 年，受天气影响，陕西夏粮产量略有下降，但仍实现丰收。全省

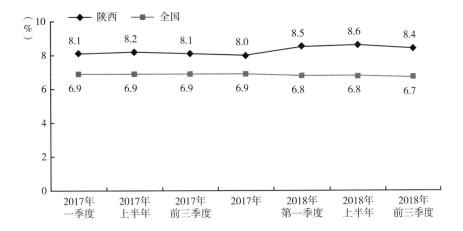

图1　2017年与2018年陕西与全国GDP增速比较

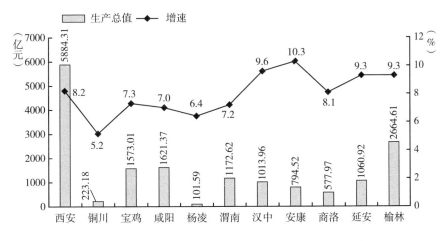

图2　2018年前三季度陕西各市（区）生产总值和增速

夏粮播种面积1662.4万亩，与上年大体持平；夏粮产量438.3万吨，略低于上年；亩产263.7公斤，也略低于上年。全省秋粮产量786.9万吨，同比增长4.6%。

油料、蔬菜及水果产量稳定增长。前三季度，全省油料产量61.67万吨，同比增长3.2%；蔬菜及食用菌产量1393.46万吨，同比增长2.8%；园林水果产量达588.57万吨，同比增长1.3%。

前三季度，主要畜禽产品产量保持基本稳定，全省猪牛羊禽肉类产量79.8万吨，同比下降1.5%；牛奶产量83.1万吨，同比增长3.0%。上半年猪、牛、羊、家禽存栏分别为833.9万头、148.9万头、855.2万只和7065.8万只。

（三）工业生产稳中趋缓

前三季度，全省规模以上工业实现总产值同比增长13.9%，较上年同期回落5.9个百分点。规模以上工业增加值增长9.2%，比上年同期加快1.5个百分点，高于全国2.8个百分点，列全国第4位（见图3）。

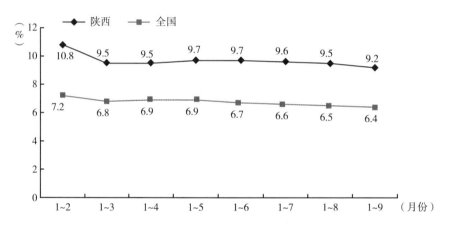

图3　2018年前三季度陕西和全国规模以上工业增加值增速比较

从主要行业看，前三季度，能源工业保持稳定，规模以上能源工业实现增加值同比增长10.3%，拉动全省规模以上工业增长5个百分点；非能源工业增长放缓，非能源工业实现增加值同比增长8.1%，拉动全省规模以上工业增长4.2个百分点。其中，煤炭开采和洗选业、农副食品加工业、烟草制造业、仪表仪器制造业、电气机械和器材制造业等传统产业增势良好，均保持两位数增长，分别增长14.7%、13.0%、11.7%、28.1%、20.0%；石油及天然气开采业增长9.1%。随着传统产业的改造提升和战略性新兴产业的加快推进，产业结构持续优化，增长动能不断释放。前三季度，全省高技术产业实现增加值同比增长 10.1% ，高于全省规模以上工业增速 0.9 个百分点，增加值占全省规模以上工业的比重为 9.5% 。

从产品产量看，统计的 64 种主要工业产品中，半数以上的产品保持增长，20 种产品增速较上半年加快。代表新兴产业的工业新产品保持高速增长，智能电视增长 2.2 倍，3D 打印设备增长 104.8% ，新能源汽车增长 78.2% ，光纤增长 70.3% ，光缆增长 32.4% ，工业机器人增长 26.7% 。

从企业效益看，前三季度，全省规模以上工业主营业务收入 16350.8 亿元，同比增长 12.7% ，高于全国平均增速 3.3 个百分点，增速列全国第 9 位；利润总额 1786.7 亿元，增长 24.2% ，高于全国 9.5 个百分点，增速列全国第 11 位；主营业务收入利润率 10.9% ，同比提高 1.02 个百分点；规模以上工业企业累计亏损额 158.8 亿元，同比增长 25.2% ，重点行业和大型企业亏损额增加。

前三季度，陕西 11 个市（区）规模以上工业增加值全部实现正增长，西安、汉中、安康、商洛、延安、杨凌 6 个市（区）规模以上工业增加值增速高于全省平均水平。其中，安康、汉中、商洛分别以 15.5% 、15.4% 和 14.8% 列前三位；铜川、渭南、咸阳分别以 3.0% 、6.8% 和 7.0% 列后三位（见图 4）。

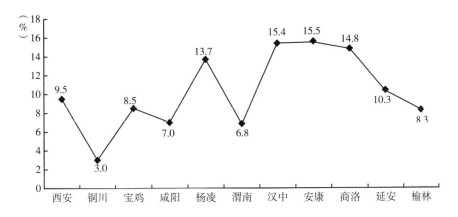

图4　2018 年前三季度陕西各市（区）规模以上工业增加值增速

（四）固定资产投资增长较快

前三季度，全省累计完成固定资产投资（不含农户）16671.1亿元，同比增长11.0%，较上年同期回落3.6个百分点，高于全国投资增速平均水平5.6个百分点（见图5）。分三次产业看，第一产业增长较快。第一产业投资1079.69亿元，同比增长55.4%；第二产业投资4019.43亿元，同比增长4.5%，其中工业投资4012.86亿元，同比增长4.4%；第三产业投资11571.99亿元，同比增长10.3%。

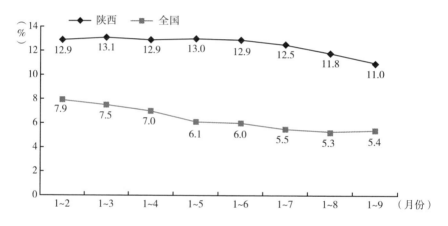

图5 2018年前三季度陕西和全国固定资产投资增速比较

前三季度，全省制造业转型升级加快，投资同比增长9.6%，较上半年提高4.5个百分点，其中高技术制造业投资由上半年的同比下降1.6%，转为增长21.2%。

民间投资增长加快，前三季度，全省民间投资同比增长25.9%，创2015年以来新高，民间投资占全部投资的比重为43.3%，较上半年提高0.9个百分点。

房地产开发投资持续回升。前三季度，房地产开发投资2589.95亿元，同比增长17.9%，高于全国平均水平8个百分点。

从各市（区）看，前三季度8个市（区）的固定资产投资增速均高于全省平均水平，其中，安康、汉中和渭南分别以 21.7%、17.1% 和 15.5% 列前三位；延安以 1.2% 的增速列最后一位。

（五）市场消费升级态势明显

前三季度，全省社会消费品零售总额为 6394.66 亿元，同比增长 10.9%，较上年同期回落 1.1 个百分点，高出全国 1.6 个百分点（见图6）。按经营地分，城镇消费品零售额为 5618.68 亿元，同比增长 10.8%，高于全国 1.7 个百分点；乡村消费品零售为 775.98 亿元，同比增长 11.9%，高于全国 1.5 个百分点。按消费形态分，餐饮收入 692.69 亿元，同比增长 14.3%，高于全国 4.5 个百分点；商品零售 5701.98 亿元，同比增长 10.5%，高于全国 1.3 个百分点。

消费升级类商品零售快速增长。前三季度，限额以上企业（单位）商品零售额 3575.36 亿元，同比增长 11.4%。其中，体育娱乐用品类商品零售额增长 17.5%，通信器材类增长 16.0%，计算机及其配套产品增长 15.5%。

新兴消费模式带动作用明显。前三季度，网上零售额继续呈引领态势，限额以上企业（单位）通过公共网络实现商品销售 294.76 亿元，同比增长 39.2%，占限额以上消费品零售额的 7.8%，较上年同期提高 2.2 个百分点。

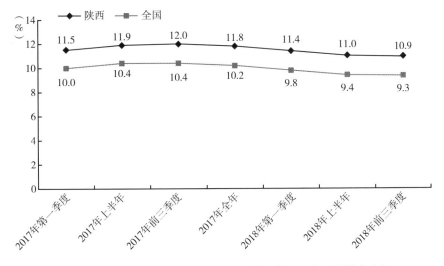

图6 2017年与2018年陕西和全国社会消费品零售总额增速比较

从前三季度各市（区）社会消费品市场看，9 个市（区）的同比增速高于或与全省水平持平。其中，安康和杨凌均以 12.4% 的增速位列第一，汉中以 11.7% 的增速位列第三，铜川以 11.5% 的增速位列第四；西安、延安和渭南分别以 10.5%、10.6% 和 10.9% 列后三位（见图 7）。

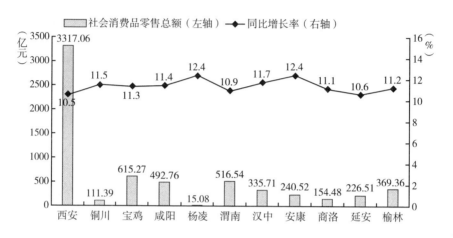

图 7　2018 年前三季度各市（区）消费品零售总额与增速

（六）对外贸易持续向好

前三季度，全省实现对外贸易进出口总额 2580.08 亿元，同比增长 31.9%，高于全国 22 个百分点，增速列全国第三位。其中，出口总值 1571.97 亿元，同比增长 34.9%，高于全国 28.4 个百分点；进口总值 1008.11 亿元，同比增长 27.3%，高于全国 13.2 个百分点（见图 8）。同期贸易顺差 563.86 亿元。

前三季度，陕西营商环境不断改善，吸引越来越多的外商投资企业入陕，新登记注册外商投资企业 601 户，同比增长 37.21%；合同利用外资 52.51 亿美元，同比增长 9.1%；实际利用外资 34.44 亿美元，同比下降 10.1%。

（七）财政税收占比提升

前三季度，全省地方财政收入 1779.55 亿元，同比增长 11.5%。其中，

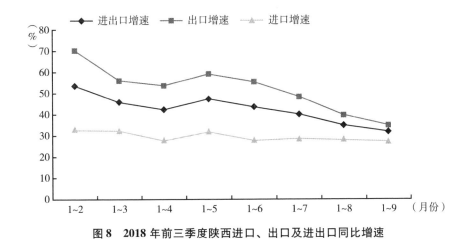

图8 2018年前三季度陕西进口、出口及进出口同比增速

各项税收收入1404.90亿元，同比增长24.2%，占地方财政收入的78.9%，同比提高8.0个百分点；非税收入374.65亿元，同比下降19.4%。

前三季度，全省民生支出等各项重点支出得到较好保障，教育、社会保障和就业、城乡社区事务、农林水事务、医疗卫生与计生是财政的主要支出项目。从增速来看，科学技术、节能环保、社会保障和就业分别以28.4%、26.2%和18.5%位列前三，住房保障支出以−11.8%的增速位列最后。

从前三季度各市（区）财政收入累计增速来看，榆林、延安和渭南分别以31.9%、20.9%和15.1%的增速列前三位，安康、宝鸡和商洛分别以4.8%、6.5%和7.8%的增速列后三位。

从前三季度各市（区）财政支出累计增速来看，榆林、铜川和延安分别以17.1%、15.2%和14.6%的增速列前三位，杨凌、宝鸡和商洛分别以2.7%、6.9%和7.3%的增速列后三位。

（八）居民消费价格温和上涨

前三季度，陕西居民消费价格总水平比上年同期上涨2.0%，比全国平均水平低0.1个百分点（见图10）。分城乡看，城市上涨2.0%，农村上涨2.2%；分用途看，食品价格上涨1.6%，非食品价格上涨2.1%；分类别看，消费品价格上涨1.8%，服务价格上涨2.4%。

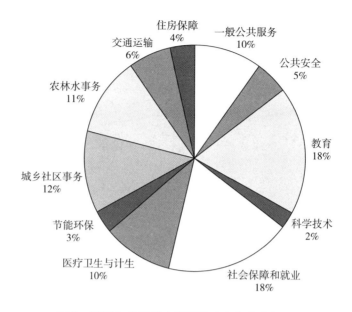

图9 2018年前三季度陕西财政支出分类占比

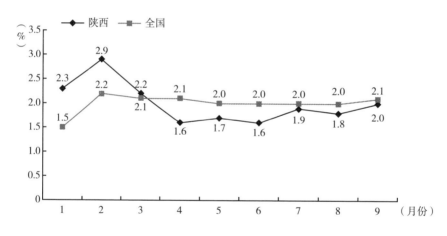

图10 前三季度陕西和全国CPI同比增长率比较

前三季度,居民消费八大类商品和服务价格全部上涨。其中,医疗保健类价格领涨,上涨4.5%;居住、生活用品及服务类价格分别上涨2.7%、2.2%;食品烟酒、教育文化和娱乐、其他用品和服务、交通和通信类价格分别上涨1.8%、1.3%、1.2%、1.1%;衣着类价格上涨0.8%。

食品烟酒、居住和医疗保健三大类价格是推动 CPI 上涨的主要因素，分别影响 CPI 上涨约 0.54 个、0.54 个、0.42 个百分点，三者合计对 CPI 上涨的贡献率达 74.4%。

（九）城乡居民收入保持较快增长

前三季度，全省居民人均可支配收入为 17006 元，居全国第 18 位。居民可支配收入同比名义增长 9.1%，扣除价格因素实际增长 6.9%，高于全国平均水平 0.3 个百分点。

从可支配收入构成看，前三季度，全省居民四项收入全面增长，其中，人均工资性收入 9221 元，同比增长 7.7%；人均经营净收入 2014 元，同比增长 10.4%；人均财产净收入 1040 元，同比增长 14.6%；人均转移净收入 4731 元，同比增长 10.1%。四项收入占可支配收入的比重分别为 54.2%、11.9%、6.1%、27.8%。

全省城镇居民人均可支配收入 25235 元，在全国居第 16 位，同比名义增长 8.0%（见图 11），增速快于全国平均增速 0.1 个百分点。从收入构成看，四大项收入"两增两降"，其中工资性收入和转移净收入同比分别增长 7.9% 和 17.7%，经营净收入和财产净收入同比分别下降 8.2% 和 2.3%。

全省农村居民人均可支配收入达到 8449 元，在全国居第 23 位，同比名义增长 9.1%（见图 11），快于全国平均水平 0.2 个百分点。从收入构成看，农村居民四大项收入呈现"三增一平"态势，其中，工资性收入、财产净收入和转移净收入同比分别增长 11.5%、9.8% 和 14.2%，经营净收入与上年同期基本持平。

前三季度，陕西农村居民人均可支配收入增速快于城镇 1.1 个百分点，城乡居民收入倍差为 2.99，较上年同期缩小 0.03。

二 2018年陕西经济运行中存在的问题

当前，外部环境更加严峻复杂，国内长期积累的结构性矛盾仍然突出。

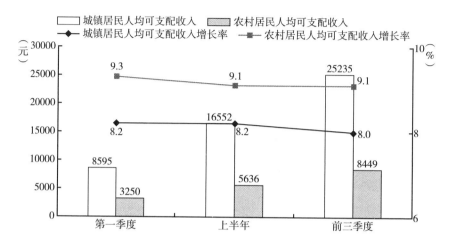

图11 2018年前三季度陕西城乡居民人均可支配收入比较

陕西经过近年来一系列稳增长政策措施，效果逐步显现，经济运行基本面向好，结构调整在扎实推进，质量效益在稳步提升，但陕西省经济正处在结构调整转型升级的攻关期，经济运行面临一些下行压力，还需进一步夯实经济稳增长的基础、巩固稳中有进的良好态势。

（一）经济下行压力加大

2018年前三季度，陕西实现生产总值16867.92亿元，同比增长8.4%，比2017年同期增长0.3个百分点。其中，第一产业同比增长3.3%，比上年同期低1.1个百分点；第二产业同比增长8.8%，比上年同期高1.5个百分点；第三产业同比增长8.6%，比上年同期低0.9个百分点。第一产业和第三产业都呈现出增速放缓的趋势。

从近三年经济发展的核心指标增速来看，2018年前三季度规模以上工业增加值、农村居民人均可支配收入的增速较上年有略微增长，但固定资产投资、社会消费品零售总额、外贸进出口总额、地方财政收入、城镇居民人均可支配收入的增速较上年都有所下降，在质效提升的过程中，经济指标的增速出现下滑（见表1）。

表1　陕西经济发展核心指标增速同期对比

单位：%

核心指标	2018年前三季度	2017年前三季度	2016年前三季度
地区生产总值	8.40	8.10	7.30
规模以上工业增加值	9.20	7.70	6.80
固定资产投资	11.00	14.60	11.30
社会消费品零售总额	10.90	12.00	10.60
外贸进出口总额	31.90	35.70	2.40
地方财政收入	11.50	18.60	-3.10
城镇居民人均可支配收入	8.00	8.30	7.60
农村居民人均可支配收入	9.10	8.80	8.50

（二）工业固定资产投资增速回落

2018年前三季度，全省工业固定资产投资累计增长4.4%，增速较1~8月回落2.5个百分点，低于全国增速1个百分点。能源工业同比下降4.7%，降幅较1~8月扩大4个百分点；非能源工业增长9.3%，较1~8月回落1.4个百分点。全省工业企业技术改造投资同比增长7.9%，较1~8月加快3.9个百分点。工业民间投资增长14.6%，较1~8月回落2.4个百分点。

前三季度，全省工业投资增速低于上年同期1.3个百分点，前三季度增速呈回落趋势，二季度较一季度回落3.4个百分点，三季度较二季度回落2.3个百分点。

（三）工业企业景气指数、企业家信心指数双回落

三季度，全省工业企业景气指数为131.2，比二季度回落3.1；企业家信心指数为131.5，比二季度回落3.8。工业企业景气指数回落，仍连续三个季度处于"较为景气"区间［150，120）（见图12）。

从行业看，35个行业企业景气指数在景气区间（大于100）运行，仪器仪表制造业，皮革、毛皮、羽毛及其制品和制鞋业，水的生产和供应业，

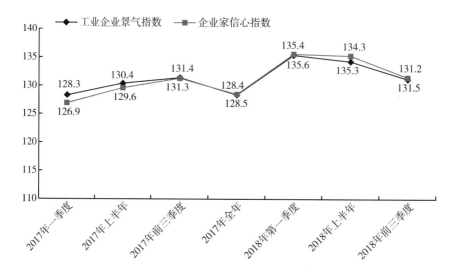

图12　2017年与2018年工业企业景气指数与企业家信心指数

石油和天然气开采业，金属制品、机械和设备修理业，医药制造业，铁路、船舶、航空航天和其他运输设备制造业，燃气的生产和供应业，专用设备制造业等13个行业景气度较高，指数达到140以上。23个行业景气指数与上季度相比回落，其中黑色金属冶炼和压延加工业、家具制造业、废弃资源综合利用业、其他制造业回落20个百分点以上。

（四）消费品市场增长趋缓

前三季度，受汽车、煤炭等商品增速放缓的影响，陕西省消费品市场呈现稳中趋缓态势，实现社会消费品零售总额6394.66亿元，增长10.9%，增速同比回落1.1个百分点。其中，限额以上单位实现消费品零售额3767.41亿元，增长11.5%，增速同比回落1.5个百分点。

从消费形态上看，前三季度，陕西省实现餐饮收入692.69亿元，增长14.3%，增速同比提高2.9个百分点，与上半年持平；实现商品零售5701.98亿元，增长10.5%，增速同比回落1.6个百分点，较上半年回落0.1个百分点。

在经营地方面，前三季度，陕西省城镇消费品零售额增速加快，实现零售额5618.68亿元，增长10.8%，增速同比回落1.4个百分点，较上半年加快0.1个百分点；乡村则实现零售额775.98亿元，增长11.9%，增速同比加快1个百分点，较上半年回落0.7个百分点。

三　2018年陕西经济发展面临的国内外环境分析

（一）国际经济发展环境分析

1. 国际大事件

（1）中美贸易摩擦

2018年以来，美国政府对全球多个国家发起贸易战，其中尤其针对的是我国。在宏观经济方面，经贸摩擦一定程度上增加了我国经济的外部风险和下行压力，但总体有限。在外部环境方面，经贸摩擦短期内不可避免地会对全球贸易、产业链和经济全球化造成冲击，给我国经贸环境带来一定影响。但世界经济延续复苏势头，为我国外贸增长提供了良好条件。与"一带一路"沿线国家的贸易正成为我国新的外贸增长点，同时，自贸伙伴成为我国重要出口市场、进口来源地和投资合作对象。自贸试验区建设正向更高层次推进，大大拓展了我国经济发展新空间。总体来看，我国经贸环境仍有望继续保持稳定态势。我国实行全方位开放，外贸并不完全依赖一个国家或地区，成熟的多边贸易体制和"一带一路"建设的推进，为我国提供了足够的替代选择。

（2）博鳌亚洲论坛

2018年博鳌亚洲论坛以"开放创新的亚洲，繁荣发展的世界"为主题，促进各国致力于建设一个包容的世界，营造共同和谐的氛围。4月8日下午发布的2018年度《亚洲经济一体化进程》《新兴经济体发展》《亚洲竞争力》三大学术报告显示，亚洲经济一体化进程持续推进，整体竞争力不断增强，为世界经济的繁荣发展做出了贡献。中国推出的一系列扩大开放的政

策举措令世界感到振奋，表明未来中国将继续坚定推进改革开放，这对中国和世界各国人民都是一个福音，将有力推动全球共同发展繁荣。

（3）上海合作组织青岛峰会

2018年6月在青岛举办上海合作组织峰会，这是上合组织扩员后的首次峰会。习近平总书记在讲话中首次系统性提出弘扬"上海精神"的"五观"：一是创新、协调、绿色、开放、共享的发展观；二是共同、综合、合作、可持续的安全观；三是开放、融通、互利、共赢的合作观；四是平等、互鉴、对话、包容的文明观；五是共商共建共享的全球治理观。成员国领导人签署了《上海合作组织成员国元首理事会青岛宣言》以及一系列决议。青岛峰会将成为上合组织发展进程中一座新的里程碑，开启这一新型区域组织的新时代。

2. 主要经济体经济复苏情况①

（1）美国

美国第三季度GDP年化增长3.5%，尽管弱于二季度的增速4.2%，但是超过了预期值3.3%，三季度经济表现强于预期，增速创2015年以来最佳同期表现。其主要源于个人消费支出、私人库存投资、联邦政府与地方政府支出和非住宅固定投资所做出的积极贡献。

（2）欧元区

欧元区三季度GDP环比增速进一步放缓至0.2%，低于二季度0.4%的增速。三季度GDP环比和同比均不及预期和前值，显示出欧元区经济在2018年内持续放缓。

（3）英国

前三季度英国GDP同比增长1.3%，为2016年底以来的最大增幅，但8月以来经济突然丧失动能，表明脱欧前夕经济增长放缓。

（4）日本

前三季度日本GDP同比增长0.9%。经季节调整后，日本三季度GDP

---

① 此节未标明数据来源于新华社中国金融信息网。

环比下降 0.3%，按年率换算环比下降 1.2%。经济增速出现萎缩，内需减少是三季度 GDP 环比下降的最大原因。作为内需支柱，占 GDP 约六成的个人消费拖累了整体数据。

（5）金砖国家

中国前三季度 GDP 同比增长 6.7%，经济增长总体平稳，经济结构继续优化升级，新动能持续显著增长，经济运行在合理区间。俄罗斯前三季度 GDP 同比增长 1.5%，农业生产出现下滑导致经济增长减慢。印度三季度 GDP 实际增速为 7.1%，居于全球第一；巴西前三季度 GDP 初值同比实际增长 1.1%，虽然三季度经济增速开始回升，但增长率仍较低；南非三季度 GDP 初值同比实际增长了 0.8%，三季度经济增速有所回升。

2018 年上半年，世界经济延续了 2017 年以来的整体增长态势，发达国家劳动力市场接近充分就业水平，带动消费者信心上升，为经济增长注入动力。同时，物价走势较为温和，涨幅不及预期，缓解了市场对通胀走强的担忧，也延缓了发达国家收缩货币政策的步伐。但是，由于欧元区经济增速放缓和新兴市场经济动荡加剧，主要经济体增长态势有所分化，世界经济增长动能出现边际性减弱。

（二）国内经济发展环境分析

1. 改革开放四十周年

1978 年 12 月，我们党召开了具有重大历史意义的十一届三中全会，作出把党和国家工作中心转移到经济建设上来和实行改革开放的伟大决策，开启了改革开放历史新时期，也由此开始了建设中国特色社会主义的新征程。经过 40 年来的不断探索、努力奋斗和伟大实践，中国人民的生活实现了由贫穷到温饱，再到整体小康的跨越式转变；中国社会实现了由封闭、贫穷、落后和缺乏生机到开放、富强、文明和充满活力的历史巨变。从五个方面来看，一是中国经济高速增长，经济总量跃居世界第二，经济结构实现重大变革，发展的协调性和可持续性明显提高，基础产业和基础设施实现跨越式发展，供给能力实现从短缺匮乏到丰富充裕的巨大转变，发展新动能快速崛起。二是社会主义民主政治展现出旺盛的生命力，特别是党的十八大以来，面对国际国内形势发生的深刻变化，习近平总书记提出发展社会主义民主政治的一系列新理念、新思想、新战略，中国特色社会主义制度更加完善，国家治理体系和治理能力现代化水平明显提高，民主法治建设迈出重大步伐。三是中国特色社会主义文化建设繁荣发展，通过改革，文化创新创造活力充分迸发，文化事业更加繁荣，文化产业蓬勃发展，社会主义文化建设开创出新的局面。四是人民生活不断改善，和谐社会建设成效显著，城乡居民收入快速增长，消费支出水平不断提高，由生存型消费逐步提升到发展型享受型消费。广大人民群众的爱国热情高涨，幸福指数不断上升，社会和谐稳定的基础不断夯实，呈现出人民和睦、社会和谐的良好局面。五是国际影响力日益提升，国际社会认为中国为实现全球稳定与繁荣及解决人类问题贡献了中国智慧、提供了中国方案，希望中国继续发挥强有力的引领作用，带动更多国家实现合作发展、互利共赢。

2. "一带一路"倡议提出五年

2018年是"一带一路"倡议提出5周年。5年来，中国与"一带一路"沿线国家共搭合作之桥、共建友谊之路，通过基础设施建设、加密中欧班列开行和打造"空中走廊"，推动政策沟通、设施联通、贸易畅通、资金融通、民心相通，串联起共同繁荣的发展之路。基础设施互联互通加快推进。五年来，高效畅通的国际大通道加快建设，中老铁路、中泰铁路、匈塞铁路建设稳步推进，雅万高铁全面开工建设。中缅原油管道投用，实现了原油通过管道从印度洋进入中国；中俄原油管道复线正式投入使用，中俄东线天然气管道建设按计划推进。中欧班列累计开行数量已经超过9000列，班列到达了欧洲14个国家42个城市。经贸投资合作成效显著。2017年，中国对"一带一路"沿线国家的进出口总额占中国进出口总额的36.2%，中国与沿线国家已建设80多个境外经贸合作区，中国—白俄罗斯工业园等成为双边合作的典范，中国—老挝跨境经济合作区、中国—哈萨克斯坦霍尔果斯国际边境合作中心等一大批合作园区也在加快建设。金融合作深入发展。通过加强金融合作，促进货币流通和资金融通，可以为"一带一路"建设创造稳定的融资环境，引导各类资本参与实体经济发展和价值链创造，推动世界经济健康发展。国际接受度不断提升。五年来，在以和平合作、开放包容、互学互鉴、互利共赢为核心的丝路精神指引下，"一带一路"倡议持续凝聚国际合作共识，在国际社会形成了共建"一带一路"的良好氛围。目前，中国已与100多个国家和国际组织签署了共建"一带一路"合作文件；"一带一路"倡议及其核心理念被纳入联合国、二十国集团、亚太经合组织、上合组织等重要国际机制成果文件。

（三）陕西省内经济发展环境分析

1.《关中平原城市群发展规划》正式获批

2018年2月，《关中平原城市群发展规划》（以下简称《规划》）获国务院正式批复，标志着关中平原城市群发展规划正式上升为国家战略。《规划》指出，以建设具有国际影响力的国家级城市群为目标，以深度融入"一带一路"建设为统领，以创新驱动发展、军民融合发展为动力，以延续中华文脉、体现中国元素的风貌塑造为特色，加快高端要素和现代产业集聚发展，提升人口和经济集聚水平，打造内陆改革开放新高地，充分发挥关中平原城市群对西北地区发展的核心引领作用和我国向西开放的战略支撑作用。同时明确了西安国家中心城市的地位，打造西部地区重要的经济中心、对外交往中心、丝路科创中心、丝路文化高地、内陆开放高地、国家综合交通枢纽，西安作为关中平原城市群中的核心城市，将发挥辐射带动、示范引领、协同发展的作用。《关中平原城市群发展规划》的正式获批为陕西加快追赶超越、发展"三个经济"提供了契机，也是推动陕西高质量发展、构建现代化经济体系的重大机遇。

2.陕西自贸试验区逐步向高水平迈进

陕西自贸试验区成立一年多来，坚持以制度创新为核心，大胆试、大胆闯、自主改，政府管理体制改革快速推进，投资贸易便利化水平有效提升，金融创新步伐持续加快，带动新增市场主体和注册资本大幅增长，为全省扩大开放起到了引领、示范和标杆作用。陕西自贸试验区在投资、贸易、金

融、事中事后监管等多个方面进行了大胆实践探索，形成了一批可复制、可推广的改革创新成果。在国务院印发的《关于做好自由贸易试验区第四批改革试点经验复制推广工作的通知》中，陕西自贸试验区贸易便利化举措"铁路运输方式舱单归并新模式"被明确在全国范围内复制推广，此项举措节省了通关时间、降低了通关费用、提高了通关效率。"长安号"中欧班列的加密开行，带动陕西对中亚地区贸易额大幅上升。陕西自贸试验区改革创新政策红利的不断释放和贸易便利化水平的快速提升，有力推动了陕西外贸快速发展。

3. 多措并举优化提升营商环境

陕西省政府将 2018 年确定为"营商环境提升年"，成立了省优化提升营商环境工作八个办公室和四个工作组，努力营造更具吸引力的国际化、法治化、便利化营商环境，全面推动陕西新一轮改革开放。经过各级各方面的共同努力，全省提升营商环境工作加快推进。一是对标世界银行《营商环境报告》，制定《陕西省优化提升营商环境十大行动方案》，在此基础上，印发《陕西省优化提升营商环境三年行动计划（2018—2020 年)》，以深化"放管服"改革为抓手，坚持问题导向、目标导向、效果导向，精准制定改革措施，明确任务清单、时间清单和责任清单，力争通过 3 年左右的努力，全省营商环境和竞争力指标达到或超过国内经济发达地区水平。二是出台了《陕西省优化营商环境条例》，标志着陕西省优化营商环境工作进入规范化、法治化轨道，是进一步规范政府行为、促进投资和创新创业、构建现代化经济体系的有力保障。三是深入推进"放管服"改革和"互联网＋政务服务"，按照行政许可"三级四同"要求，将省级行政许可拆分为 1166 个办理子项，公布了详细的办事指南。四是加强督察监测考核，"八办四组"各自坚持一周一例会，省营商办坚持一月一点评、一季一通报，对各市（区）提升营商环境工作进行通报，对通报的问题进行现场督导。

四　2019年全省宏观经济发展基本面预测

2018 年，世界经济增长的动能有所减缓，外部环境形势的复杂多变给我国经济的稳定运行增加了不确定性，经济运行存在下行压力。2018年前三季度，陕西地区生产总值增速提升到8.4%，各季度增速水平均处于8%以上。在当前经济运行保持平稳增长的态势下，陕西以党的十九大精神为统领，坚持稳中求进工作总基调，坚持新发展理念，促进经济平稳健康发展，预计2019年陕西经济在推动高质量发展的基础上，继续保持稳定增速，但仍会超过全国平均水平，预计增速将保持在8.5%左右。

（一）规模以上工业增加值

2018年前三季度，陕西规模以上工业增加值平均增速9.2%。2019年，随着《2018年工业稳增长促投资推动高质量发展的若干措施》的实施，陕西将进一步推动工业稳增长促投资，预计2019年全省规模以上工业增加值增速在9.5%左右。

（二）全社会固定资产投资

2018年前三季度陕西固定资产投资平均增长11%。随着陕西持续优化营商环境、加大项目建设和招商引资力度，预计全省2019年固定资产投资增速将达到13%左右。

（三）社会消费品零售总额

2018年前三季度陕西社会消费品零售总额平均增速为10.9%。在新商业模式快速发展、消费结构升级的态势下，预计全省2019年社会消费品零售总额增速将在12%左右。

（四）外贸进出口总额

2018年前三季度陕西外贸进出口总额增速为31.9%。随着"一带一路"和陕西自贸试验区建设加快，预计全省2019年外贸进出口总额增速将达到33%左右。

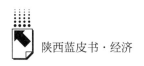
（五）地方财政收入

2018 年前三季度陕西地方财政收入平均增速为 11.5%。预计全省 2019 年地方财政收入增速将在 14% 左右。

（六）居民消费价格指数（CPI）

2018 年前三季度陕西居民消费价格指数（CPI）增速为 2.0%。预计全省 2019 年 CPI 增速将维持在 2.2% 左右。

（七）城乡居民可支配收入

2018 年前三季度陕西城乡居民可支配收入分别增长 8% 和 9.1%。在个人所得税税率调整、养老金标准上调、城市低保标准上调等政策推动下，预计全省 2019 年城乡居民收入将分别达到 9% 和 10% 左右。

五　2019年促进陕西经济发展的对策建议

2018 年，省委、省政府以习近平新时代中国特色社会主义思想为指导，全面贯彻落实党的十九大精神、总书记批示指示精神和省委十三届三次全会精神，坚持稳中求进工作总基调，深入推进供给侧结构性改革，围绕建设现代化经济体系，加快推动高质量发展。2019 年，陕西要以党的十九大精神为统领，以"三个经济"为抓手，继续构建现代经济体系、扩大对外开放、推动军民融合深度发展、加快推进精准扶贫脱贫、优化提升营商环境、推动关中平原城市群协同发展等。

（一）构建现代经济体系，推动经济高质量发展

一是推进农业现代化，促进农村一二三产业融合发展。深度挖掘农业多种功能，培育壮大农村新产业、新业态、新商业模式，推动农村产业融合发展，让农民分享产业链受益；持续加大对农村一二三产业融合的财

税、土地和投入支持力度，不断完善农村产业融合推进机制；将农村产业融合发展与新型城镇化、新农村建设有机结合，引导农村二三产业向县城、重点镇（办）及产业园区等集中；设立农村产业融合发展基金，利用种业基金、畜牧产业投资基金、果业投资发展基金等，通过政府与社会资本合作、政府购买服务、担保贴息、以奖代补等方式，引导带动金融和社会资本投向农业农村产业融合发展领域；围绕产业融合模式、主体培育、政策创新和投融资体制，开展农村产业融合发展试点示范，形成可复制、可推广的经验。

二是推进工业高端化，增强新兴产业发展动能。强化资源优势，实现传统能源的高效清洁利用和深度转化，增加能化产品的科技含量和附加值，使粗放型产业向着技术型、集约型产业不断转变。扎实推进实施"陕西制造2025行动计划"，以"高端化、智能化、绿色化、服务化、国际化"为主攻方向，加快信息与制造技术深度融合，重点发展节能与新能源汽车、航空航天、高档数控机床和机器人、节能环保、先进轨道交通、电力装备等行业，打造全国重要的先进制造业基地。拓宽装备制造业的业务领域，统筹研发、制造、应用各个环节，大力发展高端装备制造企业在产品设计、系统集成、工程承包、人员培训、设备租赁、产品升级等领域的延伸服务，推进现代高端装备制造业向服务型转变。

三是优化提升现代服务业，增强产业发展活力。加快发展现代金融业，做大做强现代物流、电子商务、研发设计、信息技术服务、会展服务等生产性服务业，着力推进旅游文化、体育运动、健康养老、交易零售、餐饮住宿等生活性服务业，促进生产性服务业向专业化和价值链高端延伸，生活性服务业向精细化和高品质转变。

（二）扩大对外开放，开创多元合作新格局

一是加快推进自由贸易区建设，提升经济外向度。加大创新力度，推动自贸试验区向更高标准、更高水平迈进，成为全省优化提升营商环境的"领跑者"，最大限度激发市场活力。切实发挥向西开放、向东集散、辐射

全国的门户作用,形成全方位改革开放试验田、内陆型改革开放新高地。从出口角度,在保持传统优势产业的基础上,不断培植新外贸核心竞争力,以创新、优质,提升国际竞争力,驱动外贸可持续健康发展。从进口角度,扩大进口的渠道与领域,充分利用全球平台跟进世界脚步,掌握最新的高新技术。以扩大对外贸易加快提高陕西经济外向度进程,带动陕西整体经济发展水平。

二是围绕"一带一路"建设,深化国际产能合作。陕西应提升在"一带一路"建设中的地位和作用,加强对外合作,抢占"一带一路"市场先机。鼓励有竞争优的企业从陕西走出国门,提升企业国际竞争力,并在合作中不断学习,提升自我价值。与此同时,对外承包工程等也是宣传陕西与陕西企业的机会,拓展企业经营范围,在国际舞台找寻更为广阔的发展机遇,也是分散企业市场风险的一种有效的方式。

三是提升口岸带动作用,强化对外辐射功能。陕西需要全方位统筹口岸资源,进一步优化和完善口岸布局,加快核心口岸的发展,促进省内开放口岸、海关特殊监管区域等与省外口岸的大通关。通过促进口岸开放平台互联互通,推广信息化口岸建设,形成与"一带一路"沿线主要口岸群紧密合作、连接东西部主要经济体的全省口岸开放新格局,努力把陕西口岸打造为陕西对外开放的"排头兵"、陕西对外贸易的重要引擎。

(三)盘活军工资源,推动军民深度融合发展

一是加快"军转民""民参军"步伐。实施军转民示范工程,推动驻陕军工单位科技成果就地转化。选择部分军口科研院所试点,推广西安光机所、西北有色院科技创新成果模式,进行军工单位投资权、成果处置权、收益权改革。支持军工单位利用自身优势,在陕创办、合办科技型企业。建立军工科技资源使用和服务价格补偿机制,推动优质资源向社会开放。加强与央属军工集团的战略合作,争取"民参军"改革创新先行先试。支持符合条件的民企与军工企业组建混合所有制企业,积极参与央属军工企业提质增效,参与军工科研院所分类改革,联手打造军民融合科技型企业。

二是建立军民融合协同创新服务体系。统筹军地科技产业资源，打造跨地区、跨行业的军民融合发展协作创新链，加快建设军民融合技术、计量、测试、标准、质量等公共服务平台，建立军民两用技术和中试基地、技术转移中心、产业孵化中心，推动军民科技创新资源开发共享。通过建立军民协同创新体系，在更广范围、更高层次、更深程度上把军事创新纳入国家创新体系，实现两个体系相互兼容、同步发展。

三是搭建军民融合创新平台。充分发挥国家知识产权运营公共服务平台军民融合（西安）试点平台的作用，探索建立国防专利横向流通转化机制，推动国防专利解密与普通专利跟进保护无缝衔接，完善普通专利参与军品研发生产机制。通过建立创新转化体系、创新研发平台、技术成果转化平台、线上线下服务平台等推进军民融合。构建融合产业链、人才开发、成果交易、开放合作和金融服务五大体系，推进军民融合深度发展。

（四）加快推进精准扶贫，决战决胜脱贫攻坚

一是创新产业扶贫增收方式。完善龙头企业带动贫困农户发展模式的利益联结方式，贫困农户在获得务工收入的基础上，通过以土地入股、以扶贫款入股，成为股民，获得更多经营增值收益。实行以专业合作社为核心的"抱团经营"产业扶贫，通过政策引导，使有劳动能力的贫困农户加入合作社，通过合作社带动促进贫困户增收。以市场需求为导向，因地制宜探索发展各具特色的产业扶贫模式。发展乡村旅游扶贫模式，通过景区景点开发，带动贫困户融入旅游产业链，发展乡村旅游和农家乐，实现脱贫致富。发展电商扶贫模式，利用互联网，抢抓全国电子商务进农村示范县试点机遇，引导贫困农户开网店，通过线上线下结合，发展产业、促进销售，实现脱贫增收。

二是培育新型扶贫主体，凝聚扶贫合力。充分发挥各方帮扶单位优势，统筹规划，制订完善操作性强的"一村一策"帮扶工作方案，构建市场、政府、社会协同共进的大扶贫开发格局，形成扶贫合力。坚持政府引导，积极引入社会团体、民间组织、企事业单位、慈善机构及非政府组织等广泛参

与扶贫工作，充分发挥各类市场主体、社会组织、社会力量的作用，有效调动扶贫群体参与扶贫工作的积极性和主动性，推动社会扶贫向纵深化发展。充分借助帮扶的大型企业平台，推进"输血"和"造血"并举的就业扶贫措施，围绕企业需求开展职业技能培训，利用帮扶企业的上下游企业、下属企业和相关合作伙伴，推动贫困户就业扶贫。

三是加大资金投入，强化扶贫保障。要如期实现脱贫目标，必须持续加大投入力度，拓展扶贫开发筹资渠道，强化金融在扶贫攻坚中的支撑作用，将财政资金和金融资金有机结合，形成集中攻坚的强大合力。通过出台优惠政策、搭建合作平台、完善激励考核机制等方式，加大财税、货币等支持金融扶贫的力度，探索建立财政扶贫资金用于农业保险补贴的新型扶贫保险融合机制，提高财政扶贫资金使用效益，增强农业风险抵御和贫困农户自我发展能力。不断创新扶贫小额信贷金融扶持政策和实施模式，丰富金融信贷产品，建立完善的农户授信机制，让真正需要资金的贫困户直接获得无担保、无利息的贷款，做到金融扶持资金到户到人。

（五）优化提升营商环境，激发市场主体活力

一是以 2018 年"优化营商环境建设年"为契机，抓好企业降成本、提升企业跨境贸易和投资便利化等"十大行动"方案，进一步破除制约企业和群众办事创业的体制机制障碍。以"建制度、减成本、促融资"为突破口，优化企业的投资环境。加快落实负面清单制度，依托陕西自贸区建设，推进国家市场准入负面清单试点省份建设，将陕西自贸区制度创新特别是商事制度改革成果，第一时间在省内复制推广。优化"一站式"服务流程，加强大数据、云平台等先进技术运用，简化审批程序，提升行政审批效率，减少重复检查，杜绝多头监管，取消减免一批涉企行政事业收费，推行有区别的涉企服务价格体系，加强中介服务收费管理，切实降低企业生产经营成本。

二是深化市场监管体制改革。构建与商事制度改革相适应的市场监管体系。进一步强化事中事后监管，着力推进"互联网＋监管"模式，督促企

业进入产品信息追溯系统，重点加强对食品、药品、农产品、日用消费品、特种设备等关系人民群众生命财产安全的重要产品的监督管理。全面加强信用体系建设，推进企业信息归集和公示工作，建立健全信用信息披露制度、信用承诺制度、行业领域红黑名单制度，加大对诚信主体激励和对失信主体惩戒力度，加快形成"一处失信、处处受限"的信用监管体系。

三是深入推进"智慧政务"工程。以"信息技术＋制度创新"推动政务流程再造、政府管理体制变革，重构行政审批和政务服务流程及标准。以落实国家电子政务综合试点任务为契机，进一步强化顶层设计，深入推进"互联网＋政务服务体系"省、市平台建设，编制"互联网＋政务服务标准体系"，推进全省政务信息资源共享。

（六）推动关中平原城市群协同发展，发挥西北地区的核心引领作用

一是促进产业协同发展。推动产业在关中平原城市群内不同等级规模城市间的重组，提高城市群内城际间产业的优势互补性。创新跨区域合作模式，积极探索总部＋基地、研发＋生产、税收分成等"飞地经济"模式，鼓励西安产业园区到群内地区共建产业园区，促进西安管理、技术、资金等优势资源向周边区域辐射扩散，着力打造优势互补、合作共赢的区域发展共同体。在城市群范围内制定园区共建的税收分享机制、财政激励和约束机制，建立企业和项目在圈域内转移的合作分税制度，实现利益共享和双赢发展。

二是提升关中平原城市群核心城市的能级。西安作为关中平原城市群核心城市，将西安打造为带动大关中、引领大西北、具有国际竞争力的国家中心城市，积极服务"一带一路"建设、亚欧合作交流。通过全面提升西安产业集聚、对外交往、文化互联、科技创新、综合服务等功能，发挥辐射带动、引领示范、服务支撑作用，为周边地区提供技术支撑、服务保障，提升区域合作水平。

三是建立城市群协同发展新机制。贯彻落实《关中宣言》，通过定期召

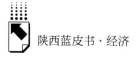

开集中会议，研究决定区域合作规划，协调推进区域合作等重大事宜。建立以陕西为主导、省市领导共同参与的关中平原城市群建设领导小组，将关中平原城市群作为一个整体，进行全局性的规划、指导、组织、协调、推动和管理，有效破除行政分割和碎片化发展问题。研究设立关中平原城市群一体化发展投资基金，鼓励社会资本参与基金设立和运营，重点投向跨区域重大基础设施互联互通、生态环境联防共治等领域。

综 合 篇

Comprehensive Studies

B.2

2018年陕西农村经济形势分析
与2019年预测

赖作莲*

摘　要：　2018年，陕西农业农村继续保持平稳向好的发展态势，粮食生产保持基本稳定，蔬果茶继续保持较快发展，畜牧业生产基本稳定，农村居民收入持续增长，农村劳动力就业形势良好，实施乡村振兴战略全面部署，脱贫摘帽工作有序推进。但是面临气象条件对农业生产不利、农村基础设施薄弱、农村环境整治任务重、村级财务管理不规范等问题。展望2019年，粮食产量可能保持总体稳定，水果产量可能小幅增长，蔬菜产量可能稳中有增，畜牧业生产可能保持总体平稳。为促进2019年农业农村发展，要补齐农村基础设施短板，全面

---

* 赖作莲，博士，陕西省社会科学院农村发展研究所副研究员。

推进农村环境整治，决胜脱贫攻坚，促进稳定脱贫基础，规范村级财务管理，提升抵御自然灾害能力。

关键词： 陕西　农村经济　乡村振兴

2018 年，在国内外复杂严峻的形势背景下，陕西省委、省政府在习近平新时代中国特色社会主义思想指引下，顺应三秦百姓日益增长的美好生活需要，坚持新发展理念，认真践行追赶超越和"五个扎实"，推进"五新"战略任务，落实高质量发展要求，以乡村振兴战略为总抓手，推进农业供给侧结构性改革，培育壮大乡村产业，促进农村产业融合发展，加快推进现代农业建设，农业农村经济继续保持平稳向好的发展态势。初步核算，前三季度，全省第一产业增加值 930.44 亿元，同比增长 3.3%。

一　2018年农村经济运行的总体情况

（一）粮食生产保持基本稳定

2018 年，受天气的影响，陕西夏粮产量略有下降，但仍实现丰收。据国家统计局陕西调查总队的调查，全省夏粮产量 438.3 万吨，略低于上年（442.1 万吨），其中，小麦产量 401.8 万吨；夏粮播种面积 1662.4 万亩，与上年（1658.3 万亩）大体持平，其中小麦播种面积为 1451 万亩；夏粮亩产 263.7 公斤，略低于上年 281.3 公斤的水平，其中小麦单产 277 公斤/亩，略低于上年（281.5 公斤/亩）。秋粮实现丰收。得益于充足的降水，玉米的发育和灌浆良好，玉米单产增幅明显。初步统计，全省秋粮产量 786.9 万吨，同比增长 4.6%。

（二）蔬果茶继续保持较快发展

2018 年，蔬菜产业继续稳步发展，产销两旺。蔬菜种植面积和产量均呈增长态势。据初步统计，前三季度，蔬菜及食用菌产量为1393.46万吨，同比增长2.8%。

果业发展态势保持基本稳定。前三季度，全省园林水果产量为588.57万吨，增长1.3%。但受4月不良天气的严重影响，苹果、猕猴桃有所减产。

茶叶产业发展态势良好。截至5月底，茶园面积已达260.1万亩，比上年增加9.1万亩。2018年春茶干毛茶产量6.2万吨，比上年同期增长1.3%；产值117.8亿元，增长7.8%。

（三）畜牧业生产基本稳定

2018年前三季度，猪牛羊禽肉产量79.8万吨，下降1.5%；牛奶产量83.1万吨，增长3.0%。

畜禽存栏、出栏稳中略降。上半年，猪存栏833.9万头，比上年同期下降0.9%；其中，能繁殖母猪存栏78.4万头，比上年同期减少5.2%；牛、羊、禽存栏分别为148.9万头、855.2万只、7065.8万只。上半年猪出栏526.7万头，比上年同期下降0.3%；牛出栏25.8万头，比上年同期下降5.8%；羊出栏320.1万只，比上年同期下降3%；禽出栏2161.5万只，比上年同期下降9.1万只。

（四）农村居民收入全面增长

根据国家统计局陕西调查总队住户抽样调查的结果，前三季度，陕西农村居民人均可支配收入为8449元，同比名义增长9.1%，比全国平均增速高0.2个百分点；扣除价格因素实际增长6.8%。

从四大收入来源看，上半年，农村居民人均工资性收入、人均经营净收入、人均财产净收入、人均转移净收入分别为2610元、1344元、132元、1550元；分别比上年同期增长9.8%、1.8%、0.5%、16.1%。工资性收入是农村居民最主要的收入来源，而转移净收入的增速最快，已成为农村居民第二大收入来源。

值得欣喜的是，贫困地区的农村居民收入增速快于全省农村居民平均水

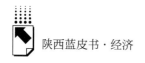

平，贫困地区农村居民收入增速为 10.5%，快于全省 1.4 个百分点，有利于坚决打赢脱贫攻坚战。

（五）农村居民消费稳定增长

上半年，农村居民人均生活消费支出 4982 元，同比增长 10.6%，较上年同期增加 4.8 个百分点，扣除价格因素实际增长 8.5%。各类消费支出中，最大的支出项是食品烟酒类，为 1298 元，同比增长 11.6%；增幅最大的是居住类，为 1184 元，同比增长 17.2%。医疗保健类的增幅也较高，增长 690 元，同比增长 13.1%。

上半年，全省贫困地区农村居民人均消费支出 4522 元，同比增长 12.4%，增速高于全省农村居民平均水平。在各类消费支出中，贫困地区教育文化娱乐支出的涨幅最大，达到 21.7%。这与脱贫攻坚强化对贫困地区贫困人口的教育培训，提升贫困人口自我发展能力有关。

（六）生猪、鸡蛋价格波动明显

根据陕西省物价局价格监测数据，前三季度，除生猪、鸡蛋外，主要农产品价格保持稳定。粮食价格平稳，面粉价格保持在 1.97~1.99 元/斤的范围，大米价格在 2.78~2.82 元/斤范围内波动。牛羊肉价格稳定，鲜牛肉除在 9 月突破 30 元/斤外，9 月平均为 30.43 元，价格一直维持在 29~30 元/斤的水平；鲜羊肉除 1 月平均价格为 29.7 元外，从 1 月底至 9 月底价格在 30~31.38 元/斤范围波动。

生猪、猪肉、鸡蛋价格波动明显，1~9 月总体呈现 U 形波动。1 月，生猪、猪肉价格处于高位，平均价格分别为 15.2 元/公斤、12.83 元/斤，猪粮比价维持在 8 以上；鸡蛋价格也居高位，平均为 5.02 元/斤。从 2 月份开始，价格开始下跌，至 5~6 月跌至最低，生猪 9.67 元/公斤，猪肉 10 元/斤；鸡蛋价格在 4 月跌至最低，为 3.92 元/斤。此后价格震荡上行，至 8 月份生猪平均价格上涨至 13.5 元/公斤，猪肉平均价格上涨至 12 元/斤；9 月生猪价格突破 14 元/公斤，猪肉价格突破 12 元/斤。鸡蛋价格 8、9 月超过 5 元/斤。

（七）农村劳动力多渠道就业

根据国家统计局陕西调查总队的调查，上半年，在农村劳动力中，本地务农的占44.4%，外出从业的占28.4%。本地非农自营人数占4.8%，本地非农务工人数占18%，其他从业人数占2.5%，未从业比例为1.9%。

截至二季度末，全省农村外出从业劳动力为557.1万人，较上年同期增加9.9万人，同比增长1.8%，其中省内的占69.3%，省外的占30.7%。外出务工农村劳动力月均收入3396元，同比增长13.6%。

二　2018年农业农村经济发展的新亮点

（一）全面部署实施乡村振兴战略

实施乡村振兴战略，是党的十九大作出的重大决策部署，是新时代"三农"工作的总抓手。2018年3月，陕西省委、省政府出台了《关于实施乡村振兴战略的实施意见》，按照"产业兴旺、生态宜居、乡风文明、治理有效、生活富裕"的总要求，对全省实施乡村振兴战略进行了全面部署，明确了陕西省到2050年乡村振兴战略"三步走"目标。提出了以产业兴旺为重点，提升特色现代农业发展水平；以生态宜居为关键，促进人与自然和谐共生；以乡风文明为保障，凝聚乡村振兴正能量等十大重点任务。并提出了"把关中建成全国一流的'双奶源'基地；加快实现所有行政村光纤全覆盖；保持农村居民收入增速快于城镇居民"等具体目标任务。

乡村振兴战略的实施带动了农业农村投资的快速增长。2018年上半年，全省第一产业投资同比增长64.7%，其中，农业投资同比增长65.9%，林业投资同比增长87.4%，畜牧业投资同比增长62.3%。值得注意的是，随着华州区国家农业可持续发展试验示范区、洛川县现代农业产业园等一批国家级现代农业园区项目的开工建设，现代农业园区在带动投资规模的提升上

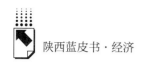

作用显著。上半年，现代农业园区第一产业在建项目 2513 个，比上年同期增加 962 个；其中投资亿元以上项目 285 个，增加 61 个。

（二）"三变"改革千村试点持续推进

为推进农村集体产权制度改革，2017 年陕西省启动实施了"三变"改革"百村示范、千村试点、万村推进"行动。到 2017 年底，全省已有 4294 个村实施了集体产权制度改革，占到行政村总数的 21%；其中，有 1019 个村组成立了集体经济组织，还有 477 个村实现了股权分红，分红总额达到 7531 万元。在推进"三变"改革中，还涌现了榆林赵家峁村、蓝田县董岭村、铜川市北街村等一批典型村。

2018 年，持续推进农村"三变"改革，推动农村集体产权制度改革向纵深发展。深入实施"百村示范、千村试点、万村推进"行动，着力推动"三变"改革的"千村试点"。围绕"分级试点、复制推广、全面推进"，结合打好脱贫攻坚战，优先在计划 2018 年脱贫摘帽县的 23 个县和 11 个深度贫困县，结合各地农村经济发展现状和集体资源性资产状况，在 1100 个试点村分类推进"三变"改革。

2018 年 5 月，陕西省下发《陕西省农村"三变"改革"千村试点"行动实施方案》，试点村的试点工作有序推进。渭南市共有 158 个村被确定为省级"三变"改革"千村试点"，在 158 个村中，对接项目 63 个，其中有 17 个村进行了分红，分红金额达 1345.21 万元。此外，一些未纳入"千村试点"的村，也纷纷开展"三变"改革，截至 2018 年 6 月，渭南全市已有 593 个村开展了"三变"改革。

（三）脱贫摘帽工作有序推进

为确保如期打赢脱贫攻坚战，2018 年陕西按计划积极推进在现行扶贫标准下，23 个贫困县摘帽、3303 个贫困村退出、101.7 万贫困人口脱贫。

进一步培育壮大产业扶贫带动主体，积极推动 40 万贫困人口通过产业扶贫脱贫致富。2018 年，贫困县新建 1136 个扶贫产业园，新增 123 家省级产业化龙头企业，新增 6067 家农民合作社，有 3.2 万家新型主体参与产业扶贫。多渠道开发就业岗位，2018 年新认定就业扶贫基地 129 家，建设社区工厂和扶贫车间 420 个，实现贫困劳动力转移就业 17.5 万人。大力改善贫困人口居住条件。截至 6 月底，全省易地扶贫搬迁已竣工住房 23.6 万套，竣工率 83.34%；入住 14.95 万户，入住率 53.31%。同时，完成危房改造 2.97 万户，入住 2.32 万户。不断改善贫困地区发展条件。截至 2018 年 7 月，23 个拟摘帽县、3303 个拟退出贫困村通村道路路基建设全部完成。为推动深度贫困县脱贫攻坚，加大对深度贫困县扶贫资金的投入力度。2018 年财政专项扶贫资金投入达 15.23 亿元，较 2017 年增长 43.7%。

2018 年如期实现 23 个贫困县摘帽，将为剩余的 183.27 万贫困人口全部脱贫，剩余的 52 个贫困县全部摘帽，奠定坚实基础，从而确保到 2020 年打赢脱贫攻坚战。

（四）农村环境面貌明显提升

近年来，陕西省以被列为全国第三批农村环境连片整治示范省为契机，全面提升农村环境面貌。出台了《关于加快全省改善农村人居环境工作的意见》《关于推进全省农村生态环境保护综合改革的指导意见》等文件和《陕西省改善农村人居环境工作考核办法》《陕西省美丽宜居示范村创建办法》《陕西省农村生活垃圾治理验收办法》等管理办法；2018 年 7 月，陕西省委省政府又印发了《陕西省农村人居环境整治三年（2018—2020 年）行动方案》。自 2012 年以来，先后在全省 96 个县（区）、6045 个建制村（社区）实施了农村环境综合整治示范工程，各级财政投入超过 35.7 亿元。

在综合整治工程实施中探索出一些行之有效的运行模式和机制。例如，具有陕西特色的无动力、微动力处理污水的小微环保模式；"猪沼茶""猪沼果""猪沼菜"等循环产业链式的畜禽养殖污染防治模式；废旧物品兑换积分的"垃圾兑换银行"等。环境综合整治明显提升了农村面貌，"用沼气、上卫生厕所、走硬化道路、住规划房、饮清洁水"，成为陕西农村环境面貌发生巨大变化的生动写照。

农村环境综合整治在促进农村环境面貌明显提升的同时，还带动了生态旅游及特色产业的发展。一大批国家级生态示范区、生态区、生态乡（镇）和省级生态县（区）、生态乡（镇）、生态村成为生态旅游、特色产业发展的典型。

三 2018年陕西农村经济发展存在的主要问题

（一）气象条件对农业生产造成不利影响

2018年4月出现的低温霜冻天气对小麦、水果、蔬菜等农作物普遍造成了不利影响。陕西小麦主产区出现了大面积的晚霜冻。霜冻影响小麦结实率，对产量产生一定影响。低温霜冻期苹果、猕猴桃、葡萄、樱桃、杏、李等果树正处于花期、蕾期或幼果期，从而直接影响坐果率，并且低温霜冻的影响范围广，覆盖了全省果区，从而导致水果减产幅度较大。根据初步调查统计，2018年陕西苹果产量减产两成左右，约200万吨。甜瓜、西瓜等时令水果生产也因灾减少。低温霜冻也对蔬菜生产造成了不利影响，菜花、莲花白、芹菜、莴笋等露地菜及大棚蔬菜都不同程度遭受损失。

小麦除受低温霜冻的不利影响外，还遭受了阴雨、气温偏高等多重不利气象条件的影响。小麦播种期阴雨天气，使小麦播期推迟，从而导致小麦冬前分蘖少，分蘖成穗率偏低。春季温度偏高，使小麦生育期提前，对小麦大穗形成不利。5月降水较多，对冬小麦灌浆和成熟不利。

（二）农村基础设施薄弱仍是实现乡村振兴的短板

乡村振兴战略描绘了乡村未来"产业兴旺、生态宜居、乡风文明、治理有效、生活富裕"的美好图景，但乡村振兴还严重受制于路、电、网等基础设施短板。

虽然近年来陕西农村道路、电力、通信等基础设施建设全面提速，但是由于农村基础设施建设欠账较多，农村基础设施供给不足，仍是影响乡村振兴的最大短板。农村基础设施建设与实施乡村振兴战略的要求还存在较大的差距，相对于城镇仍显落后。乡村道路建设标准低，前期建成的因标准较低，通村道路路面窄，抗灾能力较弱，缺桥梁，少涵洞，安全设施不到位，养护投入严重不足，一些地方已出现"油返砂"现象。农村电力设备陈旧落后，农民用电成本高。农村很多地方出现电网变压器老化、能耗高、性能差，电表表箱、接户线锈蚀、绝缘性能差，电线杆破损等现象；尚未实现城乡同网同价，农村平均电价普遍高于城镇，有些地区农村电价甚至比城市高出许多。

农村信息网络设施建设滞后。国家互联网信息中心的统计显示，农村地区互联网普及率与城镇地区还存在较大的差距，在农村许多公共场所网络信号还未有效覆盖，影响农村居民上网获取信息。此外，还有农村冷库、冷藏车、冷柜等农产品流通设施建设严重不足，严重限制了农产品的销售。

农村基础设施建设的投融资渠道狭窄，资金保障不足。由于大部分农村基础设施建设是公益性事业，不能产生直接的经济效益，难以获得信贷的支持。农村基础设施建设主要依靠各级财政资金，但资金有限，不能满足需要。

同时，乡村振兴没有"千篇一律"的现成模式，需要在实践中不断探索。陕西省农村地域范围广，村情农情复杂，难以简单复制外地的做法和经验。但当前普遍存在对乡村振兴的误解，不少地方把发达地区的乡村或者一些拥有特殊区位优势及旅游资源的乡村视为乡村振兴的目标，进行简单的模仿和复制。事实上，无论是乡村工业化模式，还是休闲农业和乡村旅游的三产融合发展模式都受特殊背景、特殊区位条件的严格限制，不具有普遍适应性。因此，乡村振兴没有"千篇一律"的标准化，需要因地制宜，创造性地实践探索。

（三）农村环境整治仍任重道远

改善农村人居环境，建设生态宜居的美丽乡村，是实施乡村振兴战略的一项重要任务。虽然陕西农村人居环境建设取得了显著成效，农村环境面貌

有了明显提升，但是各地环境状况很不平衡，总体与生态宜居的目标要求还有较大差距，一些地区脏乱差问题还比较突出。

农村垃圾、污水处理设施建设滞后，不少地方因村民环保意识差、经费不足、监管不力，"户分类、村收集、镇转运、县处理"的垃圾处理模式未能较好落实，以致"污水横流、垃圾遍地"的现象时有发生。

长期以来，对面源污染的危害缺乏足够的认识，农村种植业生产中过量施用化肥、农药，大量使用地膜，在畜禽养殖中污染处理不到位，生产、生活废弃物随意丢弃，以致陕西农村面源污染面广、量大，治理成本很高。而受财力不足的影响，农村环保投入严重不足，现有的治理还主要停留在示范点上，大面积的农村面源污染还缺乏有效治理。

农村环境整治的统筹推进工作机制还不完善。农村环境整治涉及环保、农业、建设等多个职能部门，需要各个部门统筹协调、相互配合、合力推进，但还未形成各部门有效统筹推进机制，各个部门各自为政，甚至出现掣肘的现象，影响治理工作推进。此外，由于各级职责不明确，农村环境治理还存在"最后一公里"未落实问题。

（四）脱贫攻坚和稳定脱贫任务艰巨

陕西省脱贫攻坚取得了积极进展和显著成效，但目前尚未脱贫的贫困人口数量还较多、贫困面还较大、贫困程度还较深，距2020年打赢脱贫攻坚战时间紧迫。不仅如此，还面临着巩固脱贫成果，使贫困人口实现稳定脱贫的艰巨任务。稳定脱贫就是脱贫后不再返贫，但还面临着多重返贫风险。

一些地方产业脱贫的基础还不牢固。产业脱贫需要新型经营主体的带动，但是不少地区新型经营主体带动农户致富能力还较弱，只能进行原材料的初加工，产业链短，难以带动贫困人口持续增收。精准扶贫的实践表明，村集体经济在带动贫困群众脱贫致富中发挥了重要作用，但目前大多数村集体经济发展还很薄弱，村集体经济薄弱则难以为群众稳定脱贫提供持续支撑。此外，产业发展遭受自然灾害也可能导致农户致贫返贫。由于农业风险化解和补偿机制不健全、政策性品种少、覆盖面窄，抵押风险压力大，不少农户没有购买农业保险，一旦遭遇灾害，可能使产业发展蒙受巨大损失。

一些贫困户自我发展的主体意识不强，缺乏主动脱贫致富的动力。一些贫困户文化素质偏低、发展意识淡薄，接受新生事物能力差，对脱贫致富信心不足。鼓励脱贫致富"奖勤罚懒"的激励约束机制还不完善。一些群众在"不患寡而患不均"的心理作用下，将扶贫当成福利，甚至争当贫困户。

此外，扶贫政策的不落实及政策实施过程中遇到的新矛盾，也可能导致返贫现象发生。

（五）村级财务管理问题凸显

随着农村集体产权制度改革的推进和农村村级集体经济的发展壮大，村级资金数量不断增大，迫切要求规范村级财务管理，但不少地方存在村级财务管理混乱问题。主要表现如下。一是报销手续不规范，有的票据审批人、经办人及证明人签字不全；有的办公用品、租车费用支出等打白条，造成假账、糊涂账。二是违反规定使用资金，有的借用公款或者违规将公款借给他人，有的将集体山林资源以个人名义申报补贴。三是财务不公开或者公开不到位，有的地方财务公开形式化，公开不规范，在财务公开的内容上不具体不详细，而对重大支出项目模糊处理。四是收入不入账，私设"小金库"，有的地方甚至出现只对部分收入入村集体的账，另一部分则由个人掌管，从中渔利。村级财务管理混乱引发了村民和村级自治组织其他成员以及干部的强烈不满和担忧。对村级财务管理混乱的现状任其发展，势必使村级资金成为极少数人的小金库，随着村级资金数量的增大，势必滋生腐败问题，引发各种矛盾和纠纷，危及农村社会稳定。

村级财务管理问题的出现一个重要原因是缺乏相关部门和人员对村级财务进行有效监管。根据2016年发布的《中共陕西省委办公厅陕西省人民政府办公厅关于镇村综合改革的指导意见》，承担农村财务管理指导、监督和审计，村级财务代理、村级集体资产监督管理等职能的乡镇财政所被撤并。虽然要求将其职能整合到办公室，但事实上随着财会专业人员的重新分工和

调离，财政所承担的职能被削弱甚至停止。由于缺乏专业财会人员的指导和监管，而村级又缺乏专门的财会专业人才，财务管理难以做到规范。

四 2019年农村农业经济形势展望与预测

（一）粮食产量可能保持总体稳定

2018 年全面贯彻落实《陕西省人民政府关于建立粮食生产功能区的实施意见》，根据建设粮食生产功能区的目标任务，全省划定粮食生产功能区 2700 万亩，其中用于稻麦生产 1350 万亩，用于玉米生产 1350 万亩。水稻生产功能区以汉江流域为重点，小麦生产功能区以关中平原、渭北旱塬为重点，玉米生产功能区以关中和陕北为重点。2018 年举办了首届陕西粮食交易大会，陕西省与江苏、黑龙江等 16 个省份粮食部门签订了粮食产销战略合作协议。还有数十家企业签订了粮食产销合作协议，签约额达 26.4 亿元。粮食生产功能区的划定和省际粮食产销合作，将为稳定粮食生产奠定坚实基础。

展望 2019 年，粮食产量将继续保持稳定。采用多元线性回归法，对 2019 年陕西粮食产量进行预测。以粮食播种面积、粮食生产价格、化肥施用量为变量，粮食产量为因变量，建立回归预测模型；自变量的预测值利用二阶自回归求取。应用 Eviews 6.0 软件进行预测，预测结果显示 2019 年粮食产量为 1221.7 万吨。

（二）水果产量可能小幅增长

2018 年，陕西按照"果业大提质"的发展思路，推动果业高质量发展。积极实施"八化"（矮化、规模化、多元化、产业化、组织化、信息化、品牌化、国际化）战略，促进果业绿色高质高效发展。着力推动建设国际级洛川、眉县批发市场大数据平台，争取国家级苹果大数据中心落户陕西，推动杨凌云苹果大数据服务平台建设。着力提高陕西果品品牌影响力，加大品牌培育、整合和打造力度。这些措施将有助于提升果业发展质量。2018年，罕见的冻害使果业遭受了较大的打击，初步测算，苹果产量因此减产两成，其他水果也不同程度受到影响，产量有所下降。但也为果业供给侧结构性改革、果业由数量扩张型向质量效益型转变提供了契机。综合多重因素考虑，预计2019年水果产量可能小幅增长，水果产量达1730万吨，果品质量有较大提升。

（三）蔬菜产量可能稳中有增

2018年陕西推进蔬菜产业转型，按照稳露地、扩设施的思路，以创建标准园为抓手，实施设施蔬菜基地提升改造、设施蔬菜标准化示范园建设、高山露地蔬菜基地建设、食用菌示范基地建设，打造陕北果菜、陕南叶菜、关中果蔬、高山露地菜四大蔬菜产业集群。这为蔬菜产业的持续稳定发展奠定了坚实的基础。

但蔬菜产业发展也面临着生产成本偏高、化肥农药利用率低、产品质量与消费者要求存在差距等问题，加之价格波动大，蔬菜生产效益还不稳定，可能对蔬菜生产产生不利影响。预计2019年，陕西蔬菜面积将达916.86万亩，蔬菜产量将达1938.49万吨。

（四）畜牧业生产可能保持总体平稳

2018年，按照"稳定生猪、奶牛和家禽，加快发展肉牛、肉羊和奶山羊"的思路，着力推进养殖业的标准化、规模化、集约化建设，确定了2018年畜禽标准化示范创建单位54个，覆盖生猪、奶牛、奶山羊、蛋鸡、肉鸡和肉牛等。目前，畜牧规模化养殖比重已达到53%。2019年畜牧业的平稳发展有较坚实的产业基础。同时，2018年肉牛、肉羊、奶山羊、蛋鸡、肉鸡养殖效益较好，也有利于养殖企业、养殖户对2019年产生较稳定的预期。但是2018年生猪、猪肉价格波动较大，虽然9月份后价格上涨，生猪散养户转亏为盈，但生猪、猪肉价格总体偏低，可能会导致部分养殖户做出猪价低谷未见底的判断，而减小养殖规模。

采用多元线性回归法预测，以肉类总量、肉类生产价格、疫情发生概率为变量，建立回归模型，并对肉类总量、肉类生产价格、疫情发生概率作二阶自回归。预计2019年猪、牛、羊等肉类总量将可能达到121.13万吨。

（五）主要农产品价格或涨或跌

随着粮食生产功能区的建设，粮食产能提高，口粮绝对安全更有保障，预计2019年粮食价格可能仍将保持平稳运行。2018年生猪、猪肉价格呈U形波动，总体价格偏低，预计2019年受季节、节假日供需影响，生猪、猪肉价格仍将出现较大波动，但是在环保要求的约束下，一些养殖户将退出养殖，有助于价格回升。生猪、猪肉价格总体水平的提高有赖于走出低谷的多重条件。受2018年较大面积冻害的影响，预计2019年苹果价格可能上涨，特别是优质苹果可能上涨幅度更大。受人工成本不断上升的影响，蔬菜价格可能在随季节性波动外，总体呈现上涨态势。

五 促进2019年农村经济发展的若干对策建议

（一）补齐农村基础设施短板，夯实乡村振兴基础

积极推进基础设施提升工程。推动"行政村通沥青（水泥）路"向"沥青（水泥）路通村通组"升级，加宽通村道路；推动"电力入户率达到100%"向"自然村通动力电"升级；推动农村安全饮水工程向巩固提高升级；推动网络信号基础设施向全方位覆盖升级，实现村村通网络，特别是确保偏远山区网络信号覆盖。

继续加大对农村基础设施的投入，坚持分类推进设施建设。建立分级分类投入机制。对纯公益性的基础设施，如农村道路、农田水利、文化广场、农村环境整治等，以各级政府财政投入为主，并鼓励社会资本和农民参与。对可以获得一定收益的基础设施，如农村供水、污水垃圾处理等，采用政府

和社会资本共同投入为主，并积极引导农民投入。对经营性为主的基础设施，如农村供电、电信、广电网络等，坚持以企业投入为主。

加大基础设施的维护、管理资金的支持力度。改变"重建设、轻管理"的做法，建议陕西省出台农村基础设施建后管护办法，对工程建后管护实行规范管理。创新管理模式，根据基础设施性质，采用专业管护、集体管护、协会管护、义务管护和商业管护等不同的管理模式。多方筹措资金，加大管护投入，提高基础设施养护资金的财政投入标准，建立基础设施养护资金的适应经济发展的稳定增长机制。

（二）全面推进农村环境整治，建设生态宜居美丽乡村

深入落实《陕西省农村人居环境整治三年（2018—2020年）行动方案》，全面治理农村生活垃圾，将"户分类、村收集、镇转运、县处理"的垃圾处理模式落到实处，使全省85%的村庄生活垃圾得到有效治理。推进厕所革命，大力开展农村户用卫生厕所建设和改造。强化农村生活污水治理，推动城镇污水管网向周边村庄延伸覆盖，实现污水集中处理。

强化城乡居民的环保意识，利用网络、电视、电台、报刊等各种媒体进行宣传，使建设生态宜居美丽乡村的使命和目标成为群众自发的意识和行动。强化农村环境整治的科技支持。采用先进技术，对污染物进行减量化、无害化处理和控制。采用和推广国际上先进的精量施肥技术与测土配方施肥技术，实施物理防治、生物防治，以生物肥、有机肥替代化肥等技术手段，减少化肥农药的施用。

建立完善农村环境治理的体制机制。加大农村环境治理在对各级领导考核中的权重，直至生态环境治理一票否决。建立完善农村环境治理的分工协作机制，环保部门负责农村环境整治的统一管理，农业部门负责农业面源的管控，建设部门负责加快推进农村环保基础设施建设，同时，发改、财政、工商等部门对农村环境整治、农业面源污染治理在政策、资金上予以支持。实施农村环境管护的村民自治，通过村规民约的约束，提高村民改善农村环境的自觉性和主动性。

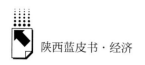
（三）决胜脱贫攻坚，促进稳定脱贫

坚决打赢脱贫攻坚战。坚持现行扶贫标准，完善大扶贫格局，扎实推进产业扶贫、就业扶贫、易地扶贫搬迁等各项扶贫工作。不断完善提升实践中探索形成的好做法好经验，加大先进典型宣传力度，提高贫困群众自我发展能力。围绕脱贫攻坚的重点领域、重点工作，采取新举措，优化政策供给，下足绣花功夫，攻克坚中之坚。

加快产业发展，建立稳定脱贫的产业支撑。加快培育带动能力强的新型农业经营主体，将贫困户嵌入生产体系中。引进、培育和提升种植大户、家庭农场、合作社、龙头企业等一批新型经营主体，特别要积极引导和支持能人返乡创业，带动农户致富。根据新型经营主体在带领贫困人口脱贫致富中发挥的作用，在项目资金、融资、税收等方面给予支持。鼓励支持市场主体合作，形成合作社组织生产、龙头企业加工对接市场的产业化联合体。

积极推进农村一二三产业的融合发展，通过产业融合发展为贫困户提供更多的产业发展、就业机会。突破农村电商发展瓶颈，通过引导回乡创业、大学生"三下乡"等多种方式，千方百计引进电商专业人才的同时，利用各种智力、网络支农资源如农家书屋、"三农"科技网络书屋、涉农远程教育等系统进行农村电子商务应用技术培训。通过农产品深加工和分拣检测技术，细分农产品种类，破解农产品上行的标准化约束；通过"龙头企业+农民专业合作社联合体+基地+农户"的模式，破解农产品上行的规模化约束。积极推进乡村旅游转型升级。大力开发田园观光、果蔬采摘、民俗体验、乡村康养、民宿度假等乡村旅游产品，推进乡村景区化和休闲农业发展，培育新的经济增长点。

（四）规范村级财务管理，完善村级财务运行机制

加强对村级财务的管理、审计和监督。安康市在新一轮镇村综合改革后，设立镇财政审计所承担着镇级财政管理和审计监督两项重要职能，实践表明镇级财政审计所对村级财务的监管起到了良好的效果。因此，要加强机

构队伍建设，借鉴安康市的做法，设立专门机构和专职人员承担财政管理和审计监督。落实村级财务年度工作审计、专项财务审计、村干部离任审计等农村财务专项审计制度。

完善和切实落实财务开支审批制度、集体收入管理制度、集体资产资源管理制度、财务公开制度等村级财务管理制度。健全和完善村级财务工作机制，积极完善民主决策机制、村务公开民主理财机制、监督检查机制，建立村干部财务管理的考核机制。

（五）提升抵御自然灾害能力，降低灾害造成的损失

2018年低温霜冻对苹果造成了严重影响，但各地受灾损失程度不同。冻害天气来临前后防冻害措施做得较好的果园普遍损失较少，可见，面对自然灾害并非无能为力，提升抵御自然灾害能力能有效降低灾害造成的损失。

帮助和引导农业经营者做好灾前防御，提高气象灾害预报水平。提升气象监测能力，为农业发展提供全方位的气象、农情灾害的监测、预报和预警服务。畅通灾害预警信息发布渠道，利用网络、电视、广播等各种媒介，将气象灾害预警信息，及时、准确传递到千家万户。提升农业设施水平，通过引进、利用、推广新材料、新技术，提高农业抵御自然灾害的能力。加大高产、优质的新品种的培育和引进力度，提高作物抗灾、抗病的能力。扩大和完善涉农保险，完善灾害风险分散分担机制，降低农业生产经营风险。

参考文献

《我省举行2018年前三季度国民经济运行情况新闻发布会》，http：//www.shaanxi.gov.cn/jbyw/xwfbh/124423.htm，2018年10月24日。

《2018年前三季度陕西居民收入增长9.1%》，http：//www.nbs-sosn.cn/index.aspx?menuid=4&type=articleinfo&lanmuid=18&infoid=2935&language=cn，2018年10月19日。

《2018 年上半年陕西农村居民人均收支水平》，http：//www. nbs – sosn. cn/index. aspx，2018 年 8 月 31 日。

《渭南市农村集体产权制度及"三变"改革亮点纷呈》，http：//www. sxny. gov. cn/www/sxdt1142/20180614/9655735. html，2018 年 6 月 14 日。

韩梅：《农村环境整治仍然任重而道远》，http：//www. shaanxi. gov. cn/zdzl/hxjw/106072. htm，2018 年 3 月 26 日。

贺雪峰：《关于实施乡村振兴战略的几个问题》，《南京农业大学学报》2018 年第 3 期。

赵明、石喻涵：《陕西今年力争 101. 7 万人脱贫》，http：//www. sx – dj. gov. cn/Html/2018 – 7 – 25/101336. Html，2018 年 7 月 25 日。

B.3

2018年陕西工业经济形势分析
与2019年预测[*]

武 斌 吴 刚[**]

摘 要: 2018年陕西工业经济运行呈现总体平稳、稳中趋缓,主要行业和企业效益稳步提升,工业固定资产投资增速回落,全省各市(区)工业处于稳步增长的态势,工业经济平稳增长有力的支撑国民经济良好运行。但同时陕西工业经济运行也呈现出非能源工业增长持续放缓、工业投资持续低位徘徊、新产业新业态支撑能力薄弱、环境要素倒逼压力持续增大等突出问题,工业经济发展挑战艰巨。2019年陕西工业转型升级压力进一步增大,增速放缓,将保持8%左右增长水平。为此推进工业稳增长促转型要狠抓稳增长政策落实,保持稳定增长;加快实施"300万辆汽车工程",全力打造汽车产业集群;深入实施"陕西制造2025",提升制造业竞争力;大力发展新经济,培育形成新兴增长点;加快产业平台转型升级,营造项目落地生根的"热带雨林气候",促使工业迈向高质量发展。

关键词: 陕西 工业经济 企业

---

* 本报告系国家社科基金项目"西部地区传统制造业转型升级能力评测及路径优化研究"(项目编号为14BJL098)阶段性成果之一。

** 武斌,陕西省工业和信息化厅运行处副处长;吴刚,陕西省社会科学院经济研究所副所长、研究员。

一 陕西工业经济运行态势分析

（一）工业运行总体平稳，稳中趋缓

2018年1~9月，陕西全省规模以上工业增加值同比增长9.2%，较二季度下降0.5个百分点，高于上年同期1.5个百分点，高于全国2.8个百分点，增速列全国第4位，西部第3位，增速排位前移10位（见图1）。其中，能源工业完成工业增加值同比增长10.3%，较上月放缓0.5个百分点，高于去年同期4.4个百分点；非能源工业增加值增长8.1%，较上月放缓0.2个百分点，低于上年同期0.9个百分点。

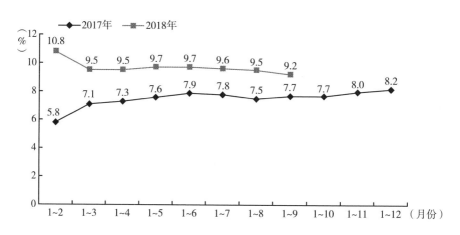

图1 2018年1~9月陕西规模以上工业增加值累计增长情况

（二）主要工业行业和企业效益提升

2018年1~8月，陕西规模以上工业实现利润总额1550亿元，同比增长24.5%，高于全国平均增速8.3个百分点；实现主营业务收入14360.6亿元，同比增长13.6%，高于全国平均增速3.8个百分点。企业盈利能力增强，成本费用明显下降。2018年1~8月，陕西规模以上工业企业主营业务

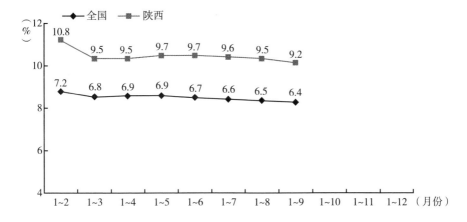

图2 2018年1～9月陕西与全国规模以上工业增加值增速比较

收入利润率为10.79%，同比提高0.93个百分点，高于全国4.36个百分点。每百元主营业务收入中的成本、费用合计为86.01元，同比下降1.45元，低于全国6.61元，工业企业经营效益持续提高（见表1）。

表1 2018年1～8月陕西工业效益情况

对比指标	主营业务收入		利润总额		主营业务收入利润率	
	1～8月（亿元）	同比增长（%）	1～8月（亿元）	同比增长（%）	1～8月（%）	同比增减（个百分点）
陕西	14360.6	13.6	1550.0	24.5	10.79	0.93
全国	687763.0	9.8	44248.7	16.2	6.43	0.35

对比指标	资产负债率		百元主营业务收入中成本、费用合计		亏损面	
	1～8月（%）	同比增减（个百分点）	1～8月（元）	同比增减（元）	1～8月（%）	同比增减（个百分点）
陕西	53.97	-0.88	86.01	-1.45	16.81	-0.65
全国	56.60	-0.50	92.62	-0.37	17.60	1.03

（三）工业固定资产投资增速回落

2018年1～9月陕西工业固定资产投资累计增长4.4%，增速较上年同期低1.3个百分点，低于全国增速1个百分点。其中，能源工业同比下降4.7%，降幅较1~8月扩大4个百分点；非能源工业增长9.3%，较1~8月回落1.4个百分点。全省工业企业技术改造投资同比增长7.9%，较1~8月加快3.9个百分点。工业民间投资增长14.6%，较1~8月回落2.4个百分点。从工业三大门类投资增速分析来看，1~9月陕西制造业投资同比增长9.6%，较1~8月回落1.2个百分点；采矿业投资增长13.9%，环比回落8.6个百分点；电力、热力、燃气及水的生产和供应业投资下降16.4%，降幅较1~8月扩大3.5个百分点。全国工业三大门类投资增速分别为：制造业增长8.7%，采矿业增长6.2%，电力、热力、燃气及水的生产和供应业投资下降10.7%。陕西与全国相比，采矿业高于全国7.7个百分点，制造业高于全国0.9个百分点；电力、热力、燃气及水的生产和供应业降幅大于全国5.7个百分点（见图3）。

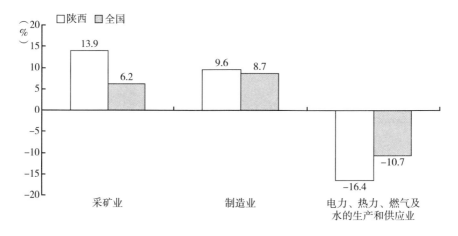

图3　2018年1~9月陕西与全国三大产业投资增长情况比较

（四）陕西各市（区）工业稳步增长

2018年1~9月，陕西11个市（区）规模以上工业增加值全部实现正增长。其中西安市增长9.5%，高于上年同期4.5个百分点，高于全省平均0.3个百分点；咸阳市增长7.0%，低于上年同期1.3个百分点，低于全省平均2.2个百分点；宝鸡市增长8.5%，低于上年同期0.5个百分点，低于全省平均0.7个百分点；渭南市增长6.8%，低于上年同期2.9个百分点，低于全省平均 2.4 个百分点；铜川市增长 3.0%，低于上年同期 4.4 个百分点，低于全省平均 6.2 个百分点；汉中市增长 15.4%，高于上年同期 2.6 个百分点，高于全省平均 6.2 个百分点；安康市增长 15.5%，与上年同期持平，高于全省平均 6.3 个百分点；商洛市增长 14.8%，高于上年同期 0.9 个百分点，高于全省平均 5.6 个百分点；榆林市增长 8.3%，高于上年同期 3.0 个百分点，低于全省平均 0.9 个百分点；延安市增长 10.3%，高于上年同期 4.3 个百分点，高于全省平均 1.1 个百分点；杨凌示范区增长 13.7%，低于上年同期 1.3 个百分点，高于全省平均 4.5 个百分点（见图 4）。

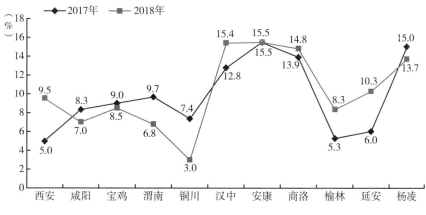

图 4 2018 年 1～9 月陕西各市（区）工业增加值增长情况比较

二 陕西工业发展面临的突出问题分析

2018 年 1～9 月数据分析显示，陕西工业增速、效益等指标呈现良好发展态势。这说明尽管外部环境变数增加，但陕西市场主体竞争能力和自我调节能力显著增强，工业运行韧性持续趋强，转型升级迈向高质量发展成效显现。但同时工业下行压力较大，增速放缓态势逐步凸显。

（一）非能源工业增长持续放缓

近年来陕西非能源工业经过连续高速增长后速度出现回落，2016 年、

2017年陕西非能源工业增速分别达到13.1%和10.2%。2018年以来，虽然持续用力，不断加大协调和服务力度，但要继续保持快速增长已非常困难，一季度、上半年、1~9月分别增长9.8%、9.1%、8.0%，四季度仍将继续放缓。

（二）工业投资持续低位徘徊

2016年陕西工业投资仅增长1.1%，2017年增长1.8%。2018年工业投资虽然有所回升，1~8月增长6.9%，但仍低于固定资产投资增长4.9个百分点，工业投资额仅占固定资产投资的24%左右；工业技改投资增长4.0%，低于固定资产投资增幅7.8个百分点，低于工业投资增幅2.9个百分点，仅占工业投资13%，比全国低30多个百分点，形势十分严峻。

（三）新产业新业态支撑能力薄弱

2018年1~9月数据分析显示，陕西新能源汽车、智能制造、集成电路、数字经济等战略性新兴产业规模体量仍然较小，仅占陕西GDP的12%；网络新型消费规模仅占限额以上企业（单位）消费品零售额的7.7%。新经济支撑能力较弱。

（四）环境要素倒逼压力持续增大

陕西区域差距较大，陕南、陕北环境承载力相对狭小，关中环境承载力相对饱和；资源要素供给限制条件增多；能化、装备制造等产品目标市场更加细分，需求呈现小规模、多规格、精致化发展趋势，批量、规模化产能扩展面临挑战艰巨，招商引资，项目落地异常困难。

三 2019年工业发展环境形势预测分析

（一）高质量发展的自觉性主动性进一步增强

高质量发展是破解新时代主要矛盾，不断满足人民日益增长的美好生活需求的必然选择；也是遵循量变到质变客观规律，实现发展质的飞跃的必然选择；更是深化供给侧结构性改革，形成高效优质多样供给体系，实现更高层次、更高品质追赶超越的必然选择。企业是高质量发展的核心动力，工业是高质量发展主要阵地。一年多的实践探索，全社会对高质量发展的主动性、自觉性认识在不断深化。各项政策制度供给更加聚焦高质量发展，企业更加注重高质量的产品和服务供给。高质量发展将成为统筹工业升级、项目建设的主线。

（二）中美贸易摩擦升级、外部不可预期变数在增加

中美贸易摩擦升级、多边贸易保护的抬头，外部不可预期变数在增加。企业、消费者、投资者预期影响在进一步加大。陕西海升果业、恒通果汁、延长橡胶等食品、化工制品、纺织品等直接出口美国的产品受到冲击加大，已出现出口下降、订单减少的苗头。同时我国东部沿海省区市直接出口美国的商品受阻的影响也将进一步传导到陕西。陕西省外向型市场的拓展以及外资的引进都将变得困难。

总体来看，国际市场竞争环境恶化的势头还将延续，国家进一步扩大开放的决心不会放松，高质量发展各项政策举措将密集出台，产能过剩、资源环境倒逼压力还将继续加大。陕西省工业内生发展能力的不足，高端供给有限等因素影响，2019年陕西省工业转型升级的压力进一步增大，增速将放缓，规模以上工业增速将保持8%左右增长水平。

四 推进工业稳增长促转型的政策建议

（一）狠抓稳增长政策落实，保持工业稳定增长

强化稳增长调研服务督导举措，协助企业解决实际困难和问题，督导中央和省委省政府稳增长政策的贯彻落实，切实发挥政策引导支撑作用，确保工业稳定增长。进一步加强对中美贸易摩擦对陕西省工业出口影响的研判分

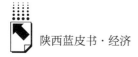

析，分类施策，建立相应的风险防范和规避预案，帮助企业渡过难关。科学编制产业链招商地图，精心包装项目，推进实施"延链补链"招商策略，聚焦产业园区、领军企业和关键要素抓招商，推动优势产业不断做大做强。

（二）加快实施"300万辆汽车工程"，全力打造汽车产业集群

深入落实"做大整车、做强配套、做优服务"汽车产业发展思路，狠抓项目建设，补短板、强弱项，推进实施"300万辆汽车工程"。引导整车企业从产品生产销售商向提供产品全生命周期管理服务以及整体运营服务等领域延伸，拓展利润源，积极开发汽车融资租赁、网络精准营销、电池换电与回收、充电基础设施运营等业务板块。抢抓我国取消新能源汽车外资股比限制的战略机遇，聚焦陕西省汽车产业链中缺失和关键环节，加大名优品牌车企及关键配件企业的引进力度；积极申请国家智能网联汽车产业化基地建设试点，打造智能网联汽车创新枢纽基地，全力打造汽车产业集群。

（三）深入实施"陕西制造2025"，加快提升制造业竞争力

持续实施工业强基工程，加快国家增材制造、工业互联网、贵金属材料、甲醇汽车、生物医药等创新中心建设，强化航空航天、新能源汽车、智能制造等优势产业关键领域创新，推动产业由价值链低端向高端攀升。推进实施"军工＋"模式，打造军民融合科技创新平台、军民融合产业园区、军民融合产业联盟、军民融合标杆项目，加快培育壮大航空航天、军工电子、兵器设备、专用设备、智能设备等优势产业，激发军民融合发展新活力。推进实施"龙头培育"和"中小企业成长工程"，加快形成一批大企业、大集团和行业龙头企业，发展一批专精特新中小企业，着力构建成龙配套的产业链、价值链的发展模式。推进制造业智能化、绿色化、服务化发展，推动产业形态、生产方式、商业模式变革。

（四）大力发展新经济，培育形成新兴增长点

聚焦智能、数字、共享等经济新业态，大力推进"人工智能＋""大数

据＋""清洁能源＋""供应链＋"应用场景行动计划。重点推动人工智能在高档数控机床、机器人、增材制造等领域场景应用示范；大数据在交通指挥调度、精准诊疗、智能管理等场景应用示范；清洁能源在绿色载能、太阳能光伏、先进储能等场景应用示范；建设现代供应链综合服务平台，推进制造业、商贸等领域现代供应链创新应用，着力打造世界级供应链枢纽门户。推进新经济服务实体产业、服务智慧社会建设、服务消费升级、服务供应链创新应用，加快培育形成以人工智能、大数据、清洁能源、现代供应链等新经济为主要形态的工业新增长点。

（五）加快产业平台转型升级，营造项目落地生根的"热带雨林气候"

大力推动陕西省各类产业平台向集成产业功能、生态功能、制度创新功能，以及部分生活服务功能的现代产业园区转型。搭建"全周期培育、全要素保障、高品质生活"赋能加速平台，精准对接、精细服务。推进实施产业生态圈战略，营造人才、技术、资金、信息、物流和上下游企业配套，数据对接、政策相通的产业环境，积极构建生产、生活与生态融合发展的"热带雨林气候"，加速项目落地生根，育苗成林。

B.4
2018年陕西对外贸易发展形势分析及2019年预测*

刘晓惠**

摘　要： 2018 年正值中国改革开放四十周年，全球经济继续保持复苏态势，国内经济向高质量发展稳定转变，虽然全球贸易摩擦愈演愈烈，但是随着"一带一路"建设的纵深推进以及陕西营商环境改善，贸易政策便利化程度提高，外贸发展势头良好，持续保持高位增长。尽管当前全球经济形势得到改善，但一些国家贸易保护主义倾向上升，给世界经济和贸易增长带来重大的不确定性，同时中国将开启新一轮对外开放，在大幅度放宽市场准入、创造更有吸引力的投资环境，陕西要抓住此次扩大对外开放的契机，优化提升营商环境，提高经济发展质量，积极融入全球经济发展。

关键词： 陕西　对外贸易　营商环境

一　2018年陕西对外贸易发展形势分析

（一）陕西外贸经济发展总体分析

2018 年，全球经济继续保持复苏态势，国内经济向高质量发展稳定转

---

* 该成果系陕西省社会科学院2018年重点课题（18ZD013）阶段性成果,本文中未注明的数据均来源于国家统计局网站、陕西省统计局网站和西安海关网站。

** 刘晓惠,陕西省社会科学院经济研究所助理研究员。

变，虽然全球贸易摩擦愈演愈烈，但是随着"一带一路"建设的纵深推进以及陕西营商环境改善，贸易政策便利化程度提高，外贸发展势头良好，持续保持高位增长，其中外贸龙头企业是拉动全省进出口增长的主要因素。1~9月，陕西外贸进出口总值实现2580.1亿元，同比增长31.9%，高于全国22个百分点，增速位列全国第四。全省出口实现1572亿元，同比增长34.9%，高于全国28.4个百分点，增速位列全国第二；进口实现1008.1亿元，同比增长27.3%，高于全国13.2个百分点，增速位列全国第六；前三季度陕西贸易顺差为563.9亿元，贸易顺差额进一步扩大。外贸进出口依存度为15.30%，同比增加2.43%，是历年来的最高值（见图1）。

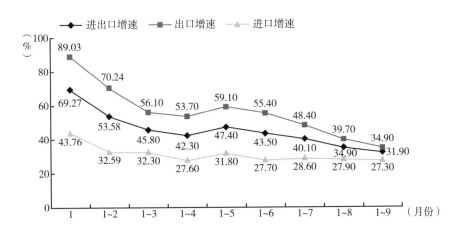

图1 2018年1~9月陕西对外贸易同比增速比较

2018年以来，陕西合同利用外资与实际利用外资数额环比增加，1~8月合同利用外资44.31亿美元，实际利用外资26.51亿美元。但是同比增幅情况不佳，前8个月，合同利用外资同比下降-0.5%，下降幅度有所减缓；实际利用外资在经历前2个月2.6倍的增长后一直处于负增长状态，到8月同比下降22.1%（见图2）。

为保障"长安号"班列加快发展，西安海关采取多项措施优化监管机制，不断提高监管效能，持续压缩班列整体通关时间。前三季度，班列进口通关时间比上年同期下降61.4%，出口通关时间下降21.8%。"长安号"班

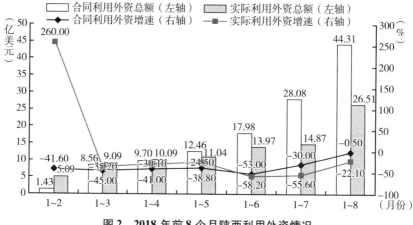

图2 2018年前8个月陕西利用外资情况

列进出口货值13.1亿美元,增长7.9倍,为上年全年总值的6.9倍;监管货运量51.8万吨,增长8.7倍,为上年全年总量的8.0倍;开行班列数达到913列,为上年全年开行数的4.7倍。"长安号"运力的提升也带动对中亚地区贸易快速增长,前三季度,陕西对中亚地区贸易额7.6亿元,增长71.2%,其中出口6.4亿元,进口1.2亿元,分别增长88.1%和15.1%。

随着陕西营商环境的不断改善,吸引越来越多的外商投资企业入陕。前三季度,新登记注册外商投资企业601户,同比增长37.21%,截至9月,陕西外商投资企业共计5642户,同比增长2.34%。

当前陕西旅游业发展进入快车道,文化软实力的提升,向世界展示一个新陕西形象。前三季度,全省接待境内外游客52354.21万人次,旅游总收入4965.33亿元,其中接待入境游客298.5万人次,国际旅游收入21.64亿美元(见图3)。

(二)陕西外贸发展的特点分析

1.进出口各指标增幅呈放缓趋势

前三季度,陕西进出口增幅各项指标增幅呈现逐月减缓趋势。全省进出口总值1月增幅为69.27%,是前三季度的最高值;随后2月、3月、4月增幅逐月放缓,到5月增幅出现转折,呈现小幅上升态势,但是6月开始,增幅又

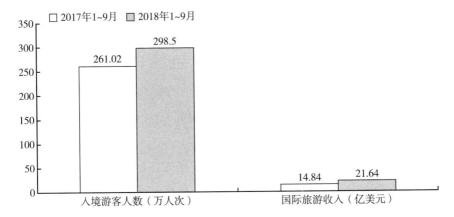

图3 2018年1~9月入境旅游人数及收入与2017年同期比较

开始呈现逐月下降趋势，直到9月，增幅为31.9%，是2018年来的最小值。前三季度，全省出口增幅轨迹与进出口总值增幅轨迹基本一致，9月出现2018年以来的最小增幅为34.9%。全省进口增幅最高值同样出现在1月，随后逐月减小，在5月出现小幅上涨，但是仍然没有改变逐月放缓态势（见图1）。

2. 加工贸易依然占比较大

前三季度，陕西省加工贸易进出口总值1612.2亿元，同比增长24.6%，占同期全省进出口总值的62.5%。一般贸易进出口总值577.8亿元，同比增长20.6%，占比22.4%。海关特殊监管区域物流货物进出口总值282.7亿元，同比增长1.5倍。

3. 外资企业占主导，私营企业增速高

前三季度，陕西省外资企业进出口总值1754.5亿元，同比增长24.9%，占全省进出口总值的68%。其中，美光、三星（含海邦物流）两家企业进出口继续保持高速增长，进出口值分别为1031.2亿元、663.3亿元，分别增长30.9%、54.1%，两家企业共占全省进出口总值的65.7%，成为拉动全省进出口增长的主要因素。

前三季度，私营企业进出口总值586.8亿元，同比增长64.7%，占比22.7%。其中，出口477.2亿元，同比增长88.4%；进口109.6亿元，同比增长6.4%。国有企业进出口总值238.6亿元，同比增长22.1%，占比9.2%。

4. 韩国是陕西省最大贸易伙伴，对中国香港增速最高

前三季度，陕西省对韩国进出口贸易总值509.3亿元，同比增长39.7%；对中国香港进出口贸易总值484.3亿元，同比增长62.3%；对中国台湾进出口贸易总值436.1亿元，同比增长17.5%。此外，陕西省对美国进出口总值325.2亿元，同比增长20.9%；对欧盟进出口总值244.9亿元，同比增长28.4%。

5. 机电产品成为陕西省主要进出口商品

前三季度，陕西省机电产品出口1406.8亿元，同比增长38.9%，占全省出口总值的89.5%；进口772.9亿元，同比增长25.8%，占全省进口总值的76.7%。此外，农产品出口31.6亿元，同比增长17.2%，其中苹果汁出口15.6亿元，同比增长20.7%。

6. 杨凌示范区、渭南、安康外贸增幅排名全省前三

随着陕西自贸区的深入建设，与陕西口岸功能的进一步丰富和优化，海关特殊区域进出口大幅增长。前三季度，西安高新综合保税区进出口增长64.7%，远高于全省外贸进出口增长水平。按各市（区）分，杨凌示范区、渭南、安康三市（区）外贸进出口总值增幅位居全省前三，分别为63.5%、39.7%和37.5%。

二 陕西对外贸易发展的环境分析

（一）国际环境

2018年世界经济和贸易延续2017年的增长态势。经过十年的调整和恢复，世界经济正在摆脱国际金融危机的影响，复苏势态好于预期，工业生产、国际贸易等持续复苏，经济增长动力趋强。尽管当前全球经济形势得到改善，但一些国家贸易保护主义倾向上升，给世界经济和贸易增长带来重大的不确定性。①

---

① 《2018年中国对外贸易发展态势分析》，http://www.ceweekly.cn/2018/0611/227044.shtml，2018年6月11日。

1.美国

数据显示，2018年第二季度美国实际国内生产总值（GDP）同比增长2.8%，略高于第一季度的2.6%，其中净出口为当季美国经济增长贡献约1.17个百分点，略高于此前预估的1.06个百分点。8月ISM制造业指数为61.3，创2004年5月以来新高，连续24个月高于荣枯分水岭50，显示美国制造业持续扩张。6月美国总体出口下降0.7%至2138亿美元，进口增加0.6%至2602亿美元，6月贸易逆差出现扩大，为4个月以来首次，虽然美国保护主义言论促使大豆和其他一些原材料的出口有所增加，但资本产品、汽车和消费品出口下降，表明贸易对未来经济的帮助可能下降。7月份失业率小幅下降至3.9%，非农部门新增就业岗位主要来自商业服务、制造、健康护理和社会服务等领域，表明美国就业市场仍然保持稳健增长。

但是有分析人士指出，随着美国对外贸易摩擦加剧，对外贸易可能会在2018下半年拖累美国经济增长。2018年美国政府奉行"美国优先"，掀起"贸易战"，尤其是针对中国，截至目前，已经数次对中国产品加征高额关税，片面强调美国利益，忽视国际合作，频频采取单边主义做法，威胁全球贸易复苏，恶化贸易环境，给全球的贸易投资带来诸多不确定因素，影响经济全球化进程。

表1 2018年美国"贸易战"具体情况

1月	美国宣布对进口光伏产品和大型洗衣机分别采取为期4年和3年的全球保障措施（201调查）
3月9日	美国以进口钢铁和铝产品威胁到美国国家安全为由，对进口钢铁和铝产品全面征税，税率分别为25%和10%（"232"调查）
3月22日	美总统特朗普签署备忘录，基于301调查对自华进口商品大规模征收关税，征税产品建议清单涉及中国约500亿美元产品出口，建议税率为25%，涵盖约1300个税号产品，并实施投资限制
4月5日	又额外对1000亿美元中国进口商品加征关税
5月29日	美国白宫宣布将对从中国进口的含有"重要工业技术"的500亿美元商品征收25%的关税。其中包括与"中国制造2025"计划相关的商品。最终的进口商品清单将于2018年6月15日公布，并很快对这些进口产品征收关税

7月6日	美国开始对第一批清单上818个类别、价值340亿美元的中国商品加征25%的进口关税。作为反击，中国也于同日对同等规模的美国产品加征25%的进口关税
8月23日	美国贸易代表办公室（USTR）公布第二批对价值160亿美元中国进口商品加征25%关税的清单，包含了2018年6月15日公布的284个关税项目中的279个，包括摩托车、蒸汽轮机等产品

2. 欧元区

欧元区第二季度季调后GDP年率初值增长2.1%。7月欧元区19国失业率为8.2%，与6月相比保持稳定，低于上年同期的9.1%，为2008年11月以来最低水平。6月欧元区贸易余额225亿欧元，较上月增加60亿欧元。7月PPI同比增幅4%，是2018年以来的最大增幅。经济景气指数呈小幅下降趋势，其中8月份经济景气指数111.6，为2018年以来的最低值。

3. 英国

英国第二季度GDP年率初值符合预期且好于前值，为1.3%，但仅增长0.1个百分点，增长主要是由服务业推动的。6月贸易逆差达到18.61亿欧元，较上月有所收窄，但是贸易逆差对经济的拖累也未明显减弱。6月三个月ILO失业率跌至1975年以来新低，为4.0%，生产率也有所攀升，第二季度每小时产出年率为1.5%，是2016年末以来最大增幅，不过薪资增速放缓。

4. 德国

德国第二季度GDP年率2.3%，与第一季度相比增加0.7个百分点，数据显示，国内需求增长是德国第二季度经济增长的主因，家庭消费支出和政府支出都有所增长。上半年，德国出口总额达到6628亿欧元，进口总额为5413亿欧元，分别较上年同期增长3.9%和4.8%。8月失业人数继续减少，失业率保持历史低位，为5.2%。

5. 日本

日本第二季度实际GDP按年率计算增长1.0%，好于市场预期，意味着日本经济已从一季度的短暂负增长中恢复，主要得益于企业设备投资和个人消费增长，其中，当季民间企业设备投资环比增长1.3%，连续7个季度增长；个人消费环比增长0.7%，而一季度为负增长。7月贸易逆差2312亿日元，是2018年以来第三次出现贸易逆差。

6. 金砖国家

中国、印度经济继续保持快速增长趋势，其中，印度增幅超越中国；俄罗斯、巴西经济呈现向好态势，但是南非经济却呈萎缩状态。其中，中国第二季度GDP同比增长6.7%，低于第一季度0.1个百分点。受制造业、农业稳步扩张和消费者支出不断增强的推动，印度第二季度GDP同比增幅为8.2%，与第一季度相比增长0.5个百分点，总理经济顾问委员会主席Bibek Debroy将这一积极趋势归因于结构改革的持续动力和现行政策举措的有效实施。第一季度，经季节调整后巴西GDP同比增长1.6%，环比增长0.4%。世界银行预测巴西2018年经济增长2%；而巴西政府将2018年巴西GDP增速预期从2.97%下调至2.5%。俄罗斯经济发展部8月17日发布的统计报告显示，上半年俄罗斯GDP同比增长1.8%，2018年俄罗斯GDP同比增长将达1.9%，7月经济同比增长1.8%，冶金、化工、食品及木材加工业等工业生产恢复增长是促进俄罗斯7月经济增长的主要原因。南非统计局数据显示，南非第二季度GDP年化季率萎缩0.7%，市场此前预期为增长0.6%；第一季度修正为萎缩2.6%，至此，南非经济连续两个季度萎缩，标志着其进入技术性衰退，为九年来首次。

表2　2018年第一季度和第二季度部分国家（地区）GDP同比增速比较

单位：%

国家/地区	第一季度	第二季度	国家/地区	第一季度	第二季度
中　国	6.8	6.7	日　本	0.9	1.0
美　国	2.6	2.8	印　度	7.7	8.2
欧元区	2.5	2.1	俄罗斯	1.5	1.8
英　国	1.2	1.3	南　非	-0.7	-2.6
德　国	1.6	2.3			

2018年各主要经济体不断调整和优化货币政策和财政政策，通过加强基础设施建设，促进制造业等实体经济发展，经济增速普遍回升，增长动力

有所增强，但经济政治形势更加错综复杂，"逆全球化"和贸易保护主义势力抬头，主要经济体宏观经济政策调整溢出效应凸显，地缘政治风险此起彼伏，世界经济复苏基础并不稳固。[①]

（二）国内环境

2018 年正值改革开放 40 周年，中国保持对外开放的基本国策不变，并进一步扩大对外开放力度，公布《外商投资准入特别管理措施（负面清单）（2018 年版）》。该负面清单大幅度放宽了市场准入，在金融、汽车、船舶、铁路、农业、矿产、电网等领域推出 22 条开放措施。中国外贸总体形势向好，但是中美之间的"贸易战"为我国外贸发展蒙上一层阴影，不确定不稳定因素有所增多。前三季度，我国货物贸易进出口总值 22.28 万亿元人民币，同比增长 9.9%。其中，出口 11.86 万亿元，同比增长 6.5%，进口 10.42 万亿元，同比增长 14.1%，贸易顺差 1.44 万亿元，同比收窄 28.3%。

1. 一般贸易进出口比重上升

前三季度，我国一般贸易进出口实现 13.02 万亿元，同比增长 13.5%，占我国进出口总值的 58.4%，与上年同期相比增加 1.9 个百分点，贸易方式结构有所优化。

2. 对主要贸易伙伴进出口增长

前三季度，我国对欧盟、美国和东盟进出口分别同比增长 7.3%、6.5% 和 12.6%，三者合计占我国进出口总值的 41.2%。

3. 与部分"一带一路"沿线国家进出口增势势头较好

前三季度，我国对俄罗斯、波兰和哈萨克斯坦等部分"一带一路"沿线国家进出口分别同比增长 19.4%、11.9% 和 11.8%，均高于我国进出口平均增幅水平。

4. 民营企业进出口比重提升

前三季度，我国民营企业进出口实现 8.77 万亿元，同比增长 12.9%，

[①] 《2018 年中国对外贸易发展态势分析》，http://www.ceweekly.cn/2018/0611/227044.shtml，2018 年 6 月 11 日。

占我国进出口总值的 39.4%，与上年同期相比上升 1 个百分点。其中，出口实现 5.68 万亿元，同比增长 9.6%，占出口总值的 47.9%，与上年相比增加 1.4 个百分点；进口 3.09 万亿元，同比增长 19.5%。

5. 西部、中部、东北地区进出口增速均高于全国水平

前三季度，西部地区外贸进出口增速为 16.3%，高于全国平均水平 6.4 个百分点；中部地区外贸进出口增速为 13.9%，高于全国平均水平 4 个百分点；东北地区外贸进出口增速为 12.4%，高于全国平均水平 2.5 个百分点；东部地区外贸进出口增速为 9%。

6. 机电产品、劳动密集型产品仍为出口主力

前三季度，我国机电产品出口 6.91 万亿元，同比增长 7.8%，占出口总值的 58.3%，其中，汽车出口同比增长 16.3%，手机出口同比增长 15.2%。服装、玩具等劳动密集型产品合计出口 2.29 万亿元，占出口总值的 19.3%。

与 2017 年相比，受国际市场以及中美之间贸易摩擦的影响，2018 年以来外贸进出口各项指标增速有所放缓，但增幅水平较为平稳，如图 4 所示，我国进出口增速在 6 月出现最低值，随着各项激励措施出台促进了我国外贸发展的稳定，7 月开始外贸进出口增速回升。

2018 年是我国改革开放 40 周年，习近平主席在博鳌亚洲论坛的主旨演

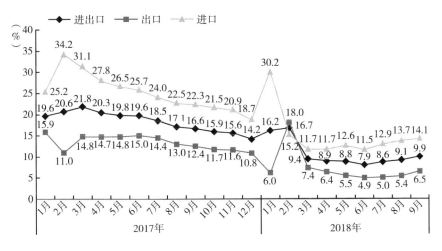

图 4 2018 年 1~9 月和 2017 年全国对外贸易累计值（人民币）同比增速比较

讲中提到：中国将开启新一轮对外开放，在大幅度放宽市场准入、创造更有吸引力的投资环境、加强知识产权保护以及主动扩大进口等方面进一步加快开放力度。这标志着中国已从"审慎开放、渐进开放"逐步转向"扩大开放、主动开放"。因此在促进扩大对外开放方面我国出台以下政策措施。①6月1日国务院发布《深化服务贸易创新发展试点总体方案》，聚焦进一步完善管理体制、扩大对外开放、培育市场主体、创新发展模式、提升便利化水平、完善政策体系、健全统计体系、创新监管模式等8个方面逐项深化试点任务。②6月15日国务院发布《积极有效利用外资推动经济高质量发展若干措施》，从六个方面提出积极有效利用外资。一是大幅度放宽市场准入，提升投资自由化水平。二是深化"放管服"改革，提升投资便利化水平。三是加强投资促进，提升引资质量和水平。四是提升投资保护水平，打造高标准投资环境。五是优化区域开放布局，引导外资投向中西部等地区。六是推动国家级开发区创新提升，强化利用外资重要平台作用。③7月24日国务院印发《关于在北京等22个城市设立跨境电子商务综合试验区的批复》，坚持新发展理念，复制推广前两批综合试验区成熟经验做法，着力在跨境电商企业对企业（B2B）方式相关环节的技术标准、业务流程、监管模式和信息化建设等方面先行先试，探索跨境电商发展新经验、新做法。④10月19日国务院印发《优化口岸营商环境促进跨境贸易便利化工作方案》。深入推进"放管服"改革，对标国际先进水平，创新监管方式，围绕"减单证、优流程、提时效、降成本"等明确了20条具体措施，优化通关流程，提高通关效率，降低通关成本，营造稳定、公平、透明、可预期的口岸营商环境。

目前来看，我国外贸进出口发展稳定，并积极与世界各国分享发展机遇，主动扩大进口，将下调汽车、部分消费品等进口关税，为进口发展提供新的动力。但是仍需积极应对国际市场不稳定、不确定性因素。

三 2019年陕西省外贸形势预判

2018年10月国际货币基金组织发布的《世界经济展望》中，2018～

2019年的全球增长率预计为3.7%，两年的预测值都比4月的预测低0.2个百分点。与此同时，贸易紧张局势加剧，基于规则的多边贸易体系可能被削弱，经济扩张的均衡性已经下降，一些主要经济体的增长速度可能已经触顶。过去几个月里，全球增长的下行风险已经上升，增长快于预期的可能性已经下降。

在美国，随着财政刺激继续扩大，经济增长势头仍然强劲，但鉴于最近宣布的贸易措施，包括对从中国进口的2000亿美元商品征收关税，2019年的增长预测已经下调。欧元区、日本和英国的增长预测已经下调，原因是2018年初一些意外情况抑制了经济活动。在新兴市场和发展中经济体，许多能源出口国的增长前景因石油价格上涨而改善，但阿根廷、巴西、伊朗和土耳其等国的增长预测下调，反映了本国特定因素、金融环境收紧、地缘政治紧张局势以及石油进口成本上升。鉴于最近宣布的贸易措施，中国和一些亚洲经济体的增长势头预计将有所减弱。[①]

全球经济回暖但是仍有诸多不利因素，陕西要积极防范和应对风险危机，加快转变外贸发展方式，提高企业竞争力，扩大竞争优势，预计2019年，陕西对外贸易将继续保持高速增长。

四 促进陕西外贸发展的对策建议

（一）加大优化口岸营商环境力度，提高贸易便利化程度

2018年是陕西省确立的营商环境提升年，省政府出台了《陕西省优化提升营商环境十大行动方案》《陕西省优化营商环境条例》等一系列优化营商环境的政策法规，其中以提高效率、降低成本、便利企业为目标，从单证办理、通关便利化、口岸建设、外汇管理等七个方面出台28条措施，促进陕西省跨境贸易和投资便利化。积极申报建设高水平自由贸易港。陕西自贸

---

① 数据来源于《世界经济展望》，2018年10月。

区建设以来，复制、推广、创新了多项管理模式，在我国新一轮对外开放来临的契机下，提出探索建设更高水平的内陆自贸港，助推"一带一路"建设，为内陆地区开发开放带来新机遇。我们要加大对自贸片区、海关特殊监管区、港务区等的整合力度，集中发力，在准入、监管、通关、金融、税收、人员流动等方面继续加大开放力度，为申报建设陕西自由贸易港提供良好基础。进一步优化监管通关流程。探索互联网＋查验、H986 集中审像模式，推动查验管理系统二期等科技项目的应用，实现顺势监管。推行舱单电子放行通关模式。推广使用货物暂准通关 ATA 单证册，便利企业临时进出口货物通关。建设完善支持企业"走出去"的公共服务平台。3 月 21 日陕西"走出去""一站式"服务平台上线，为企业提供出口和境外投资的信息、法律、风险防范、政策解读等相关服务。要继续完善该平台服务建设，整合信息、法律、财会、信用、金融等多方面资源，运用多种分析技术汇集政府、企业、第三方机构、行业组织的力量，建立健全评测系统，为企业决策提供必要的参考。

（二）深入推进国际产能合作，加快民营企业"走出去"步伐

2017 年 10 月省国资委出台《关于推进省属企业开展国际产能合作的意见》，从总体要求、重点方向和领域、创新"走出去"方式、主要措施等 4 个方面对省属企业参与"一带一路"建设进行引导和规范。省属企业对外开放合作力度明显加大，截至目前，延长石油集团、陕西能源集团、陕煤集团、陕西有色集团、陕建集团、秦川机床工具集团、法士特集团、陕汽集团、陕西地矿集团、陕海投公司等 10 家企业在境外有投资项目 35 个。当前陕西省"走出去"企业多以国有企业为主，随着经济全球化程度的不断加深，以及我国新一轮的对外开放，国际化是企业发展的必经之路，要鼓励有实力的民营企业"走出去"，参与国际合作，在更大范围、更大空间配置资源，以全球视角，提升企业品牌认知和竞争力，提升企业整体治理水平。增强风险防控意识。"走出去"后面对不同国家的国情，企业要积极应对国际上政治、法律、社会、安全等的各类风险，

按照当地的法律法规，依法合规开展经营活动，并提高合规风险防范能力。①

（三）促进外贸区域协调发展

由于陕西省三大区域之间资源禀赋差异较大，发展的不平衡不充分问题仍然比较突出，尤其是在全省对外贸易发展方面，西安"一极独大"的局面依然保持不变，进出口总额占全省九成以上，而其他10个市（区）所占份额不足10%。因此要继续坚持"强关中、稳陕北、兴陕南"的发展思路，利用自然禀赋优势，陕北向着高端能源化工迈进，非能产业如红色旅游、特色农业等多点开花；陕南"生态+"的循环发展之路，绿色经济发展前景广阔；关中协同错位发展，提高区域发展的质量和速度，增强区域协调发展的能力。大力实施《关中平原城市群规划》，推动关中协同发展，加快西渭、西铜、西商一体化发展，并辐射带动陕西省其他地市。坚持三大区域对外开放和对内开放，加强省域内合作，如产业合作、组团招商、人才培养、园区托管等合力将陕西打造为开发开放新高地。

（四）培育外贸发展新动能

前三季度，陕西省外资企业进出口额1754.5亿元，其中，美光、三星（含海邦物流）两家外贸龙头企业进出口总值分别为1031.2亿元、663.3亿元，合计占全省进出口总值的65.7%，成为拉动全省进出口增长的主要因素，也反映出陕西省外贸发展还未形成多点支撑的局面，需要培育贸易新业态、新模式。加工贸易企业占陕西省出口六成以上，推动加工贸易企业转型升级，鼓励加工贸易企业提高自主研发设计能力、构建自主品牌，促使加工贸易企业向服务型制造企业转型，推动出口价值链向中高端转型。培育外贸骨干企业、自有出口品牌，提升产品价值，引导企业进行各项质量系认证和

---

① 《陕西省加强国际产能合作》，http://fec.mofcom.gov.cn/article/tjgjcnhz/xgzxhlj/201806/20180602759567.shtml，2018年6月27日。

境外商标注册，提高产品国际竞争力。以"制造＋服务"促进出口产业发展，在引进新技术、做大新产业，同时引导企业向高利润的各种服务进发，提高出口质量效益。推动出口价值链攀升。陕西省具有丰富的文化资源，要加快打造旅游服务贸易成为我省贸易发展的新引擎，打造陕西国际旅游枢纽，建设国际一流文旅中心。深入开展陕西文化品牌建设，完善海外市场营销体系，提升陕西文化旅游的海外知名度。

B.5
陕西"三个经济"发展路径研究[*]

陕西省社会科学院经济研究所课题组[**]

摘　要： 党的十九大报告提出，我国经济已由高速增长阶段转向高质量发展阶段，正处在转变发展方式、优化经济结构、转换增长动力的攻关期，建设现代化经济体系是跨越关口的迫切要求和我国发展的战略目标。加快构建富有陕西特色的现代化经济体系，已经成为陕西高质量发展的必然选择。胡和平书记提出"大力发展枢纽经济、门户经济和流动经济，推动经济持续健康发展中实现追赶超越"。本文从经济网络的视角对"三个经济"的基本内涵进行解析，通过构建指标体系对陕西"三个经济"发展水平进行测评，在此基础上，提出陕西发展"三个经济"的路径选择。

关键词： 陕西　"三个经济"　发展路径

　　党的十九大报告提出，我国经济已由高速增长阶段转向高质量发展阶段，正处在转变发展方式、优化经济结构、转换增长动力的攻关期，建设现代化经济体系是跨越关口的迫切要求和我国发展的战略目标。站在新时代的起点上，书写陕西"追赶超越"的新篇章，必须紧紧把握新时代新要求，以供给侧结构性改革为主线，加快构建富有陕西特色的现代化经济体系。围

---

　* 本报告系2018年度陕西省统计科学研究项目"陕西省'三个经济'发展路径研究"阶段性成果。

** 课题组负责人：裴成荣；课题组主要成员：顾菁、曹林、张馨；执笔人：顾菁。

绕这一目标，胡和平书记提出了"大力发展枢纽经济、门户经济、流动经济"（以下简称"三个经济"）的构想，努力培育陕西实现"追赶超越"的新优势，助推陕西高质量发展。从枢纽经济、门户经济、流动经济的关键词看，"枢纽"是指生产要素的集聚中心，"门户"是生产要素的配置平台，"流动"是生产要素的供需通道。"三个经济"是围绕着促进生产要素更快更好地集聚、配置、流动展开的。对区域经济发展而言，就是通过强化枢纽、门户、流动作用，增强要素配置能力，创造更多发展机会和空间，提高全要素生产率，进而提升发展质量和效益。但"三个经济"的立足点和着力点又各有侧重。枢纽经济立足于通过强化陕西交通区位优势，着力加快优质要素集聚，为追赶超越蓄积更强大的新动能。门户经济立足于发挥内陆开放战略高地作用，着力推进全方位的对外开放，培育发展新优势。流动经济立足于发挥经济体制改革的引擎作用，着力优化完善市场经济环境，促进要素自由流动，激发发展活力。

一 陕西发展"三个经济"的基础评估

（一）"三个经济"理论基础

"流空间"是一种相对于地方空间的新空间逻辑，是围绕资本流、信息流、技术流、组织互动流、影像流、声音流和象征流而建立起来的，一种多层次的复杂区域经济网络。其中经济活动行为主体是网络的节点，联系形态是网络中节点和要素的组织形态，反映隐含在区域经济网络中的关系，通过不同层次、不同种类"流"的汇集整合衍生出无形的网络资本，而经济活动主体、网络联系及网络特征的差异性，使区域经济网络呈现出枢纽经济、门户经济、流动经济这三种不同的经济特征。

本文依据"流空间理论"，对"三个经济"从四个层次进行解析：①第一个层次为物质支持，即经济水平，是"三个经济"发展的基础和主要支撑，决定了"三个经济"所拥有的基本功能和相互关联；②第二个层次为枢纽层，不同节点在不同范畴内集聚和交互所构成的局部网络，网络中各节点所具有的特定角色与地位，决定了每个节点的发展潜力和影响力；③第三个层次是门户经济，体现了创新经济的特点。这一层流动空间中的节点包括了创造导向的空间，具有示范性和创新性；④第四个层次，可以概括为流动经济，是由基础要素的流动所推动形成的，这些要素可以通过空间流动来满足自己的目的并影响流空间的结构。

（二）"三个经济"的内涵界定

1. 枢纽经济的内涵

"枢纽经济"是指一个地区利用交通、信息等枢纽优势，充分发挥其流通的便利和高效性，吸引区域经济网络内各类生产要素向枢纽地区集聚，从而发展壮大本地经济的模式。该经济模式包括枢纽中心、经济腹地和经济通道：枢纽中心对各类资源要素产生强大的吸引力和集散功能；辐射和影响的地域范围是经济腹地；经济通道包括各种交通和网络关联，呈现出网线的形态，其密度、可达性、流量对枢纽经济发展具有重要的影响。

2. 门户经济的内涵

"门户经济"是指依托实体或虚拟经济平台，重组经济生态，吸引先进生产要素，促成多方交易或信息交换的新型经济模式。门户经济是腹地开放经济的窗口，需要从前瞻性、战略性、全局性出发不断拓展经济发展新空间，创新资源配置方式和产业发展格局。门户区域生产资源的不断高端集聚优化，将对外部产生极大的吸引力，特别是对门户腹地的发展带来极大的示范引领作用。

3. 流动经济的内涵

"流动经济"是指通过优化要素流通环境，对各种资源实现要素重组、整合促进和带动相关产业发展，创造经济效益的经济模式。流动经济提升了区域的通达性和市场的完善性，提高资源配置效率和经济发展的空间溢出效

应，具体如营商环境建设，包括改善交通，增强市场开放程度，不断完善市场秩序、市场规则等内容。

（三）陕西"三个经济"发展水平测度

1. 评价指标的选取

枢纽值的测度包括集聚度和溢出度两个层面。集聚度的计算包括交通枢纽度、物流枢纽度、产业集中度、金融集聚度、旅游集聚度以及科研集中度。溢出度层面包括交通影响度、产业辐射度、旅游关联度、金融辐射度和技术溢出度。

门户值的测度包括开放度及创新度两个层面。开放度包括贸易开放度、对外合作度、生产开放度和投资开放度四个部分。创新度则包括研究与发展经费投入力度、社会信息化发展程度、人力资源投入力度及专利申请数四个指标。

流动值的测度包括经济支持度和经济协同度两个层面。经济支持度包括政务水平、城市化水平、社会保障水平、社会发展投入、市场繁荣度五个层面。经济协同度表示市场对资源配置的水平和协调发展的程度，包括第二、三产业协同度和技术供需协同度。

2. 评价指标体系的构建

文中采用综合评价模型，定量评价"三个经济"发展水平，具体公式为：

$$S_j = \sum_{i=1}^{n} w_i \cdot y_{ij} \tag{1}$$

其中，S_j 为第 j 年的综合评价指数，w_i 为第 i 个指数的权重赋值。由于样本数量小于变量的数量，且指标中存在大量的相关性，本文引入熵值法为评价指标体系计算权重。根据所构建的评价指标体系，以《陕西统计年鉴》《中国统计年鉴》《中国科技统计年鉴》《中国高技术产业统计年鉴》《陕西省国民经济和社会发展统计公报》为数据来源，建立原始数据矩阵，对其进行标准化，将标准化结果进行各指标熵计算，最后获得各指标的权重赋值（见表1）。

表1 "三个经济"评价指标体系

一级指标	二级指标	权重	三级指标	权重
枢纽值	集聚度	0.267	交通枢纽度	0.059
			物流枢纽度	0.042
			产业集中度	0.058
			金融集聚度	0.022
			旅游集聚度	0.048
			科研集中度	0.038
	溢出度	0.227	交通影响度	0.057
			产业辐射度	0.052
			旅游关联度	0.059
			金融辐射度	0.021
			技术溢出度	0.038
门户值	开放度	0.108	贸易开放度	0.026
			对外合作度	0.028
			生产开放度	0.026
			投资开放度	0.028
	创新度	0.147	研究与发展经费投入力度	0.031
			社会信息化发展程度	0.034
			人力资源投入力度	0.043
			专利申请数	0.039
流动值	经济支持度	0.188	政务水平	0.041
			城市化水平	0.032
			社会保障水平	0.036
			社会发展投入	0.042
			市场繁荣度	0.037
	经济协同度	0.063	第二、三产业协同度	0.032
			技术供需协同度	0.031

3. 陕西"三个经济"评价结果分析

将表1的权重结合公式（1）可计算枢纽值、门户值及流动值的具体评分。

（1）陕西 2010 ~ 2017 年的具体评分

枢纽值的评分最高，集聚度的评分普遍大于溢出度，且增长的态势平稳，说明陕西区位交通等枢纽优势明显，但是顺利转型为经济发展优势的比率却很低,这导致陕西的枢纽优势并不稳固,发展过程存在明显的波动效应(见图1)。从时间节点上看,虽然向西开放战略及"一带一路"倡议的提出在短期内都能明显促进陕西枢纽值的提升,但是这种优势并不能持久,随着重庆、四川、湖北等地竞争力的快速提升,陕西对生产要素的吸引力和凝聚力存在巨大的挑战,枢纽经济在发展中必须进一步巩固在交通、旅游、文化、科技方面的优势,努力提升在产业、金融等方面的竞争力,推动枢纽优势向经济新动能的转化进程。

图1 枢纽值评估结果

门户值的评分排名第二,增长速度非常缓慢(见图2)。创新度的熵权高于外向度,说明外向经济对陕西经济发展的贡献度较低,陕西在西部地区的门户特征并没有得到充分发挥。此外,虽然陕西具有显著的科技创新优势和扎实的科技创新基础,但科技创新优势始终难以转化为经济发展的优势和引擎,这直接制约了创新值的增长,导致门户值增长缓慢。

流动经济的评分最低,但是2013年后快速发展,2017年已接近门户值(见图3),这表明虽然陕西流动经济的基础差,但是随着行政效能革命和放管服改革等一系列行动的展开,市场环境正不断完善,市场活力不断提升,对经济发展的支持力正在增强。而且陕西经济发展存在"瘸腿"的问题,产业发展和技术进步步履不一致,协同性差,产业结构需进一步调整。在未来的发展过程中,还需不断完善配套服务,优化支撑环境。

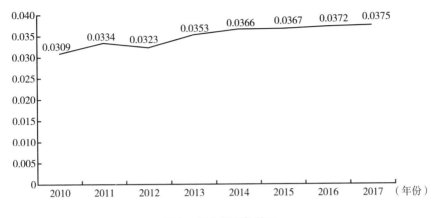

图2　门户值评估结果

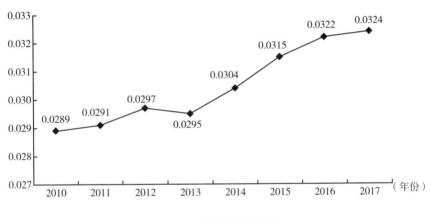

图3　流动值评估结果

（2）2017年西安、武汉、郑州、成都的评分比较

2017年"三个经济"指数成都排名第一，评分高达0.18169，武汉以0.16761次之，西安的评分是0.15082，以微弱的优势排名第三，郑州的评分是0.14930，排名第四。在具体的三项数值评测中，西安的枢纽值以0.07709的绝对优势排名第一，远远高于排名第二的成都（0.06691），说明西安充分发挥了作为国家中西部地区重要综合枢纽的主要作用，尤其是交通、旅游和高技术类产业的快速发展，正加速推进西安迈向西部地区内陆改

革开放"新高地"。西安的门户值排名第三（0.03886），离排名第一的成都（0.04696）存在明显差距，说明西安还需进一步提升开放水平，西安的开放度指标与武汉、成都的差距很大，在国际经济合作上还处于被动局面，在未来亟须发展对外经济技术交流与合作，全面建成引领"一带一路"、具有重要国际影响力的国家中心城市。西安的流动值为 0.03487，远低于排名第三的郑州（0.04522），几乎是排名首位成都的 1/2（0.06782），说明西安经济效能和便利化程度滞后，要素流动缓慢，全面推进制度创新，完善营商环境的建设在很长一段时间内都是西安必须面对的挑战（见图 4）。

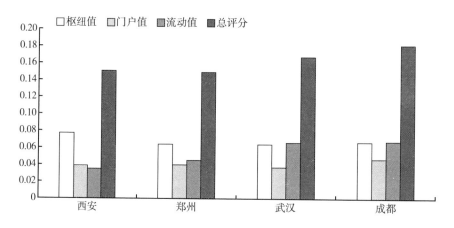

图 4　四大城市"三个经济"指数评估结果

（四）陕西"三个经济"发展存在的问题

1. 开放型经济发展水平偏低

受到西部内陆区位条件的约束，陕西对外开放起步晚、步伐慢，关键要素的聚集力度薄弱。2018 年上半年陕西商品出口额在全国仅排名 16，经济外向水平明显不足，2017 年陕西 FDI 在全国的排名 19，FDI 对第二产业的偏好式投资进一步导致了第二、第三产业的结构失衡，直接表现为外贸商品结构单一、服务贸易逆差较大、经济开放层次较低。如何创新优化经济结构、全面深化开放领域、拓展开放视野、提升开放水平、优化市场大环境等一系列挑战已成为陕西开拓全面开放新格局、发展新经济不得不面临的主要问题。

2. 营商环境仍有较大提升空间

陕西身处内陆，相对东部地区市场环境比较闭塞，经济体系不够全面，市场活力匮乏，竞争力较弱。近年来营商环境方面有所优化，政府在"放管服"、提升企业开办效率等方面取得显著成效，但是政策在落地时亟待提高精准性和可操作性，行政审批依然有很大的优化空间。此外，企业仍存在交易成本居高不下、税费负担重、融资成本贵、创新激励欠缺等状况，这些都说明了陕西营商环境的不足。

3. 经济结构转型升级缓慢

陕西产业层次低，产业规模虽在不断扩大，但辐射效应却增长缓慢，存在粗放式发展、内生动力不足等问题明显。当前陕西第三产业发展水平仍然落后，科技转化能力低导致单一性发展特征，产业链条较短，关键核心技术和零部件亟须突破，多数产品处于产业链前端和价值链低端，高附加值产品少，结构性矛盾仍然突出，亟待转型提升。

4. 各类载体平台效能发挥不足

以开发区为例的各类载体平台是吸纳聚集资源要素的主战场，是辐射引领区域发展的重要枢纽和门户。陕西开发区数量少，规模少，吸引的名优企业、跨国公司、总部企业数量少，综合发展能力较弱。同时，龙头企业的入驻并没有充分发挥总部效应，产业存在集聚不集群，产业链不完整的问题。部分开发区对主导产业的定位模糊，缺乏独特性，开发区间的统筹协调不足，重复性建设的现象非常严重。集聚效应不够，辐射引领周边区域融合互动、协同发展能力不足，"枢纽作用""门户效应"发挥有限。

二　陕西"三个经济"的发展环境

（一）国家相关规划实施带来的机遇

一是国家在《"十三五"现代综合交通运输体系发展规划》中定位西安

为全国十二个最高等级的国际性综合交通枢纽之一，明确西安将是我国重要的"国际运输走廊"和"国际航空枢纽"。需要把西安创造成为以服务"丝绸之路经济带"为重点任务，具备更宽广的辐射范围和聚集能力的"国际性综合交通枢纽"，紧抓难得的历史机遇，加快建设步伐，进一步推动空港、陆港、高铁港"三港联动"，不断提高西安在我国交通枢纽中的地位，增强在全国乃至全球的资源配置能力。

二是关中平原城市群要建设成具有国际影响力的城市群，从国家战略高度，将陕西定位成了亚欧合作的桥梁，使西安成为全国最大的陆港，西安咸阳机场极有可能建设成为国际对外门户。关中平原城市群的批复推动了区域化大通关合作，有利于陕西创造国际商贸流通的便利条件，为陕西与周边城市的发展合作提供了更多机会，有利于把陕西建设成新亚欧大陆桥经济走廊的物流集散新中心、亚欧合作的重要基地。

三是国家发改委在《西部大开发"十三五"规划》中明确提出西部大开发已经全面进入深化阶段。西部大开发战略的深化促进了陕西与周边地区经济要素的有序自由流动，推动西部地区实现经济政策协调，开展更大范围、更高水平、更深层次的区域合作，形成区域协调协同发展新格局，为经济社会持续发展提供强大动力，营造内陆改革开放新高地，形成对外开放的新窗口和战略空间。

四是"一带一路"建设为陕西赋予越来越强的发展动能，细化了陕西与"一带一路"沿线区域的市场分工，加强了其产业协作深度，提升了要素流动效率，推进"产业集群、物流枢纽、开放高地、人文凝聚、综合服务"功能区建设，能更加有效地推动陕西融入"一带一路"大格局，健全对外开放平台，构筑内陆改革开放新高地。

（二）省内相关规划实施带来的机遇

一是陕西自贸区建设的起航不但有助于探索内陆型地区开展自由贸易的路径，还能激活陕西在"一带一路"建设中的区位优势和文化资源优势。目前，陕西已经印发了《金融服务中国（陕西）自由贸易试验区建设的若干意见》《支持陕西自由贸易试验区建设监管服务实施方案》等文件明确了一系列推进自贸区建设的具体措施。陕西自贸区旨在通过释放制度红利，与入驻企业获得最大限度的互利共赢，并通过将本地科技创新上的优势、自贸区的制度创新优势、现代企业的体制机制优势结合，为区域经济转型升级摸索新方向。

二是《大西安立体综合交通发展战略规划》的发布将推动西安形成"三带多轴多中心"的城市空间格局，并建成"安全便捷、衔接顺畅、绿色智能"的立体综合交通体系，提升大西安立体交通国际开放度，发挥陕西"丝绸之路经济带"新起点功能，增强西安对全省和周边区域的辐射带动能力，提高西安内部交通的可靠性和便捷性，服务于城市内部交通高效转换，使西安成为"一带一路"、国家中心城市和国际化大都市建设的强大引擎。

三是陕西高度重视营商环境建设，将2018年确定为"优化营商环境提升年"，按照李克强总理对陕西优化提升营商环境"十大行动"的批示精神进一步细化《陕西省优化提升营商环境十大行动方案》，为了努力营造更具吸引力的国际化、法治化、便利化营商环境，出台了《陕西省优化提升营商环境工作三年行动计划》和《陕西省优化提升营商环境2018年工作要点》等文件，以深化"放管服"改革为抓手，坚持问题导向、目标导向、效果导向，精准制定改革措施，明确了每条措施的实施办法、责任部门和操作规程，确保每项承诺落实落地，着力打造国际化法治化便利化营商环境。

四是在《陕西省口岸发展"十三五"规划》中，提出陕西将在"十三五"期间，充分利用"一带一路"和自贸区建设的良好机遇，形成以西安重点口岸为引领，宝鸡、渭南、榆林、延安、汉中等口岸为辅，辐射全球主要经济体的陕西口岸新兴形态和面貌。陕西将通过整合统筹，分别在关中、陕南和陕北一带，形成一批与外贸关联度相匹配的零部件制造园区、冷链物流园区、综合物流园区、出口基地等产业基地。

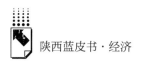
三 陕西"三个经济"的功能定位

（一）枢纽经济的主要功能为"集聚—辐射"

枢纽经济的主要功能是"集聚—辐射"，为追赶超越积聚了更强大的动量和能力。集聚功能是指城市或特定区域吸收、聚合各类生产要素的效能。集聚效能不但能提升区域经济的外部经济效益，还能降低企业生产成本，提高企业劳动生产率以及对市场的灵敏度。辐射功能是一个地区通过输出各类生产要素向其他地区扩散其经济成果的功能。具体表现在生产要素扩散和产业扩散两个层面，生产要素的流动和部分产业逐步向周边地区转移和扩散，有利于区域内产业优化升级和经济结构调整。

（二）门户经济的主要功能为"开放—引领"

门户经济的主要功能为"开放—创新"，为参与国际竞合培育竞争新优势。开放功能是指顺应经济全球化的大趋势，通过主动参与全球经济失衡治理调整自身经济实力的功能；通过转变外贸发展方式，增强对外贸易综合竞争力，推进外贸从"大进大出"转向"优进优出"；利用全球产业链条的延伸来调整自身产业结构，确保经济发展的均衡与协调。创新功能是指通过创造新理念、新技术、新制度，并使先进的经济观念、生产方式、经营管理方式和生活方式扩散到周边地区的能力。门户是人口和产业交互最多的开放中心，能够通过体制机制创新和政策先行先试，集聚创新要素，发展新经济，成为创新驱动发展的引领区、科技体制改革的先行区、大众创新创业生态区和新产业新业态聚集区，有助于提高陕西自身的竞争力和影响力，培育经济发展新动能。

（三）流动经济的主要功能为"支撑—协调"

流动经济主要功能为"支撑—协调"，为充分激发经济发展新活力，保证经济的可持续发展性。支撑功能是指优化产权制度和要素市场化配置，完善市场经济的主体秩序和交易秩序，支撑现代化经济体系的发展。不但能激发各类市场主体活力，还能够推动要素市场化。协调功能是对经济主体或经济参与者之间经营运作涉及的任务和资源之间的依赖关系：共享、共同产出和流的管理。协调功能是通过一定协作和调整机制解决系统中各子系统不同的利益主体，使整个经济系统达到协同运作的状态。

四 陕西发展"三个经济"的路径选择

培育发展"三个经济"是一项系统工程，实现整体推进、配套协同、持续优化、高效发展。需要科学引导各方力量，阶段性的协同推进"三个经济"高质量发展。目前，陕西枢纽经济、门户经济和流动经济的发展水平和现实基础差距很大，其经济功效的发挥程度也相去甚远，以"保枢纽、开门户和补流动"为主要思路，在建设"三个经济"中突出重点和优势，固化陕西枢纽经济的集聚优势，进一步激发其外溢辐射效应；发力门户经济，释放外向型经济活力；蓄力流动经济，为陕西发展新动力提供有力支持。

（一）提升枢纽优势，强化枢纽省份建设

通过深层次发挥陕西的枢纽优势，积极优化供给结构，大力发展枢纽经济产业，增强陕西要素集聚、资源汇聚、市场开拓的新动能。

1.加快国际性综合交通枢纽建设

以强化枢纽省份建设为着力点，按照"大交通、大枢纽、大物流、大服务"的发展格局，全面加强顶层设计，形成"三纵六横八放射"综合运输大通道。以《大西安"十三五"综合交通运输发展规划》为基础，强化多层次、网络化的航空、铁路、高速公路、城市快速干道、城市轨道交通、城际轨道交通之间的衔接，构建全方位开放的国际综合性交通枢纽。在航空层面，争取成为我国排名前四的大枢纽机场，建成"国际运输走廊"。通过

完善"一核多极、立体多层次"的交通体系，使大西安形成"1小时通勤圈"，4~6小时通往京津冀、长三角、珠三角的交通圈，以及"全球一日航空圈"。推进"米"字形高铁线路建设及关中城际铁路网建设，以铁路为主骨干加强"四纵四横"对外运输的大通道，形成覆盖广、辐射强的铁路网络。公路方面，加快完善全省"2367"高速公路网提升陕西交通通达能力，进一步完善陕西现代化综合性的城市集疏运体系，提升交通通达性和换乘便捷性，构建"地铁+常规公交+慢行"的一体化公共交通体系。

2. 以军民融合为核心培育新型产业枢纽

以全面创新改革试验为依托，以西安自主创新示范区的建设为抓手，推动创新链产业链双向互动，构建以技术密集型、知识密集型为核心的现代产业体系。发挥陕西军工基地多、陇海通道沿线军工企业密集特点，集中布局一批央地、部省、省市共建军民融合产业园，以全面创新改革试验为突破口，以航空航天产业为重点领域，实施军民融合产业创新示范工程，全链条培育科技型企业，打造以西安为中心、贯通陕西的军民融合产业带。强化政策扶植的精准性，加强产业配套，优化簇群经济的发展环境。立足交通枢纽打造商务商贸、展示展览、健康休闲、文化创意及轨道交通装备等新型商务枢纽产业集群。

3. 建设丝绸之路文化交流新枢纽

将陕西打造为国际旅游枢纽，建设"一带一路"国际人文交流港。不断完善各地旅游的软件和硬件设施，统筹协调客流、旅游资金、旅游人才、旅游信息等资源，加大对历史文化资源的深度开发力度，推进旅游的现代化、时尚化、品质化、国际化，打造国际范、中国风、陕西味的著名国际旅游胜地。建设全球文化旅游产业研发基地，助推文化旅游产业创新高地建设；建设全球智能民宿示范工程，助推乡村振兴战略实施；实施文化旅游营销示范工程，助推陕西全域旅游示范省的创建。

4. 建设"一带一路"信息新枢纽

以建设"一带一路"信息枢纽为目标，建设新一代信息基础设施，推进智能制造、信息技术、人工智能和云计算等前沿信息经济领域发展，加快信息基础设施升级改造，全面建设智慧城市和智慧社区。推进西咸新区芯片科技产业园、国家级云计算服务创新发展试点城市建设。加快"智慧物流"软硬件体系建设，打通国际陆港、航空港、高铁港和跨境贸易电子商务的互联网"三港一网"的信息丝路通道。

（二）提升门户水平，构建双向开放新体系

1. 加快推进自由贸易区建设

深化对自贸试验区的再认识，着眼于提高自贸区建设质量，对标国际水平，找准学习样板，探索符合贸易规则下的"自由"，营造市场化、法治化的环境。推进自贸区制度创新，加强三大片区的服务协同与资源共享，通过功能区域整合充分发挥不同片区的差异化定位，设立联动平台，推动各功能区的资源交互、深化合作、相互促进，实现错位发展、联动发展，进而扩大自贸区政策创新的影响力。在内外贸、出入境和投融资等方面开发更加灵活的政策体系和监管模式，强化风险防控建设，打造相对成熟的市场环境。切实发挥向西开放、向东集散、辐射全国的门户作用，形成全方位改革开放试验田、内陆型改革开放新高地。

2. 不断深化国际丝路产能合作

陕西需全面增强以丝路金融港、高铁新城、空港新城等为代表的门户区域影响力和服务水平，大幅提升港务区、出口加工区、综合保税区、自由贸易区等对外合作规模效率，整体参与国际产能合作、适应国际与国内不同的市场环境，发挥不同的资源优势。通过资源统筹，以企业并购和建立新型合作基地等方式实现产能协作，同俄罗斯、吉尔吉斯斯坦等多个国家进行跨国合作，涉及现代农业、新材料、电子信息、新医药、新型装备制造等多个领域。联合其他省（市）推动海外区块合作，在推动投资和建设项目的同时，创立产业合作新模式，以资源开发和市场开拓为目标，突出合作优势，为国际产能合作互利共惠开辟道路。

3. 加快培育贸易新业态新模式

陕西要加快培育贸易新业态、新模式，深化外贸领域供给侧结构性改革

推进"五个优化",优化国际与国内市场布局、改进商品结构、革新贸易方式。加强升级示范基地、贸易平台、国际营销"三项建设",培育贸易新模式,办好欧亚经济论坛、丝博会、农高会等展会,提高国际高端资源要素配置的吸附力和整合力,促进加工贸易的创新发展,扩大进出口,提高贸易便利化水平。发挥政府的引导功效,依托大数据、云、物联网等新型信息技术发展贸易新模式,优化集聚配置高端要素的能力,提升国际价值链地位,获得参与全球经贸竞合新优势。

4. 全方位优化完善口岸布局

陕西需要全方位统筹口岸资源,进一步优化和完善口岸布局,加快核心口岸的发展,促进省内开放口岸、海关特殊监管区域等与省外口岸的大通关。通过促进口岸开放平台互联互通,推广信息化口岸建设,形成与"一带一路"沿线主要口岸群紧密合作、联结东西部主要经济体的全省口岸开放新格局,努力把陕西口岸打造成为陕西对外开放的"排头兵",陕西对外贸易的重要引擎。

(三)补齐流动短板,增强资源要素配置实力

1. 打造开放便利的营商环境

引入国际通用的行业规范和管理标准,建设竞争、高效、规范的市场秩序,建立与国际接轨的营商规则。实现简政放权、放管结合、优化服务改革,通过对营商环境法治化、国际化、便利化的市场取向体制创新和改革,形成以负面清单管理为核心的新型投资管理模式,以贸易便利化为重点的贸易监管制度,以服务区域实体经济发展为主的金融开放创新制度。多部门积极协调提升政策落地精准度,加大利用外资财政奖励力度,深化商事制度改革。提升互联网政务系统的应用范围,在试点简化跨境商事法律文书流转程序,利用电子文书进行商事登记,推动跨境商事登记全程电子化,在全省推广自贸区跨境电子支票、跨境电子缴费等业务。打造稳定安全公共环境,健全社会和谐共治机制,完善均衡优质公共服务,促进各类生产要素在陕西汇聚流动。

2. 优化商贸物流服务中心

完善"三网三港"物流体系，建设"一带一路"国际中转内陆港，拓展"长安号"、中欧班列运输网络和覆盖范围，开展多式联运，形成以大西安为中心，亚、欧重点城市为节点，连通亚欧全境的国际物流通道。支持多联合作联盟主体，创新多联业务运营模式，通过境外仓、外集内配、绿色联运等措施，吸引产业投资入驻，货物中转集散，国际供应链协同，促进运营合作创新，推动模式融合、技术融合、市场融合，实现不同运输组织方式的联运衔接。全面推进陆空联运、公铁联运、铁海联运，提升物流通行能力和通行效率。优化内陆港集疏运体系，进一步拓展货源，扩大"长安号"业务覆盖面和班列规模数量，形成高密度国际物流网络。加快开展中国—中亚跨境路缆的建设，创建畅通全球的物流信息平台。

3. 发展丝路区域性金融中心

聚焦丝绸之路经济带沿线供应链，联动实体经济，结合开发性金融资源，对接丝路基金、亚投行等，积极服务"一带一路"倡议，扩大金融市场对内对外开放。促进人民币结算、贸易融资服务、出口信用担保等的发展。制定金融服务丝路合作发展创新计划、金融科技协同创新计划，人民币国际化离岸金融创新，推动陕西金融与世界资本的深度交融。开展微金融、民间金融、贸易金融、跨境人民币业务等领域的多元化金融创新研究和相关示范试点申报，以发展新金融为突破口，构建国际化金融产业招商体系。加强与国内外金融科技领域知名机构、院校、领先企业和投资机构的合作，吸引众多金融资源入驻陕西，打造具有国际竞争力的现代金融先导区，引领西部地区、向西辐射的金融中心，使陕西成为我国与中亚、西亚、欧洲金融联通的重要支点，成为具有国际影响力的丝路国际金融中心。

4. 引导开发区统筹协调发展

突出国家级开发区的示范引领作用，促进各类优质生产要素自由流动，激发市场主体活力，实现错位发展、互补发展。持续推进关中陕南合作共建园区，发挥关中开发区在人才、技术、资金、规划和管理等方面的优势，通过品牌输出，带动资本和产业联合，加快打造共建园区"升级版"。支持依

托省际扶贫帮扶、战略合作机遇，探索在京津冀、珠三角等创业环境较为优越的区域，构建"飞地孵化器"，促进"以强并弱""以强带弱"，在产业链上形成布局一体、优势叠加、错位发展的新格局。

5. 建设科技协同创新平台

以国际化标准建设一批有影响力的科学机构，同时重点培训在国际上有影响力的科学家。充分挖掘好、利用好、滋养好陕西丰富的科教资源，坚持以融合创新为突破口，实现跨领域、跨产业、跨所有制创新资源优化配置，加快创新型省份建设，在创新驱动发展方面走在全国前列，打造"一带一路"创新高地。一方面加强科技项目合作，围绕产业方向提升对外科技创新合作水平，推动联合技术攻关项目的立项与实施。一方面开展人才联合培养，通过"引智"和"聚才"引进和培育一批国际知名创新领军企业、跨国现代服务企业和高端技术人才队伍，通过补短板，扬特长，引领企业形成流动经济产业集群。支持流动经济骨干企业提升综合服务能力和市场竞争力，鼓励企业从"制造"向"智造"转型，扩大生产制造领域外包服务的规模，提升流动经济的国际化服务水平。

参考文献

Castells，M.，*The Informational City：Information Technology，Economic Restructuring，and The Urban-regional Process*，Cambridge，M. A.：B. Blackwell，1989.

Castells，M.，*The Rise of the Network Society：The Information Age：Economy，Society，and Culture*，John Wiley & Sons，2011.

金碚：《关于"高质量发展"的经济学研究》，《中国工业经济》2018 年第 4 期。

刘伟：《现代化经济体系是发展、改革、开放的有机统一》，《经济研究》2017 年第 11 期。

B.6
陕西市场和产业开放
环境评测及优化路径研究*

陕西省社会科学院课题组**

摘　要：　本报告选取开放主体、开放载体、政务环境、开放效能四个维度，共8项二级指标和25项三级指标构建市场和产业开放环境评价体系。综合运用德尔菲法、层次分析法和等差赋值法对各项指标进行赋值，建立评价模型并对陕西省11个市（区）市场和产业开放环境量化评测。评测数据分析显示，陕西市场和产业开放环境整体趋好，开放包容的"引力场"正在形成，但是着眼于"推动形成全面开放新格局"的新要求，陕西开放主体发展环境、投资贸易环境、政务服务环境以及开放载体平台建设优化提升的空间仍然较大。优化提升市场和产业开放环境不仅仅是运用新技术新手段提升环境效能的"形式革命"，更是创新政策举措、精准施策的"内容革命"。要统筹谋划，营造良好的开放主体发展环境、投资贸易环境、政务服务环境，搭建高能级开放载体平台，精准施策，优化产业配套环境，大力提升市场和产业开放水平。

关键词：　陕西　开放环境　产业　市场

---

　　* 本报告系陕西省社会科学院重大项目"优化提升陕西营商环境的路径研究"（立项号：18SZD05）的阶段性成果之一。
　** 课题组组长：吴刚，陕西省社会科学院经济研究所副所长、研究员。成员：刘源，陕西省社会科学院马克思主义研究所副所长、副研究员；刘晓惠，陕西省社会科学院经济研究所助理研究员；屈晓东，陕西省社会科学院经济研究所助理研究员。

市场和产业开放环境是衡量营商环境质量水平的重要指标，是优化提升营商环境的重要发力点。分析研究世界银行营商环境评价指标体系以及国家发展改革委研究提出的营商环境评价指标体系，都是围绕"市场和产业开放度、政府服务高效度、依法管理有效度、企业经营活动和获取社会资源便利度"等关键指标建立相应的评价体系。市场和产业开放环境是与封闭环境相对立的概念，在开放环境中，资源、要素、信息、数据可以流动共享、融合互动，从而实现最优配置和最佳效率。本文将通过构建市场和产业开放环境量化评测体系，实证测评陕西各市（区）市场和产业开放环境水平，聚焦突出问题，系统提出优化提升陕西市场和产业开放环境水平的对策措施。

一　市场和产业开放环境评价体系建构

（一）评价指标选取

选择开放主体、开放载体、政务环境、开放效能四个维度构建市场和产业开放环境评价指标体系，用于测度区域开放环境建设情况。

1. 开放主体

开放主体是衡量区域市场和产业开放环境的主体指标。主要选取两个二级指标，分别为非公比重指数、企业运营指数。

非公比重指数。该指数体现国有、非公市场主体分布生态，是反映市场和产业开放活跃度的重要指标。主要包含三个三级指标，分别为民营企业分布比重，即民营企业数量占地区市场主体的比重；民营经济贡献率，即民营经济增加值占地区生产总值比重；外资企业分布比重，即外资企业占本地区企业比重。

企业运营指数。该指数用于衡量企业生产经营实际状况，反映区域企业的盈利、负债能力。主要包含五个三级指标，分别为企业平均利润，即本地区企业获得利润情况；企业负债率，即衡量企业利用债权人提供资金进行经营活动的能力，反映企业债务风险；企业财务费用率，即衡量企业为筹集生产经营所需资金等而发生的费用，反映企业的财务负担；企业成本费用利润率，即衡量企业正常营业活动的获利能力；劳动力成本，即衡量企业因雇用社会劳动力而支付的费用。

2. 开放载体

开放载体主要为市场和产业开放营造"适生土壤"，搭建平台和"通道"。主要选取两个二级指标，分别为载体数量指数、载体质量指数。

载体数量指数。该指数用于衡量区域开放载体的数量和级别。包含两个三级指标，分别为载体个数（衡量该地区拥有开放载体的数量）和载体能级（衡量该地区拥有国家、省级层级园区数量）。

载体质量指数。该指数用于衡量载体承载能力状况。包含两个三级指标，分别为载体引资贡献率（衡量载体对外开放吸引区外资金占本地区招商引资比重）和载体经济贡献率（衡量载体对本地区经济发展的贡献情况）。

3. 政务环境

政务环境主要用于衡量该地区政务服务质量和效能状况。主要选取两个二级指标，分别为政务质量指数、政务效能指数。

政务质量指数。该指数用于衡量区域政务服务改革创新情况。主要包含三个三级指标，分别为服务流程标准化，即衡量该地区政务服务是否按照标准化流程；缩短服务时限，即衡量该地区政务服务的时效；精简审批事项，即衡量该地区简政放权的实施情况。

政务效能指数。该指数用于衡量区域政务服务所取得的效果。主要包含三个三级指标，分别为审批上网率，即衡量该地区"互联网＋政务服务"的效果；并联审批率，即衡量该地区政务服务联合办理的效果；一次办结率，即衡量该地区政务服务一次办结的效率。

4. 开放效能

开放效能是衡量市场和产业开放取得的实际成效。主要选取两个二级指标，分别为外向依存度指数、政策满意度指数。

外向依存度指数。该指数用来衡量区域对外贸及区外资金依赖程度。主要包含两个三级指标，分别为外贸依存度，即衡量该地区对外贸易进出口总

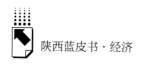

值占地区生产总值的比重；区外资金依存度，是指区外资金占招商引资总额的比重，主要用来衡量该地区对区外资金的引入情况。

政策满意度指数。该指数反映市场主体对该地区市场和产业开放政策实施效果的主观评价。主要选取五个三级指标，分别为市场开放度、产业配套环境、融资信贷、政务效能和获取社会资源的便利度，用来综合反映企业的实际满意度情况（见表1）。

表1　市场和产业开放环境指标选取

一级指标	二级指标	三级指标	单位	指标性质
开放主体	非公比重	民营企业分布比重	%	正指标
		民营经济贡献率(占地区生产总值比重)	%	正指标
		外资企业分布比重(占本地区企业数量)	%	正指标
	企业运营	企业平均利润	万元/户	正指标
		企业负债率	%	负指标
		企业财务费用率	%	负指标
		企业成本费用利润率	%	正指标
		劳动力成本(平均工资)	元/人	负指标
开放载体	载体数量	载体个数	个	正指标
		载体能级	个	正指标
	载体质量	载体引资贡献率	%	正指标
		载体经济贡献率	%	正指标
政务环境	政务质量	服务流程标准化	%	正指标
		缩短服务时限	%	正指标
		精简审批事项	%	正指标
	政务效能	审批上网率	%	正指标
		并联审批率	%	正指标
		一次办结率	%	正指标
开放效能	外向依存度	外贸依存度	%	正指标
		区外资金依存度	%	正指标
	政策满意度	市场开放度	%	正指标
		产业配套环境	%	正指标
		融资信贷	%	正指标
		政务效能	%	正指标
		获取社会资源的便利度	%	正指标

（二）评价体系构建

市场和产业开放环境测评体系构建需要根据各指标在测评体系中的作用大小进行权重赋值，但是由于各个指标评测维度有所不同、数据格式有所不同，因而本课题综合运用德尔菲法、层次分析法、等差赋值法对指标权重赋值和数据处理。

1. 指标权重的赋值

一级指标的权重划分。市场和产业开放环境测评体系采用四个一级指标，分别为开放主体、开放载体、政务环境、开放效能，采用德尔菲法对其划分权重，赋值结果：开放主体权重 30%；开放载体权重 20%；政务环境权重 20%；开放效能权重 30%。

二级指标的权重划分。市场和产业开放环境测评体系采用 8 个二级指标，对二级指标权重赋值。

三级指标的权重划分。市场和产业开放环境测评体系共有 25 个三级指标，对三级指标权重赋值（见表 2）。

2. 测评体系的确定

本课题采用加权加总方法，得到市场和产业开放环境最终测评结果。

表 2　市场和产业开放环境测评体系

单位：%

一级指标		二级指标		三级指标	
内容	权重	内容	权重	内容	权重
开放主体	30	非公比重	30	民营企业分布比重	20
				民营经济贡献率	50
				外资企业分布比重	30
		企业运营	70	企业平均利润	20
				企业负债率	20
				企业财务费用率	20
				企业成本费用利润率	20
				劳动力成本	20

一级指标		二级指标		三级指标	
内容	权重	内容	权重	内容	权重
开放载体	20	载体数量	40	载体个数	40
				载体能级	60
		载体质量	60	载体引资贡献率	60
				载体经济贡献率	40
政务环境	20	政务质量	40	服务流程标准化	30
				缩短服务时限	30
				精简审批事项	40
		政务效能	60	审批上网率	20
				并联审批率	20
				一次办结率	60
开放效能	30	外向依存度	30	外贸依存度	50
				区外资金依存度	50
		政策满意度	70	市场开放度	20
				产业配套环境	20
				融资信贷	20
				政务效能	20
				获取社会资源的便利度	20

（三）测评数据获取

1. 统计年鉴、政府公报等获得的数据

在测评体系中，民营企业分布比重、民营经济贡献率、外资企业分布比重、企业平均利润、企业负债率、企业财务费用率、企业成本费用利润率、劳动力成本、载体个数、载体能级、载体引资贡献率、载体经济贡献率、外贸依存度、区外资金依存度等14个三级指标的数据主要来自2016年、2017年陕西省、各市（区）城市统计年鉴以及省市政府工作报告、统计公报、商务及科技等部门网站公布信息数据。

2. 调查问卷获得的数据

在测评体系中，市场开放度、产业配套环境、融资信贷、政务效能、获取社会资源的便利度等5个三级指标的数据是课题组联合省工商局于2018

年 1~2 月份对全省 11 个市（区）的市场主体进行调查问卷获取的，调查问卷共发放 4000 份，收回有效问卷 2995 份，有效率 74.88%。

3. 网上抓取获得的数据

在测评体系中，服务流程标准化、缩短服务时限、精简审批事项、审批上网率、并联审批率、一次办结率等 6 个三级指标是截至 2018 年 4 月 20 日通过全省各市（区）政务服务网站公布的信息获得的数据。

（四）各市（区）市场和产业开放环境测评结果

本课题采用等差赋值法对三级指标实际数据进行处理，并通过加权加总，最后得到各市（区）市场和产业开放环境量化数值（见表 3）。

1. 总体排序概述

测度结果显示，西安、宝鸡、杨凌、咸阳、安康市场和产业开放环境优势明显，开放载体建设标准较高，吸纳聚集作用突出，政务环境营造相对较好，形成了对市场主体、商业资本、技术等长期的磁石效应。这些地区经济活跃，投资创业需求旺盛，企业对产业配套环境、信息开放、产融结合要求更高，对市场、数据、规制与国际化对接等服务要求更高。

2. 单项指标分析

从开放主体测评结果来看，咸阳、安康、西安、商洛、宝鸡分列前五位。表明在这些城市，企业的整体运营状态较好，企业的运营成本相对较低、获利空间较大。

从开放载体测评结果来看，杨凌、西安、宝鸡、咸阳、安康分列前五位。表明这些地区的园区数量相对较多、发展水平较高，承载能力相对较强，在转型升级、开放引领等"门户"功能的发挥方面具有超强的示范作用。

从政务环境测评结果来看，西安、延安、安康、杨凌、咸阳分列前五位。表明这些地区的政府服务质量水平较高，服务标准化、信息化进程加快，创新活跃度较高。

从开放效能测评结果来看，宝鸡、商洛、杨凌、西安、咸阳分列前五位。表明这些地区对区外资金的吸引力度大，企业对现有的政策满意度较高。

表3　陕西11市（区）市场和产业开放环境测评一览

	(A) 开放主体(30)			(B) 开放载体(20)			(C) 政务环境(20)			(D) 开放效能(30)			综合得分	排名
	(A_1) 非公比重(30)	(A_2) 企业运营(70)	开放主体得分 $A=(A_1+A_2)\times0.3$	(B_1) 载体数量(40)	(B_2) 载体质量(60)	开放载体得分 $B=(B_1+B_2)\times0.2$	(C_1) 政务质量(40)	(C_2) 政务效能(60)	政务环境得分 $C=(C_1+C_2)\times0.2$	(D_1) 外向依存度(30)	(D_2) 政策满意度(70)	开放效能得分 $D=(D_1+D_2)\times0.3$		
西安	23.4	46.2	20.88	35.2	46.8	16.4	35.2	58.8	18.8	19.5	40.6	18.03	74.11	1
铜川	11.4	33.6	13.5	7.2	39.6	9.36	34.4	49.2	16.72	13.5	23.8	11.19	50.77	9
宝鸡	13.8	53.2	20.1	24.8	48	14.56	37.6	43.2	16.16	19.5	53.2	21.81	72.63	2
咸阳	17.1	63	24.03	21.6	33.6	11.04	36.8	51.6	17.68	12	39.2	15.36	68.11	4
渭南	12.9	30.8	13.11	22.4	27.6	10	23.6	52.8	15.28	16.5	29.4	13.77	52.16	8
杨凌	26.7	36.4	18.93	27.2	60	17.44	36.8	52.8	17.92	28.5	32.2	18.21	72.5	3
延安	6.3	26.6	9.87	24	15.6	7.92	36.8	56.4	18.64	4.5	40.6	13.53	49.96	11
榆林	9.9	46.2	16.83	28	16.8	8.96	35.6	50.4	17.2	4.5	33.6	11.43	54.42	7
汉中	14.4	29.4	13.14	24.8	14.4	7.84	35.2	43.2	15.68	12	33.6	13.68	50.34	10
安康	22.2	49	21.36	23.2	31.2	10.88	36.8	54	18.16	15	28	12.9	63.3	5
商洛	17.4	51.8	20.76	10.4	8.4	3.76	37.2	50.4	17.52	25.5	44.8	21.09	63.13	6

二 市场和产业开放环境分析

基于开放主体、开放载体、政务环境、开放效能四个维度测评数据系统分析，全省各市（区）市场和产业开放环境主要呈现如下成效和不足。

（一）开放主体

1.突出成效

民营市场主体份额、经济贡献"双提升"。统计数据分析显示，2017年全省市场主体总量235.53万户，其中民营市场主体占比97.72%，民营经济贡献全省占比达到54.1%，与2016年相比，民营市场主体比重增加0.08个百分点，贡献率提升0.3个百分点。其中，榆林、安康、西安、杨凌、商洛、渭南、汉中、咸阳民营市场主体比重均超出全省平均水平；杨凌、安康、商洛民营市场主体比重、民营经济贡献"双超"全省平均水平（见图1）。

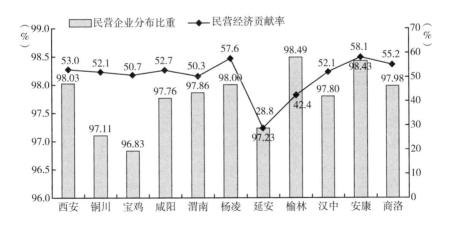

图1 2017年各市（区）民营企业分布比重及经济贡献率比较

企业盈利水平、负债能力、融资成本呈现良性改善。统计数据分析显示，企业平均利润稳步上升。2016年全省规上工业企业平均利润2672.9万元，高于全国1899.7万元平均水平，与上年相比增长1.25%，其中汉中、西安、渭南规上工业企业平均利润增幅较大，分别达到 33.6%、31.8%、27.0%；多数市（区）企业负债保持在合理区间。资产负债率是用以衡量企业利用债权人提供资金进行经营活动的能力，一般认为，资产负债率的适宜水平在 45%~65%。与上年相比，全省规上工业企业负债率降低 0.04 个百分点，为 56.1%，其中，西安、宝鸡、铜川、咸阳、杨凌、延安、榆林、商洛等 8 个市（区）规上工业企业负债率处在 45%~65% 的合理区间；企业融资成本"减负"加速（见表 4）。统计数据分析显示，与上年相比，全省规上工业企业财务费用率下降 0.04 个百分点，其中，西安、宝鸡、安康、商洛、汉中、渭南等市下降幅度较大，分别为 0.31 个百分点、0.25 个百分点、0.14 个百分点、0.14 个百分点、0.13 个百分点、0.13 个百分点。

表 4   2016 年各市（区）规上工业企业运营相关情况

项目	西安	铜川	宝鸡	咸阳	渭南	杨凌	延安	榆林	汉中	安康	商洛
企业平均利润（万元/户）	2206.8	655.1	2626.1	3839.2	1153.1	720.1	1711.0	5156.2	920.5	2153.3	1984.8
企业负债率(%)	54.9	62.8	52.5	46.7	71.8	62.1	58.0	56.7	68.2	40.3	57.4
企业财务费用率（财务费用占企业主营收入比重,%）	0.85	1.64	1.05	1.0	1.95	1.9	2.88	3.36	1.62	0.89	1.02
企业成本费用利润率(%)	6.37	2.72	8.26	12.45	3.63	7.16	2.23	15.67	4.37	13.12	5.98
劳动力成本（年平均工资,元/人）	68199	50122	51095	47871	49322	51647	58867	61588	52271	51734	44694

2. 存在问题

民营经济规模实力有待加强。统计数据分析显示，2017 年全国民营经济贡献达到 60% 以上，毗邻陕西周边的湖北省为 72.2%，河南省为 66.4%，四川省为 56.1%。以上三省均高于陕西。陕西延安、榆林民营经济贡献率仅为 28.8%、42.4%，远远落后于其他省市。另据全国工商联发布的 2017 年中国民营企业 500 强榜单，陕西仅入选 4 户企业，而四川省 10 户企业入选，湖北省 19 户企业上榜。

外资企业分布不平衡不充分态势明显。统计数据分析显示，2017 年陕西外资企业占全省企业总量的 0.85%，低于全国平均水平 0.93 个百分点，低于四川 0.08 个百分点。陕西各市（区）外资企业的比重都未能超过 1%，仅有西安、杨凌超出全省平均水平，而榆林仅为 0.29%，在全省 11 个市（区）中垫底。

企业经营成本高，用工成本上涨势头明显。财务费用率是财务费用与主营业务收入的百分比，财务费用率越高说明企业为筹集生产经营所需资金而发生的费用越多，企业成本负担越重。统计数据分析显示，2016 年全国规上工业企业财务费用率为 1.09%，陕西规上工业企业财务费用率为 1.64%，高于全国水平，其中榆林、延安、渭南、杨凌、铜川、汉中均高于全国水平。劳动力成本数据分析显示，2016 年陕西平均劳动力成本为 59666 元，其中西安劳动力成本 68199 元，榆林 61588 元，均高于全省平均水平；其余各市（区）均低于全省平均水平（见图 2）。当前陕西进入生产要素成本周期性上升阶段，企业用工成本逐步推高。

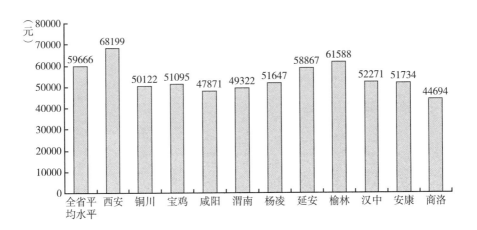

图 2　2016 年全省各市（区）城镇非私营单位劳动力成本比较

（二）开放载体

1.突出成效

开放平台数量增多。据 2018 年版《中国开发区审核公告目录》信息显

示，陕西 56 家开发区通过审核，占全国开发区总数的 2.2%，处于全国第 4 层次。其中，西安拥有西安高新区、西安经开区等 8 家国家级开发区，7 家省级开发区，开发区数量较多，能级较高。

开放平台承载力稳步增强。统计数据分析显示，各类开发区吸纳聚集产业、资金的引擎作用突出，"洼地效应"凸显。2017 年全省各市（区）开发区招商引资总额达到 3108.237 亿元，占到全省招商引资总额的 39.3%，其中，西安、杨凌的开发区占到当地招商引资总额的 94% 以上，宝鸡、渭南的开发区占到当地招商引资总额的 44% 以上。全省各市（区）开发区经济总量达到 5621.24 亿元，占到全省 GDP 的 26%，其中，铜川、宝鸡、西安的开发区经济贡献分别占到当地 GDP 的 37.2%、35.7%、33.5%。

开放平台转型升级示范引领作用突出。开发区发挥改革试验田和开放排头兵的示范引擎作用。西安高新区、宝鸡高新区等在发展理念、兴办模式、创新驱动等方面发挥示范作用，引领速度向质量转变，要素驱动向创新驱动转变，硬环境见长向软环境取胜转变；西安经开区、西安航天开发区、榆林经开区、商丹工业园等在产业集群建设、融合创新等方面发挥示范引领作用，通过资源要素集成、孵化加速平台打造，促进要素流动和资源整合、产业链上下游的衔接配套，产业向智能化、高端化、绿色化、服务化转变。

2. 存在的问题

开发区分布不均，发展层次各异。从全省开发区分布状况来看，西安拥有 15 家省级及以上开发区，占全省省级及以上开发区总量的 26.7%，西安不仅占有的数量多，而且发展质量水平较高；汉中经开区、渭南高新区、延安高新区等规模实力较弱，发展缓慢；铜川、商洛至今仍然没有国家级开发区，加快支持开发区升级定档十分迫切必要。

开发区规模实力偏弱，同质化竞争严重。据商务部 2017 年国家级经济技术开发区（不包括高新区）综合发展水平考核评价数据，在产业基础、利用外资和对外贸易方面，陕西国家级开发区都未入围前 10。另外，从开发区主导产业集群规模实力分析来看，除电子通信设备、汽车及零部件、航空航天、能源化工、新材料等产业集群规模实力较强外，其他产业链条较短、技术层次不高、市场占有份额较低。食品医药、电子信息、新能源等产业多数开发区都有，产业同构，同质化竞争严重。

开发区"枢纽作用""门户效应"发挥不足。陕西多数开发区吸纳聚集的名优企业、跨国公司、总部企业较少。多数开发区专业化配套、全要素保障、高品质生活一站式孵化加速能力较弱，"枢纽作用""门户效应"发挥有限。多数开发区对周边区域产生"虹吸式效应"，辐射引领周边区域融合互动、协同发展能力不足。

（三）政务环境

1. 突出成效

政务服务质量效能整体提升。经过 6 批次清理，陕西省级部门行政审批事项大幅减少，其中行政许可项目由 684 项减少到 340 项。全省 198 项行政许可能够实现网上申报、在线审批和全程监管，占行政许可总数的 58%。服务满意度达到 95% 以上。据中国政法大学法治政府研究院发布的 2017 年度政务公开工作第三方评估报告，陕西在政府信息主动公开、依申请公开以及政策解读、平台建设、保障机制等方面建设全国领先，位居全国第四名。陕西立体化政务透明公开模式逐步形成，让公民了解相关政策制度等信息，变得更加方便和透明。政务服务质量效能显著提升，开放生态环境整体趋好。根据测评结果，陕西政务服务质量水平整体较高，政务服务分值满分为 20 分，11 个市（区）的得分区间为 15.28~18.8。详细评分结果见图 3。

政务服务标准化信息化成效突出。近年来，陕西依托"互联网＋政务服务"工程实施，推进政务服务标准化、信息化。截至目前，陕西省 105个县（区、新城）建立了统一的实体政务服务中心，覆盖率达到 94.6%（全国平均水平为 94.3%）。推进实施优化再造政务服务、融合升级政务服务平台渠道、夯实线上政务服务支撑等举措，加速实体服务大厅与网上审批融合互通，资源共享。率先在基层开展政务公开标准化规范化试点，打造"公开流程规范化、公开内容标准化、公开模式常态化"的政务公开新模

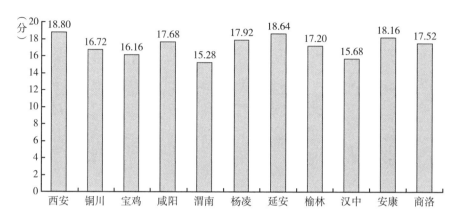

图3 全省各市（区）政务服务评分结果比较

式，推进政务服务更加透明、高效。

政务服务内容形式创新活跃。陕西各市（区）持续深化"放管服"改革，充分发挥改革撬动效应，创新政务服务内容形式，利企便民。西安在全省率先推进"四张清单一张网"建设，公布权力清单、责任清单、投资负面清单、财政专项资金管理清单，提升优化政务服务网。延安打造互联网＋政务服务＋人工智能综合服务平台，实现全市政务信息资源数据库和政务数据共享交换、应用支撑、服务事项管理和政务服务客户端的集约融合，开启"不见面的网上审批、不跑腿的政务服务、不打烊的智慧政府"新模式。西咸新区打造"一窗式"综合服务审批平台、"1＋5"一盘棋审批格局。开展"3450"综合行政审批效能体系等创新实践。"3450"是指3个工作日办结营业执照、4个工作日办结经营性许可、50个工作日办结工程建设项目审批。

2. 存在问题

政策实施效果不佳，制度落细落小不够。政策设计再好，发挥效用是硬道理。据市场主体对政策实施满意度测评数据分析显示，除宝鸡政策满意度达到53.2%外，其余各市（区）政策实施满意度不到一半，特别是铜川、渭南、安康政策实施满意度均不到30%。信息反馈，"有政策、接不住"的问题在陕西比较突出。一些政策措施设计过于笼统、原则，缺乏配套细则，落实较难；一些政策措施忽视区域、行业、产业成长生命周期差异，追求企业规模、技术领先，政策"门槛"较高，中小微企业只能"望政兴叹"。各市（区）设立的产业基金，多数钟情于国企，钟情于"锦上添花"；而中小民营企业项目享受产业基金支持较难，风险相对较大的项目，产业基金迟迟拒绝发挥"雪中送炭"能力。

信息数据共享能力不足。尽管中央和省级部门对政务信息系统整合共享制定了相应实施方案，陕西初步建成了跨层级、跨部门、跨区域、跨平台、跨行业的信息数据协同共性支撑平台。骨干高速公路架起来了，但跑的车太少，平台利用效能不高。其原因在于，一些政府部门出于信息安全的考量，常常以"不宜共享"为由，抵制信息共享。另外，政务服务数据共享标准不一、平台叠加、接口不通等，也导致政务数据的流通性差、共通性弱。

政务服务平台建设规范缺失，标准各异。政务服务平台建设标准统一、规范治理有待发力。标准化是"一网通办"的基础。陕西还没有真正做到"三级四同"的标准化审批。省、市、县三级行政许可和公共服务事项需要按照"同一事项、同一名称、同一标准、同一流程"的要求进行梳理，剔除一切没有法律法规规定的证明材料，提供申请样表，明确办理时限。此外，处理好便捷和安全的平衡，厘清平台信息隐私和安全分享的边界，提升安全意识和安全机制，确保"篮子"不漏水，也是目前政务服务平台面临的新挑战。

（四）开放效能

1. 突出成效

西安外向型经济引领作用突出。统计数据分析显示，2017 年西安进出口总额达到 2545.41 亿元，占全省外贸进出口总额的 93.7%，西安外贸进出口依存度为 34.08%，高于全国平均水平 0.48 个百分点。其中，西安出口加工区实现进出口 1273.83 亿元，增长 38.7%，高于全省 1.3 个百分点，占全省进出口总值的 46.9%；西安综合保税区实现进出口 643.03 亿元，增长51.9%，高于全省14.5个百分点，占全省进出口总值的23.7%。

区外资金成为陕西追赶超越坚实支撑。当前，陕西各市（区）积极营造浓厚招商氛围、创优招商机制、创新招商路径、做强招商平台，对区外资金的吸引力度加大，区外资金利用率基本保持在40%以上，占据各市（区）资金的半壁江山，其中，杨凌、商洛、安康区外资金利用率占比位列前三位，分别为80.95%、62.90%、62.55%（见图4）。

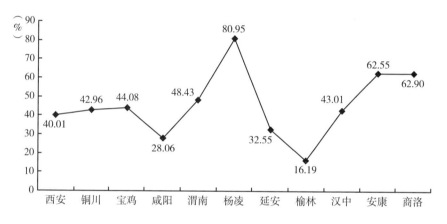

图4　全省各市（区）区外资金依存度比较

2. 存在问题

外需贡献能力仍然较弱。统计数据分析显示，2017年全省进出口总额为2715.2亿元，外贸进出口依存度仅为12.4%，低于全国17.3个百分点。除西安外贸进出口依存度达到34.08%外，其他市（区）外贸进出口依存度不到5%，其中铜川、渭南、汉中、榆林、安康、延安等6个市（区）外贸进出口依存度低于1%，最低的延安仅为0.14%。陕西外需贡献弱小，培育发展开放新主体、新载体，增强外需贡献能力任务艰巨。

区外资金依存度区域差距较大。区外资金依存度是衡量区域吸引力大小的重要因子。统计数据分析显示，陕西区外资金依存度区域差距较大，其中杨凌、商洛、安康区外资金依存度相对加高，分别为80.95%、62.90%、62.55%，但是延安、咸阳、榆林的区外资金依存度相对较低，分别为

32.55%、28.06%和16.19%，而榆林与杨凌之间相差64.76个百分点。

政策实施满意度普遍不高。分析市场主体对各市（区）市场和产业开放环境满意度信息数据显示：市场开放的满意度方面，延安满意度最高，为43%，其次为宝鸡42.5%，最低为安康28.5%；产业配套环境满意度方面，商洛满意度最高，为41.9%，其次为宝鸡40.6%，最低为铜川27.4%；融资信贷满意度方面，渭南满意度最高，为33.7%，其次为安康33.2%，最低为西安13.9%；政务效能满意度方面，西安满意度最高，为30.7%，其次为杨凌28.3%，最低为渭南11.4%；获取社会资源的便利度满意度方面，咸阳满意度最高为24%，其次为宝鸡23.3%，最低为商洛14.2%。

三　优化提升市场和产业开放环境的政策建议

优化提升市场和产业开放环境，加速资源、要素、信息、数据化合反应，推进实现经济效益与发展动能的倍增，需要统筹谋划，营造良好的开放主体发展环境、投资贸易环境、政务服务环境，搭建高能级开放载体平台，精准施策，优化产业配套环境。

（一）营造成本适宜的开放主体发展环境

1. 全方位降低企业运营成本

降低用地用房成本。在符合规划及不改变用途的情况下，利用已建成开发区内剩余用地增加自用生产性工业厂房及相应辅助设施的，应不计收地价。探索房屋租赁分级分类管理办法，按照片区对厂房、写字楼、出租屋的租金进行引导，促进租赁房屋租期和租金收入稳定。降低用工成本，坚持收入水平增长与劳动生产率提高相适应，合理调控最低工资标准。适当降低社会保险费率。降低用电成本，落实输配电价改革措施，合理调降国网售陕西电量和电价，推进驻地企业参与国网区域内跨省自主购电并直接结算，实现工商业用电成本有效下降。

2.有效减轻企业税费负担

全面落实国家减税政策，降低城镇土地使用税、车船税的适用税额标准，降低符合条件企业购销合同印花税核定征收标准。探索更多与国际接轨的税收管理与服务方式，简并纳税申报期限，对房产税、城镇土地使用税申报实行一年一报，对商事登记制度改革后的新办企业货物劳务税及附加推行有税申报。深化"互联网＋税务"服务，推进国税、地税业务网上通办。全面推进部门行政职权中介服务事项清理，开展中介服务去行政化工作。

3.破解"融资难、融资贵"难题

探索建立政府、风险投资公司、保险公司、生产销售企业等多元化主体投资与风险分担机制。积极推广税银通、创业贷、投联贷、产消融等产融结合模式。探索推进数字化信用评级＋网络借贷的创新金融模式。通过强化信用评级，提高贷款企业风险评估和识别效率，降低坏账风险，实现债务人与债权人的信用关系建立，持续、安全、稳定地推动资金流通，切实有效地促进中小企业实体经济发展。推进试行知识产权融资模式。建议推广复制天津四方知识产权融资模式。以企业合法拥有的专利权、商标权、著作权中的财产权经评估后作为质押物，信用社或邮政储蓄银行为贷款方，各市（区）中小企业信用担保中心为担保方，相关知识产权运营管理公司为回购方，形成"企业＋银行＋担保＋回购"四方新模式，破解中小企业知识产权在银行质押贷款难的问题。

（二）营造开放便利的投资贸易环境

1.加快打造一流投资环境

进一步放宽外商准入限制。推进自贸试验区外商投资负面清单管理模式覆盖全省。落实国家外商投资企业设立及变更备案管理暂行办法，设立及变更备案事项一律自受理之日起力争 2～3 个工作日内办理完毕。加大利用外资财政奖励力度，符合省财政奖励条件的，各市（区）财政应予以相应的资金配套。深化自贸区商事改革。在自贸区试点简化跨境商事法律文书流转程序，利用电子文书进行商事登记，推动跨境商事登记全程电子化。在全省推广自贸区跨境电子支票、跨境电子缴费等业务。

2. 推进自贸区金融开放创新

探索符合条件的外资主体在自贸区发起或参与设立法人银行机构、非银行金融机构，探索放宽在自贸区设立外资保险公司条件。探索在自贸区开展跨境人民币信贷资产转让业务。探索证券期货经营机构在自贸区开展跨境经纪、跨境资产管理业务，争取开展自贸区证券期货经营机构参与境外证券期货和衍生品交易试点。

3. 推进国际贸易便利化改革

加快整合陕西自贸片区、海关特殊监管区资源要素，推动建设高水平陕西自由贸易港。探索实施"一线全面开放、二线安全监管"政策制度。降低外贸企业负担。制定实施西安口岸收费目录清单。取消外贸企业舱单服务费。落实出口退税企业信用管理办法，探索"互联网＋出口退税"方式，提高出口退税效率。支持发展"走出去"公共服务平台，利用多双边工商合作机制主导下的重大经贸活动、国际智库论坛、研讨会等平台，加快构建"一带一路"城市合作伙伴网络，为企业提供出口和境外投资的信息、法律、风险防范、技术支撑等服务。

4. 全面推进通关一体化改革

进一步压缩进出口货物通关时间。推进跨部门一次性联合检查，实施无纸化审批、联网核放、联合登临检查"一站式"便利通关等措施。探索推进驻地与境外检验检测认证认可机构深度合作、结果互认新渠道新路径。推进西安、宝鸡、榆林口岸合作和保税监管改革。探索开展中转集拼业务监管改革，拓展特殊监管区域保税仓储功能，支持设立全球集拼分拨中心，推动西安国际货运中心建设。推进试点"供应链协同出口"改革，依托自贸区发展国际理货服务。推广"保税展示＋跨境电商"、"保税＋实体新零售"、保税延展等模式。

（三）营造高效透明的政务环境

着眼打造审批事项最少、办事效率最高、创新创业活力最强的政务环

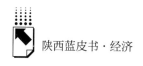

境，持续深化"放管服"改革、商事制度改革等各项重点工作。

1. 全面推行清单管理制度

推进权力清单、责任清单、市场准入负面清单、行政事业性收费清单、财政专项资金清单、证明事项取消清单、人才公共服务清单、建设项目环保分类管理清单（名录）等清单管理制度，探索建立健全清单动态调整常态化机制，不断提高政务服务的透明度、满意度。

2. 深入推进"智慧政务"工程

以"信息技术＋制度创新"推动政务流程再造、政府管理体制变革，重构行政审批和政务服务流程及标准。建立集办公、审批、对外服务、监察、信息公开等于一体的全省统一智慧政务平台，实现与身份信息识别、银行信息、社区网格化、空间地理等信息系统的衔接融合，推动企业开办、施工许可、税费缴纳、用电报装、不动产登记、水气供应等事项实现一网通办。

3. 全面深化商事登记改革

整合外商投资企业设立备案、对外贸易经营者备案登记、国际货运代理企业备案、检验检疫报检企业备案等与企业主体资格相关的证照，深化"多证合一"改革。在全省推广商事登记后置审批分类改革，推动商事登记与银行开户衔接，缩短银行开户时间。推进企业投资项目承诺制改革试点、投资项目审批"容缺后补，告知承诺"管理制度等。

4. 推进信用信息互联共享

探索建立覆盖全社会的征信系统，归集公检法、安全生产、社保、交通违法、税务、水电气、租房等各类涉及法人和自然人的信用信息。利用大数据对企业进行信用画像，推进智慧信用监管。省信用联席会议成员单位要加快制定信用信息应用清单，在个人积分入户、保障房申请以及公共资源交易、产业扶持资金申请、工程招投标等领域，查询和使用相关主体的公共信用信息。建立完善信用信息安全保护机制，完善守信联合激励和失信联合惩戒制度。

（四）建设高能级开放载体平台

积极推动开发区向集成产业功能、生态功能、制度创新功能，以及部分生活服务功能的现代产业园区转型，努力把开发区打造成为质量变革、效率变革和动力变革先行区，高水平营商环境和便利创业创新的示范区。

1. 分类施策，促进开发区转型升级

支持西安高新区、西安经开区、宝鸡高新区、杨凌农业高新区等开发区主动对接国际通行规则，引领新产业新业态发展，培育具有全球影响力的制造研发基地，打造具有国际影响力的园区品牌。支持汉中经开区、渭南高新区、咸阳高新区、安康高新区、榆林经开区、延安高新区、蔡家坡开发区等在产业链条化、企业集群化、生产协作化上取得突破发展；在合作共建、产融结合、协同创新等方面先行先试，率先培植和发展一批百亿级主体园区、共建园区。支持铜川高新区、商丹循环经济工业园、韩城经开区等跨越升级创建国家级开发区，重点在壮大主业、配套建设、产城融合上取得新突破，率先培植和发展 1~2 个功能完备、主业突出、运转高效的标志性专业园区。

2. 引导开发区统筹协调发展

支持开发区突出特色，实现错位发展、互补发展。持续推进关中陕南合作共建园区，发挥关中开发区在人才、技术、资金、规划和管理等方面的优势，通过品牌输出，带动资本和产业联合，加快打造共建园区"升级版"。支持依托省际扶贫帮扶、战略合作机遇，探索在京津冀、珠三角等创业环境较为优越的区域，构建"飞地孵化器"，让初创型企业在优越的创业环境中萌芽成型，初具实力和规模后再"移植"到陕南、陕北各市区"适生区"。

3. 加大开发区创新载体平台建设力度

支持开发区依托现有基础和优势产业，建设重大科技基础设施，设立和引进研发中心、设计中心、创业中心、孵化中心等各类科技创新载体，提高科技企业孵化器运行质量。推动开发区加快构建产学研联合平台。探索构建产学研融合股权实体企业，强化利益共享、责任同担。支持有条件的开发区建立形式多样、主题鲜明的众创空间，完善"创业苗圃＋孵化器＋加速器"

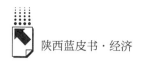
的创新创业全程孵化体系。

4. 加大创新开发区建设运营模式力度

支持引导开发区探索以各种所有制企业为主体投资建设、运营管理开发区，或托管现有的开发区。鼓励社会资本在现有开发区中投资建设、运营特色产业园，积极探索合作办园区的发展模式。支持开发区探索建立市场化、社会化投融资体制，采用多元化投融资工具。

（五）精准施策，优化产业配套环境

围绕"有政策、接不住"的突出问题，进一步优化产业配套环境。

1. 加大"专精特新"市场主体孵化平台建设力度

建立和完善产业链、创新链、投资链、服务链、人才链等一系列资源要素相对完整的生态圈，加速孵化成龙配套的企业簇群。

2. 推进实施"一企一策"

对规模较大、就业带动强、民生相关的企业实施"一企一策"，多措并举降低市场主体用工、融资、物流及供电、供水、供气、供暖等要素投入成本。建立健全帮扶企业的工作联动机制，帮助解决企业实际困难。

3. 对一些新产业新业态扶持政策要强化精准性

如装备首台套政策，要倡导研制企业和用户联合申报，确保研制装备能够实现销售，打通研发、制造、应用产业链；针对高端医疗装备、机器人、传感器等关键部件单价低、批次多的特点，将支持范围从首台、首套拓展到首批，更加精准发力。

参考文献

李国强：《构建中国特色营商环境评价体系恰逢其时》，《中国经济时报》2018年9月26日。

李斌：《优化营商环境就是解放生产力》，《人民日报》2018年9月5日。

吕大良：《营商环境视角下，我国跨境贸易便利化政策思考》，《国际贸易》2018年

第 7 期。

吴祖强：《世行营商环境报告的启示》，《上海人大月刊》2018 年第 7 期。

满姗、吴相利：《国内外营商环境评价指标体系的比较解读与启示》，《统计与咨询》2018 年第 3 期。

张世虎：《安康市优化提升营商环境新闻发布会答记者问》，《安康日报》2018 年 5 月 30 日。

《陕西优化营商环境受到总理点赞》，《领导决策信息》2018 年第 15 期。

潘闻闻：《对标世界银行指标体系　改善上海营商环境》，《科学发展》2018 年第 4 期。

《陕西省人民政府办公厅关于印发优化提升营商环境十大行动方案的通知》，《陕西省人民政府公报》2018 年第 7 期。

王岑：《中国营商环境有哪些新变化》，《商业观察》2018 年第 1 期。

《营商环境宜有独立评价》，《第一财经日报》2018 年 1 月 5 日。

潘虹：《营商环境视野下我国商事主体登记制度研究》，宁夏大学论文，2016。

黄育容：《基于〈营商环境报告〉的营商环境评价体系研究》，《企业改革与管理》2015 年第 16 期。

杨涛：《营商环境评价指标体系构建研究——基于鲁苏浙粤四省的比较分析》，《商业经济研究》2015 年第 13 期。

B.7
陕西发展不平衡不充分矛盾
表现与对策研究[*]

张　馨[**]

摘　要：　党的十九大报告提出，中国特色社会主义进入了新时代，我国
社会主要矛盾已经转化为人民日益增长的美好生活需要和不平
衡不充分的发展之间的矛盾。这是根据中国特色社会主义进入
新时代这个发展新方位作出的科学判断，明确了今后一个时期
内全党工作的战略重点和主攻方向。本报告通过构建指标体
系，通过对陕西发展不平衡不充分问题的分析，并与全国水平
进行对比，提出推动陕西经济社会高质量发展的对策建议。

关键词：　陕西　指标　高质量发展

党的十九大报告提出，中国特色社会主义进入了新时代，我国社会主要
矛盾已经转化为人民日益增长的美好生活需要和不平衡不充分的发展之间的
矛盾。这是根据中国特色社会主义进入新时代这个发展新方位作出的科学判
断，明确了今后一个时期内全党工作的战略重点和主攻方向。发展不平衡，
主要是指各区域各领域发展不够平衡，存在一些短板和弱项，制约了全局水
平的提升；发展不充分，主要指一些地区、领域和方面存在发展不足、质量

---

* 本文为2018年陕西省社会科学院重大课题"陕西发展不平衡不充分矛盾表现与对策研究"（项
目编号：18SXZD03）的阶段性研究成果。
** 张馨，博士，陕西省社会科学院经济研究所助理研究员。

不高、效益不佳等问题，发展的任务仍然很重。近年来，全省上下围绕追高超越定位和"五个扎实"要求，坚持稳中求进工作总基调，以供给侧结构性改革为主线，全面落实省第十三次党代会提出的"五新"战略任务，综合实力大幅提升，全省追赶超越步伐明显加快，经济社会发展进入了新时代。但客观审视陕西发展，不平衡不充分问题依然比较突出，已经成为制约高质量发展的主要因素。在习近平新时代中国特色社会主义思想指引下，应当围绕陕西省发展中不平衡不充分问题进行深入分析，站在新的历史方位，运用新的时代坐标体系来思考和破解。

一 陕西经济社会发展中不平衡不充分的表现

（一）指标选取与分析

参考民生银行研究院发布的《中国各省级区域发展对比启示及政策建议》研究报告，结合陕西省发展实际，从生产力水平、经济结构、宏观经济稳定、基础设施、基础自然资源、健康与基础教育、高等教育、财政、金融市场、环境与可持续发展、就业与劳动力市场、知识经济与创新等12个方面构建指标体系（见表1），与全国水平进行对比研究，从而找到短板，探析成因，精准施策。

表1 陕西与全国经济社会指标对比（2016年）

一级指标	二级指标	单位	指标类型	陕西	全国	短板指标
生产力水平	地区生产总值	亿元	正	19399.59	23080.6	√
	人均地区生产总值	元	正	51015	56766.23	√
	经济增长速度	%	正	7.6	7.6	
经济结构	服务业比重	%	正	42.35	48.8	√
	投资率	%	正	66.52	65.1	
	消费率	%	正	45.3	53.9	√
	城镇化率	%	正	55.34	57.35	√

续表

一级指标	二级指标	单位	指标类型	陕西	全国	短板指标
宏观经济稳定	通货膨胀率	—	逆	101.3	102	
	国民储蓄率	%	正	54.7	46.1	
	赤字率	%	逆	13.17	17.86	
基础设施	人均年用电量	千瓦时	正	3571.21	4785.40	√
	公路网密度	公里/百平方公里	正	83.90	94.52	√
	铁路网密度	公里/百平方公里	正	2.25	2.73	√
	互联网普及率	%	正	52.4	53.2	√
	电话普及率	%	正	117.85	110.55	
基础自然资源	人均水资源量	立方米	正	713.91	2354.9	√
	人均耕地面积	亩	正	1.57	1.47	
	森林覆盖率	%	正	41.42	21.63	
	人均石油储量	吨	正	10.10	2.54	
	人均天然气储量	立方米	正	20532.89	3939.53	
	人均煤炭储量	吨	正	428.76	180.60	
	人均铁矿石产量	吨	正	10.45	14.58	
健康与基础教育	人口自然增长率	%	正	4.41	5.68	√
	预期寿命	岁	正	74.68	74.91	√
	千人医师数	人	正	2.25	2.31	√
	千人病床数	张	正	5.91	5.37	
	千人专任教师数	人	正	10.48	9.64	
	文盲率	%	逆	5.22	5.28	
高等教育	高中以上学历人口比重	%	正	0.32	0.30	
	大专以上学历人口比重	%	正	0.13	0.13	
财政	财政收入占生产总值比重	%	正	0.09	2.17	√
	人均税收收入	元	正	3169.45	4687.80	√
	税收收入占生产总值比重	%	正	6.21	8.80	√
金融市场	金融行业增加值占生产总值比重	%	正	6.09	8.32	√
	保费收入与生产总值比例	%	正	3.68	4.20	√
环境与可持续发展	可吸入颗粒物(PM10)浓度	—	逆	137	82.00	√
	单位GDP废水排放量	吨/万元	逆	8.59	9.67	
	单位GDP一般工业固体废物产生量	吨/万元	逆	0.45	0.42	√
	单位GDP电力消费量	千瓦时/元	逆	0.07	0.08	

续表

一级指标	二级指标	单位	指标类型	陕西	全国	短板指标
就业与劳动力市场	失业率	%	逆	3.3	4.02	
	适龄劳动人口比重	%	正	74.42	72.51	
	平均工资水平	元/年	正	59637	67569	√
知识经济与创新	R&D 经费支出占生产总值比重	%	正	2.16	2.11	
	R&D 人员全时当量	人年	正	45362	87177	√
	万人授权专利数	件	正	12.75	11.80	
	人均技术市场成交额	元	正	2112.60	826.59	
	高技术产业主营业务收入占生产总值比重	%	正	9.8	12.2	√

通过对比分析可以发现，一方面，在 47 个二级指标中，R&D 经费支出占生产总值比重等 24 个指标优于全国平均水平，经济增速、城镇化率、铁路网密度、互联网普及率、预期寿命、千人医师数、大专以上学历人口比重等 6 个指标接近或与全国水平持平，既反映了陕西省发展成就，又构成了现实竞争优势。主要归纳为以下几类。一是经济增速、投资率、国民储蓄率较高，单位 GDP 废水排放量、单位 GDP 电力消费量低于全国，体现了陕西省经济增长的内生动力较强，发展质量较好。二是电话普及率、铁路网密度、互联网普及率等与全国同步，反映陕西省经过多年补短板，基础设施得到有力改善，支撑发展作用较强。三是人均耕地面积、森林覆盖率、人均煤炭储量、人均石油储量、人均天然气储量等高于全国，与陕西省资源大省省情契合，具备持续增长的发展后劲。四是文盲率、高中以上学历人口比重、失业率、适龄劳动人口比重等指标状况较好，反映出陕西省在人力资源结构和质量方面有优势。五是 R&D 经费支出占生产总值比重、万人授权专利数、人均技术市场成交额等高于全国平均水平，有利于陕西发挥科教资源，培育发展新动能。六是千人病床数、千人专任教师数等指标高于全国，反映陕西公共服务能力和水平有了明显改善。

另一方面，根据指标显示，陕西省有 23 个指标与全国平均水平存在一定差距，主要如下。一是经济结构方面，消费率、平均工资水平低于全国。二是产业结构方面，陕西服务业比重、金融行业增加值占生产总值比重、保费收入与生产总值比例低于全国，说明陕西省的产业体系还具有二产强支撑型特征，金融等现代服务业发展还不发达。三是创新引领方面，R&D 人员全时当量、高技术产业主营业务收入占生产总值比重低于全国，表明陕西省的科教资源潜能还没有充分发挥，科教优势还没有完全转化为创新优势和经济优势。四是经济增长方面，人均地区生产总值、财政收入占生产总值比重、人均税收收入、税收收入占生产总值比重低于全国，说明欠发达仍是基本省情，发展不充分是现阶段的主要矛盾和矛盾的主要方面。五是资源环境方面，人均水资源量、可吸入颗粒物（PM10）浓度等与全国有差距，体现出资源环境承载能力和生态环境容量约束依然较强。另外，人均年用电量、公路网密度、人口自然增长率等指标也弱于全国。通过这些指标的对比分析，可以清醒认识陕西发展中不平衡不充分问题，从而为加快追赶超越提供借鉴。

（二）不平衡方面的现实表现与分析

1. 产业结构有待优化

2016 年陕西一产、二产和三产占 GDP 的比重分别为 8.7%、48.9% 和 42.4%。与全国相比，陕西第一产业比重高于全国水平 0.1 个百分点，第二产业比重高于全国水平 9.1 个百分点，第三产业比重低于全国水平 9.2 个百分点。全国已成为三产为主导的产业结构，而陕西省还处于二产主导的产业结构，经济增长的产业动力转换滞后。尽管 2013 年开始陕西省三产比重与全国平均水平的差距不断缩小，但可以看到，差距仍然很大。陕西省正处于产业结构调整的转折期，拉动经济增长的产业结构动力还将持续转换。

从第二产业内部结构来看，2000～2016 年，工业增加值占第二产业产值的比重在 80% 以上，工业经济的增长是拉动第二产业的主力。工业分支柱产业看，2006 年以来，能源化工工业增加值占规上工业增加值比重保持在 55% 以上，占据主导地位。其中占比最大的前三项行业为煤炭开采和洗选业，石油和天然气开采业，石油加工、炼焦及核燃料加工业，开采类产业的产值占能源化工工业的一半，对比东部发达地区省份，以浙江、江苏为例，开采类产值占比几乎为0而加工转化类产值占比接近或达到100%，在东部省份已经较好地完成了从重化工业到先进制造业的转型，陕西省尚未完成转换。

2. 需求要素结构转换滞后

从投资和消费占 GDP 比重来看，自 2004 年以来，陕西省投资率呈上升趋势，而消费率有所下降。2016 年，陕西省消费率为 45.3%，低于全国 8.6 个百分点。近年来陕西省家庭消费支出占 GDP 比重较四川、重庆偏低，且与同步够格全面建成小康社会的目标还有差距，2015 年的实现程度为 71.17%，城乡居民消费能力有待提升。从另一方面来看，满足市场需求的产品如新能源汽车、集成电路、生物医药、高端新材料等供给不足。

当前陕西省保持经济中高速增长的主要动力仍依赖于投资，而陕西省国内外知名大企业引领、对地区经济和就业带动较为明显的大项目支撑较弱。投资主体缺失，带动经济增长动能不足。2016 年，陕西省固定资产投资 20825.25 亿元，同比增长 12.1%，但其中民间投资为 8738.6 亿元，同比下降 3.6%。陕西省民间投资意愿持续低迷，存在信心不足、融资难、结构不合理等问题，进一步导致民间投资意愿、消费意愿下滑。陕西省固定资产投资对 GDP 的贡献率较四川、重庆偏低，在一定程度上影响了陕西省的经济效益。并且过度依赖投资拉动地区经济发展不可持续，还需要加快由投资向消费和外贸拉动经济增长转换。

3. 资源环境约束与经济发展矛盾突出

陕西省基础自然资源尤其是人均能源储量在全国排位靠前，但人均水资源量为 713.91 立方米，仅为全国的 30.3%，水资源短缺对经济发展制约很大。治污减霾压力加大，2016 年全国各省会城市中西安的可吸入颗粒物（PM10）浓度排名第 4 位，污染天数较上年增加 32 天，空气质量已成为影响人才引进和企业入驻的不利因素。单位 GDP 一般工业固体废物产生量为 0.45 吨/万元，略高于全国平均水平，还需要进一步改进技术，一方面减少

固体废物产生量，另一方面提高资源循环利用水平，加快发展循环经济。降低经济增长的资源消耗和生态环境代价，是提升经济增长质量的重要体现。

（三）不充分方面的现实表现与分析

1. 外向型经济发展不充分

陕西省地处内陆腹地，对外依存度偏低，2016年仅为10.2%，低于全国22.5个百分点。进出口总额在全国占比为0.81%，利用外资规模仅占全国的3.97%，净出口需求对经济增长的作用较小，一直是制约陕西经济增长动力提升的薄弱要素。新设境外投资企业数、对外承包工程营业额和新签合同额仅占全国的0.1%、2.4%和1.4%。全球500强企业"十二五"期间在陕数量为146家，较四川少153家，企业数量、投资额和行业面均处于较落后水平。

对外开放程度明显偏低的主要原因，一是基础设施建设方面，陕西省公路网密度、铁路网密度、互联网普及率与全国平均水平都有差距，西安具有全国地理中心的区位优势，没有充分挖掘国家组织经济活动和配置资源的中枢和国家综合交通信息网络枢纽的潜质，还需要进一步完善以关中平原城市群为核心的全省航空、高速铁路和高速公路网等基础设施建设，促进全面对外开放。二是营商环境方面，陕西省软服务与沿海发达地区乃至西部的重庆、四川差距还很大，为投资企业提供便利快捷的办事流程和为外资及人员营造方便、舒适的社会和生活环境对于吸引外商、留住外商至关重要，教育、医疗配套设施需要不断健全完善。

2. 科技创新潜力挖掘不充分

陕西省创新驱动发展较为滞后，投入高而产出低，2016年R&D经费支出占生产总值比重为2.16%，高于全国平均水平，但高技术产业主营业务收入占生产总值比重为9.8%，低于全国2.4个百分点。科技进步贡献率为57.5%，与发达省份70%以上和发达国家80%左右的科技贡献率有较大差距。科技优势转化为经济优势不充分，陕西科技资源丰富，军工产业基础雄厚，2016年全省的技术合同交易额突破800亿元，达802.74亿元，但科技成果产业化效果并不理想，并且多数科技成果流出，在陕转化比重仅逾30%。军民深度融合发展推进缓慢，军工产值、增加值在全省工业中占比仅6%、3%左右，与陕西作为军工大省的地位极不相称。

近年来陕西省处于经济结构调整转型阶段，主要依靠要素和投资驱动的经济发展方式没有得到根本改变，经济发展与科技创新结合不够紧密，陕西省虽然在航空航天、电子信息、生物医药等领域拥有一批在全国有影响的专业和学科，但没有形成地方主导的产业集群，缺少在全国具有影响力的龙头企业和拳头产品。军民融合面临体制机制障碍，军工技术向民用转化的动力不足，民口企业与军工企业合作的渠道不畅，技术互用存在制度壁垒。产学研协同创新体系不够完善，缺乏科技成果转化的产业环境、资金支持和激励政策，部分企业缺乏技术研发平台和科技领军人才。

3. 民营经济发展不充分

陕西省民营经济整体实力和综合竞争力不强，民间投资滞后和信心不足，民营经济发展环境有待改善。2016 年非公经济增加值首次突破万亿元，达 10310.09 亿元，比 2015 年增加 679.93 亿元，占 GDP 的比重为 53.8%，低于全国 6.2 个百分点。非公经济对全省经济增长的贡献率达 56.7%，拉动 GDP 增长 4.3 个百分点。通过横向对比来看，陕西与其他省份相比还有较大差距，表现为"两低一少"，产业集中度低、产品科技含量低、知名品牌少，竞争力不强。2016 年进入全国民营企业 500 强企业只有 4 家，而四川 12 家、重庆 12 家、河南 16 家、山东 53 家。国有和国有控股企业仍然是主要引领主体，非公企业规模总量小，整体经济运行质量下降。全省大多数非公企业生产工艺、技术装备落后，产品质量低，科技含量不高。另外，我省金融业发展较为落后，2016 年金融行业增加值占生产总值比重为 6.09%，比全国低 2.23 个百分点。金融业发展活力不足也间接影响了陕西省民营经济的发展壮大。

4. 人力资源利用不充分

从劳动人口看，2016 年陕西省 15 ~ 64 岁人口占比为 75.51%，自 2014 年开始呈下降趋势；同期，65 岁及以上人口占比开始上升，2016 年为

10.36%，较 2010 年提高 1.83 个百分点。从就业人口看，陕西省就业人员总量 2016 年为 2073 万人，基本与 2010 年持平，在总人口持续增加的趋势下就业人口不增加甚至还有下降，说明陕西省的就业环境亟待改善。从人口流动看，一方面，农村人口向城镇流动缓慢，2016 年陕西省城镇化率为55.34%，低于全国水平 2.01 个百分点。另一方面，我省人才输出较多而外省人才输入不足。全省毕业大学生人数 35 万左右，但在陕就业仅有 51%，人才流失较为严重。陕西省年平均工资水平与全国差距较大，相差将近8000 元，直接影响了对人才的吸引力。另外，吸引人才政策缺乏系统化、稳定性和透明度，全球化高端人才引入能力不足。

二 原因分析与归纳

通过建立指标体系量化分析，查摆突出问题定性归纳，深刻剖析陕西省经济社会发展存在的不平衡不充分问题，主要有以下几个方面原因。

一是陕西所处追赶超越阶段决定的。陕西省经济总量仍然偏小，占全国不到 3%，人均 GDP 也低于国家平均水平，总体处于工业化中期向后期过渡的阶段，不平衡的诸多表现，很大程度上是由发展不充分造成的，其根本解决也有赖于加快发展、追赶超越。

二是对比高质量发展要求存在差距。尽管陕西经济增速高于全国，但全要素生产率、军民深度融合发展、创新驱动发展、能源高端化发展水平还不够高，与资源优势不相匹配，必须把创新驱动放在核心位置，推动技术创新、产业创新、管理创新和组织模式创新。

三是全国不平衡不充分问题在陕西的具体体现。城乡不平衡、区域不平衡、资源环境承载能力弱，是全国带有普遍性的问题，在陕西省也有具体体现，有的问题比全国更为突出，这就需要坚持问题导向，精准施策，有针对性地加以解决。

四是治理体系和能力现代化水平有待提高。营商环境不优、体制机制不活、外向度不高等问题，迫切需要落实新发展理念，以规范市场秩序优化营商环境，以深入推进"放管服"改革加快培育市场主体，以扩大开放提升国际化、法治化、市场化水平。

三 推动陕西经济社会高质量发展的对策建议

在全面落实中央各项部署的基础上，以大力发展"三个经济"为抓手，努力构筑经济竞争新优势。依托陕西区位交通综合比较优势，发展枢纽经济、门户经济、流动经济，既是服务国家向西开放战略、发挥"一带一路"核心区独特作用的客观要求，也是陕西构筑发展新优势、拓展发展新空间的战略选择。

（一）紧抓时代机遇，完善枢纽体系构建

一是加快国际航空枢纽建设，打造"临空经济"生态，形成以西安咸阳国际机场为核心，榆林、延安、汉中三个百万级机场为支撑，其他4个支线机场为辅助，多个通用机场为补充的机场布局。以发展国际货运为重点，不断巩固国际航空枢纽地位，提升西安枢纽在国内外的服务辐射能级。加强与全球重要枢纽机场的联动，不断拓展跨境电商货运包机新航线。

二是加快推进"米"字形高铁网、关中城际铁路网、大西安地铁网建设。打造中欧班列"长安号"黄金干线，稳步提升开行班列频次，同时增加回程班列，提高货运效率。推动中欧班列"长安号"运营优势转化为国际贸易优势，加强同"丝绸之路经济带"沿线国家贸易往来，努力实现"一带一路"国家物流体系全覆盖。

三是打造国际商贸物流中心，加强与京东、海航等战略协作，加快海航现代物流和京东全球物流总部项目建设。实施海外货源拓展计划，加快开行南欧、北欧等新线路，高效开展特种集装箱等增值业务，努力提升综合运营能力。全面推进"运贸一体化"发展，加快拓展西安国际陆港特种集装箱、冷链物流、跨境电商、商品展示体验等增值业务。围绕国家电商示范基地及跨境电商试点，以阿里巴巴、京东、国美、农商一号、敦煌网等电商标杆企

业为依托，在大宗商品、农资及跨境电商方面发力，打造西部千亿级电商产业高地。

（二）强化开放平台建设，积极发展门户经济

一是创新自贸试验区建设，复制推广成果经验。持续推动陕西自贸试验区抓好各项改革试点任务落实，继续推进形成铁路运输方式舱单归并新模式等一批可在全国复制推广的创新成果，推动投资自由化、贸易便利化、监管法制化，对标国际经贸规则体系，营造法治化国际化便利化营商环境。加快启动西咸新区空港新城综合保税区的建设，探索建设内陆枢纽型自由贸易港，围绕投资、金融、法治和新兴要素便利流动开展一系列制度创新，吸引全球科技资源、高端人才和资本在新兴产业形成集聚效应，推动开放型经济加快发展。

二是提升口岸在外向型经济中的带动作用，加快形成"大通关"体系。推进一类口岸系统化建设，建成一批重点口岸产业园，把关中打造成为陕西自贸区进出口产品的核心区域，陕北建成中高端能化进出口基地，杨凌示范区和渭南等地形成陕西特色农业口岸。建立共用共享机制，共享陆港的国内、国际代码，加快通关一体化进程，建立健全企业跨国投资贸易的口岸服务体系。加大口岸信息化、智能化建设的投入，借助信息技术提升口岸通关效率和监管水平。强化物联网建设，推进航空枢纽口岸、铁路口岸、电子口岸多式联运。扩大电子口岸试点，建设一批功能配套的物联网配送基地。培育壮大一批与中亚、西亚和欧美等发达国家产业合作、产能合作、人文交流合作和投资贸易合作的跨国口岸产业集群，形成与沿海沿边主要口岸紧密合作、辐射全球主要经济体的口岸开放新格局。

（三）整合优化各类资源，大力发展流动经济

一是依托全省各类开发区，发挥开发区在体制机制创新上的先锋作用，促进各类优质生产要素自由流动，激发市场主体活力。探索推进开发区跨行政区整合，支持主业突出、发展较好的开发区扩区拓展，对发展缓慢、缺乏

特色的省、市级开发区实行托管或合并。鼓励优秀开发区打破行政区划限制，与其他发展较好的省市级开发区联合共建、共享园区。

二是充分挖掘好、利用好我省丰富的科教资源，坚持以融合创新为突破口，实现跨领域、跨产业、跨所有制创新资源优化配置，加快创新型省份建设，在创新驱动发展方面走在全国前列，打造"一带一路"创新高地。

三是以资金、资本的流动推动流动经济发展，将有力助推我省打造丝绸之路区域性金融中心。推进外汇管理简政放权，在人民币跨境使用、外汇管理政策等方面采取简化流程、放宽限制、下放权限等措施，扩大人民币使用，有效拓宽企业融资渠道。吸引更多金融资本、金融机构、金融人才入驻陕西，让金融资源同陕西省的优势产业有效结合，做强科技金融、文化金融、能源金融、绿色金融、供应链金融。

四是打通区域间、行业间的信息壁垒，促进信息流动。通过实施"秦云工程"，使陕西大数据产业成为我国的"西部云高地"和"一带一路的大数据中心"。到2020年，初步建成大数据产业的生态体系。

（四）实施创新驱动战略，积极培育新兴支柱产业

一是以产业转型升级为方向，构建区域创新产业体系。充分发挥科技引领产业发展的作用，推动经济发展提质增效，改造提升传统产业，培育壮大战略性新兴产业，促进现代服务业快速发展，大力构建现代产业体系，加快迈向中高端步伐。在3D打印及智能制造、大数据与云计算、航空航天、新能源汽车、机器人等高技术领域打造具有国际竞争力的产业集群，占据新一轮全球产业分工优势。实施"互联网＋金融、物流"，推动现代服务业多样、融合、联动发展。打造综合性物流信息平台，重视物联网技术在物流行业的推广应用，加快西安国际港务区跨境电子商务贸易和大宗商品电子交易平台建设，加速提升互联网技术对现代服务业的支撑和带动能力。

二是以园区基地为承载，搭建创新平台。加快建设国家创新平台，包括国家产业创新中心、国家工程（技术）研究中心、国家企业技术中心等。围绕电子信息、新材料、新能源汽车等组建一批战略性新兴产业联盟，提升

相关领域研发、制造、服务水平，促进协同创新。着力提升园区集群集约发展能力，促进创新要素与生产要素、投资要素和财富要素向园区基地聚集。抓好西安全面创新改革试验区和西安高新区国家自主创新示范区建设，引进高水准专业化服务团队，通过投资、融资、建设、运营一体化新模式，提升各类园区发展水平。

三是建立健全以企业为主体的创新体系。推广"一院一所"模式，组建高层次创新团队，吸引海内外高层次人才，建立专业孵化器，培育新产品、新企业，推动科技成果就地转化。综合运用引导基金、股权投入等方式，支持企业自主决策、先行投入，开展重大产业关键共性技术、装备和标准的研发攻关。通过政府引导基金等多种政策工具手段，鼓励、引导社会资本进入全民创业创新领域，支持大众创新创业，培育一批有发展潜力的创新型企业。

（五）推动区域协调发展，实现协同共进目标

一是推进关中协同创新发展。推进大西安建设，努力把西安建成西部创新中心、西部科技企业聚集中心、西部高端人才聚集中心、西部对外开放中心。推进大西安产业空间重组、公共服务重置、交通体系重构。疏解西安中心城区过密人口，提升咸阳、西咸新区及周边区域人口和产业承载能力。构建中心城区以服务经济为主导、周边以高端制造业为主体的空间布局，增强西安对高端产业、高端要素、高端人才的聚集能力。以大西安为核心的关中平原城市群建设为引领，优化经济发展内部空间格局。完善以关中平原城市群为核心的全省航空、高速铁路和高速公路网等基础设施建设，切实提升综合服务功能、产业集群功能、物流枢纽功能、开放高地功能和人文凝聚功能。

二是推进陕北转型持续发展。推动陕北能源产业向高端化、智能化、绿色化方向发展。加快能源产业的布局优化和结构调整，大力发展产业链循环、技术先进、产品创新的能源工业产业园，积极发展能源先进的制造业和配套的现代服务业，建设绿色低碳、循环发展的能源产业，建立清洁、安

全、高效的现代能源体系。从生产端发力，推进"增品种、提品质、创品牌"的"三品"建设，提高产品和服务对市场需求变化的适应性和灵活性。探索能源开发利用与生态环境循环可持续发展方面的路径创新。进一步优化陕北产业结构，形成能源化工产业与其他产业的联动发展。积极发展分布式能源、金属材料、装备制造、资源高效利用等新兴产业。

三是推进陕南绿色循环发展。推动陕南走出一条倡导"绿色循环经济"、打造生态产业循环发展的新格局。以循环经济园区为载体，走集聚化、绿色化、创新发展的新型工业之路。推进能源梯级利用、水资源循环利用、废物交换利用、土地节约集约利用，促进企业循环式生产、园区循环式发展、产业循环式组合。打造金属材料、建材及非金属、节能与新能源、食品医药、再制造循环产业链。以生态优美小镇建设为载体，以产城融合为方式，打造最宜人居环境，走城乡统筹发展之路。统筹推进移民搬迁、美丽乡村、旅游资源开发；切实做好南水北调工作，加强源头治理，深化水质保护。围绕"山清、水净、坡绿"的目标推进生态环境保护。加强生态移民搬迁、尾矿库治理、镇村污水垃圾处理设施、污水垃圾提标改造及配套工程建设。

（六）大力改善营商环境，加快培养多元化市场主体

持续推进"放管服"改革，着力提升营商环境，扩大市场主体数量，增强市场主体活力。

一是以2018年"优化营商环境建设年"为契机，抓好企业降成本、提升企业跨境贸易和投资便利化等"十大行动"方案，进一步破除制约企业和群众办事创业的体制机制障碍。以"建制度、减成本、促融资"为突破口，优化企业的投资环境。加快落实负面清单制度，依托陕西自贸区建设，推进国家市场准入负面清单试点省份建设，将陕西自贸区制度创新特别是商事制度改革成果，第一时间在省内复制推广。优化"一站式"服务流程，加强大数据、云平台等先进技术运用，简化审批程序，提升行政审批效率，减少重复检查，杜绝多头监管，取消减免一批涉企行政事业收费，推行有区

别的涉企服务价格体系，加强中介服务收费管理，切实降低企业生产经营成本。

二是深化市场监管体制改革。推动西咸新区、泾阳县、彬县等开展相对集中行政许可权改革试点，全面实施市场准入负面清单制度和公平竞争审查制度，清理废除妨碍统一市场和公平竞争的各种规定和做法，推动各类市场主体一视同仁。构建与商事制度改革相适应的市场监管体系。进一步强化事中事后监管，着力推进"互联网＋监管"模式，督促企业进入产品信息追溯系统，重点加强对食品、药品、农产品、日用消费品、特种设备等关系人民群众生命财产安全的重要产品的监督管理。全面加强信用体系建设，推进企业信息归集和公示工作，建立健全信用信息披露制度、信用承诺制度、行业领域红黑名单制度，加大对诚信主体激励和对失信主体惩戒力度，加快形成"一处失信、处处受限"的信用监管体系。

三是以落实国家电子政务综合试点任务为契机，进一步强化顶层设计，深入推进"互联网＋政务服务体系"省、市平台建设，编制"互联网＋政务服务标准体系"，推进全省政务信息资源共享。

（七）加快推动农业农村现代化，实施乡村振兴战略

一是构建乡村现代产业体系。按照产业集群要求，加大一县一业支持力度，全面实施乡村信息化工程，推动电子商务进农村。加快打造特色农业产业、产品和品牌，面向市场需求，全产业链发展。以农产品加工、农业旅游和农业社会化服务领域为重点，鼓励工商资本、新型农业经营主体带动农业产业化经营，实现产业链合理分工、资源要素优化配置，促进农村一二三产业深度融合发展，推动传统农业加速向现代农业转变。

二是培育乡村现代经济主体。围绕现代果业、设施蔬菜、畜禽养殖、农产品加工等区域特色优势产业，以利益为纽带，完善规章制度，强化服务功能，发展适度规模经营。提高龙头企业、现代农业园区、合作社、家庭农场、种养大户等新型主体的组织带动、专业服务和开拓市场能力。支持企业特别是民营企业发展，培育新型农业经营主体，带动农户对接市场，实现产

业化、规模化发展。

三是促进城乡融合发展。建立健全城乡融合发展的体制机制和政策体系，带动农民收入稳定增长，让乡村成为人民向往的美丽家园。在巩固和完善农村基本经营制度的基础上，完善农业支持保护制度，发展多种形式适度规模经营，发展新型集体经济。打造一批产业兴旺、生态宜居、乡风文明、治理有效、生活富裕的现代化新型村镇，让农民在村镇能够安居乐业，从事现代产业发展，享受现代文明成果，接受现代公共服务，实现城乡融合发展。

四是营造乡村生态宜居环境。牢固树立绿水青山就是金山银山的理念，认真落实国家新一轮退耕还林政策，在确保生态安全的前提下，实施特色经济林提质增效工程。以省市级重点示范镇、文化旅游名镇为带动，推动小城镇建设。支持选择若干有基础的城镇，建设一批科教引领型、工业主导型、资源开发型、商贸物流型、历史文化型、休闲旅游特色小镇，打造宜居环境。

B.8
促进陕西民间投资稳增长对策研究[*]

西安理工大学课题组^{**}

摘　要： 陕西民间投资发展相对滞后且缓慢，加之地区内不同县市间地理环境及资源要素的差异性，导致全省民间投资发展较为不平衡。然而，近年来"一带一路"建设为陕西民间投资的发展提供了良好的平台和契机，改善了陕西民间投资发展的大环境。因此，本研究以陕西民间投资为研究对象，试图分析陕西民间投资的发展现状，找到目前制约陕西民间投资发展的因素以及发展中存在的问题，并提出相关政策建议，以期为陕西民间投资的稳增长提供有益借鉴。

关键词： 民间投资　稳增长　陕西

改革开放以来，随着市场经济体制改革的逐步推进，我国的投融资机制一直处于不断完善的过程中。民间资本的市场主体地位日益突出，投资规模持续增长，投资领域不断拓展，民间投资在我国社会经济发展中发挥着越来越重要的作用。习近平总书记在党的十九大报告中指出，现阶段我国经济已由高速增长阶段转向高质量发展阶段，正处在改变发展方式、优化经济结构、转换增长动力的攻关期，建设现代化经济体系是跨越关口的迫切要求。

---

* 课题来源：陕西省发改委重大问题研究项目。

** 课题负责人：扈文秀；课题组成员：杨栎、李茹霞、高红红、马丽、季豫、吴梓玥、龚慧霞等。

要建设现代化经济体系，要求必须着力加快建设实体经济、科技创新、现代金融、人力资源协同发展的产业体系。而要建设实体经济，就必须要大力促进民间投资的发展，通过政府的积极引导，刺激民间投资，进而增加实体经济的活力。

一　陕西民间投资发展现状

对民间投资问题的研究由来已久，本文民间投资的统计口径将与《中国统计年鉴》的统计口径保持一致，即民间投资是指将国有投资、外商投资以及港澳台投资扣除以后的全国固定资产投资，民间投资由集体、股份合作、联营、有限责任公司、股份有限公司、私营、个体及其他投资组成。为了更直观地反映陕西民间投资的现状，本文主要从民间投资总量及增长率、民间投资方向以及陕西各地区民间投资对比三个方面进行现状分析。

（一）陕西民间投资总量及增长率分析

长期以来，由于受到自然环境、宏观经济政策、国家区域建设规划等因素的制约，陕西民间投资的发展缓慢而艰难。但"一带一路"倡议的有效实施、非公经济的迅速崛起，逐渐激发了陕西民间资本的投资热情，提升了陕西民间资本的投资活力。此外，近年来陕西省政府出台了大量支持政策，对民间投资的发展进行积极引导与推动，民间投资逐渐获得了长足发展。

从图 1 可以看出，2006 年民间投资总量仅 1041.52 亿元，2015 年民间投资总量高达 9683.16 亿元，是 2006 年民间投资总额的 9 倍多；陕西的民间投资增长率总体上呈下降趋势，2006 年的民间投资额相比上一年增长了35.8%，2017 年相比 2016 年的增长率只有 10.81%。由此可见，民间投资总额呈稳步上升趋势，民间投资增长率出现下滑趋势；陕西的民间投资经历了从小变大、从弱变强的巨大变化，总体上取得了巨大的进步。

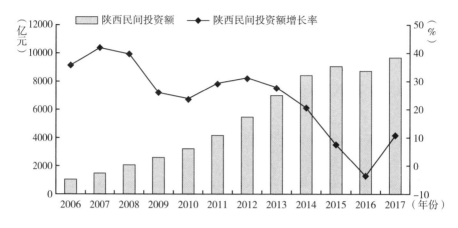

图1　陕西民间投资总量及增长率

资料来源：陕西省统计局。

（二）陕西民间投资方向分析

民间投资方向，即民间资本投资的行业和产业范围，主要由经济发展阶段决定，同时会受到产业政策、准入制度等因素的影响。西部地区受计划经济体制影响较长，经济改革起步更晚，国有经济成分的比重较大，民间资本投资起步更晚，所投资的行业和产业范围也整体较窄。

从图2可以看出，2017年陕西的民间投资主要投向了制造业和房地产业，农林牧渔业和公共设施管理业等行业的投资占比则相对较小。这表明陕西民间投资的产业分布过分集中，且投资领域多为制造业等第二产业；此外，还有部分行业存在严重的垄断行为，民间投资在这些领域的竞争力相对低下。

（三）陕西各地区民间投资对比

陕西通常被划分为陕北、陕南和关中三部分。这三部分虽同属一省，但其地貌、风土人情及资源分布却不尽相同。因此，在研究陕西民间投资发展现状时，对这三个区域分别进行考察和研究极具必要性。

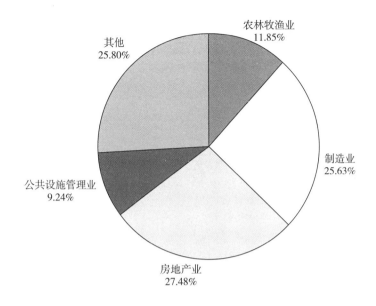

图2 2017年陕西民间投资产业分布

资料来源：陕西省统计局。

从图3可以看出，陕西的民间投资主要集中在关中一带，陕北和陕南地区只占了很少的份额。2015年关中的民间投资额在全省民间投资额中的占比高达79.19%，陕北的民间投资额占比却只有5.61%，陕南的民间投资额占比为15.20%。综合陕西三个片区来看，存在严重的发展不平衡和不充分现象。

接下来，从民间投资额的视角对陕西各市（区）的民间投资发展状况进行分析，以直观的图表来分析2017年陕西各个市（区）的民间投资情况。

从图4可以看出，2017年西安市民间投资总量为3120.22亿元，在全省各市（区）中民间投资总量最大；杨凌示范区的民间投资总量最少，投资额仅有71.6亿元。陕西的民间投资区域分布极其不均衡，主要集中在西安、宝鸡、咸阳和渭南这四个市，在其他市（区）分布地很少。综上，陕西各个市（区）民间投资的发展状况悬殊，省内各市（区）之间差距较大。

（四）陕西与其他省份民间投资对比

前文主要是针对陕西民间投资额、民间投资增长率以及陕北、关中和陕

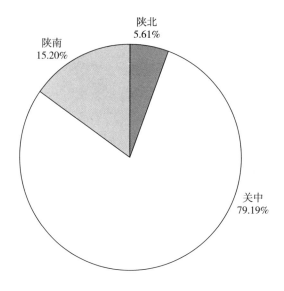

图3 2015年陕西三个片区民间投资占比

资料来源：陕西省统计局。

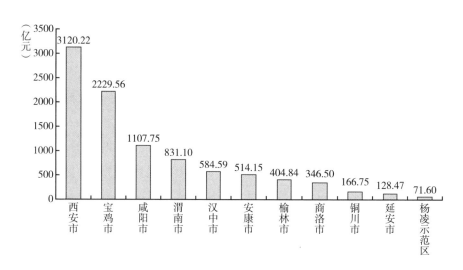

图4 2017年陕西各市（区）民间投资总量

资料来源：陕西省统计局。

南三个地区民间投资情况进行对比分析,在这一部分,我们以河南省、安徽省和江苏省作为对比研究对象,将陕西与其他各省的民间投资发展状况进行横向对比。江苏省属于东部地区,河南省和安徽省属于中部地区,而陕西属于西部地区,通过这四个省份民间投资发展情况的对比,能够让我们全面了解全国各地区民间投资发展的总体情况,进一步知悉西部地区与中东部地区在民间投资发展方面的差距。

图 5 为陕西与其他三个省份民间投资总量以及增长率的对比情况。总体来看,陕西的民间投资发展与其他省份存在差距,而且随着时间的推移以及社会的不断发展,陕西的民间投资总量与其他省份的差距越来越大。2017年陕西与安徽的这一差距已扩大到 9550.24 亿元,这充分说明了陕西与安徽在民间投资发展方面存在的差距之大。此外,与河南省相比,陕西的民间投资情况不容乐观,与江苏省的民间投资情况相比更是相差甚远。

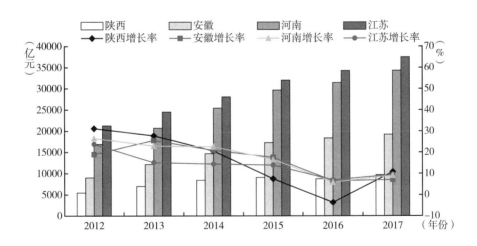

图 5　2012～2017 年陕西与其他省份民间投资总量及增长率对比

资料来源:Wind 数据库。

由于地理位置及资源禀赋的差异,东部、中部及西部地区的发展优势不尽相同,民间投资在各个地区的产业分布也具有较大差异。

从图 6 可以看到,陕西的民间投资领域相对较集中。受国家产业政策影响和民营企业自身因素的制约,目前大部分地区的民间投资领域集中于制造

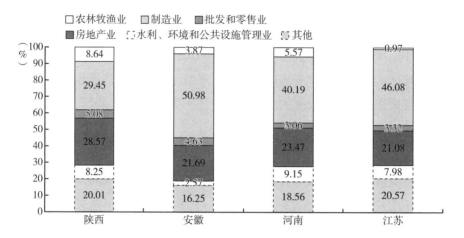

图6 2016年四个省份民间投资具体行业分布对比

资料来源：国家统计局。

业、房地产业等行业。2016年，陕西、安徽、河南和江苏的民间投资总额中制造业的占比分别为29.45%、50.98%、40.19%和46.08%，说明与其他三省相比，虽然陕西的产业集中度情况相对乐观，但也从侧面反映出陕西的制造业实力较弱。此外，2016年陕西民间投资在房地产行业投资占比为28.57%，高于其他三省，但与其他三省之间的差距远没有制造业占比差距那么明显。

通过分析陕西民间投资的发展现状，可以发现民间投资存在的一些主要问题，这对把握陕西民间投资今后的发展方向，促进地方经济的发展具有重要的现实意义。综合本部分的分析可以发现，与中东部地区的省份相比，陕西的民间投资发展状况整体比较落后。具体表现为陕西民间投资在全省固定资产投资中所占比重较低、民间投资产业分布结构落后、在全国民间投资中所占比重较低等。

二 陕西民间投资发展制约因素分析

本部分通过调查问卷来分析陕西民间投资存在的问题，并提出相应对策。问卷调查对象主要有陕西省内民营企业家、调研企业家以及通过填写电子问卷的全国各地的企业家，总计收回 415 份问卷。为了保证问卷数据的可靠性和有效性，本文依照以下标准对回收的所有问卷进行筛选。

（1）针对所有问卷，根据问卷填写，出现未选题项或者同一维度下所有题项答案相同的问卷视为无效问卷。

（2）根据问卷中基本情况调查中的题项，首先根据企业人员的管理经验，将选择"没有管理经验"选项的问卷视为无效问卷。

依据该标准，最终得到有效问卷 379 份（有效回收率为 91.32%）。

（一）信度检验

问卷信度分析是考查问卷测量的可靠性指标。本文采用 SPSS 20.0 测量后得到本问卷每个维度的 Cronbach's α 系数，分别为 0.939、0.938 和 0.937，整体量表 Cronbach's α 系数为 0.938，均大于 0.7，由此看出问卷整体的信度很高。表 1 是调查问卷中各维度的 Cronbach's α 系数，如下所示：

表 1　量表的 Cronbach's α 的系数值

项目	内容	项已删除的 Cronbach's α 值	部分量表 Cronbach's α 值	整体量表 Cronbach's α 值
政府方面	各届官员发展理念不同,多关注短期利益	0.940	0.939	0.938
	政府观念不开放,缺少具备大胆创新意识的决策者	0.939		
	政府相关部门基层人员缺乏主动服务意识	0.939		
	政务环境低下,存在行政不作为	0.939		
	缺乏吸引人才返乡的大环境,人才引进落实不合理	0.938		
	没有真正意十的创客空间、创客环境	0.939		
	开放意识不强,混合所有制改革措施落实不到位	0.938		
	缺乏宽松的民间投资政策环境支持	0.938		
	民间投资项目审批门槛高	0.938		
	民间投资项目审批程序多,时间久	0.938		
	政府相关管理部门多,管理机制不健全	0.937		
	非公产权保护的法律法规不健全	0.937		
	制度对于民间投资限制行业领域过多	0.938		
	对民营企业的赋税政策不公平	0.938		
	对民营企业的各种费用征收繁多	0.938		

项目	内容	项已删除的 Cronbach's α 值	部分量表 Cronbach's α 值	整体量表 Cronbach's α 值
市场环境方面	市场经济发展水平跟不上,不能服务于金融	0.938	0.938	0.938
	缺乏公平竞争的市场环境,良好的市场秩序	0.939		
	民间投资市场中的自然垄断和行政垄断过多	0.939		
	民间投资市场化程度低	0.938		
	民间投资市场不发达,很难吸引省外民间资本进入	0.937		
	省内民间资本流向省外市场投资	0.938		
	科技成果转化能力不足	0.938		
	自然禀赋丰富,大众缺乏投资意识	0.938		
	要素成本高	0.937		
民间投资主体自身方面	民间投资主体资金来源单一	0.937	0.937	
	民间投资规模小,投资领域集中	0.938		
	民间投资在三大产业投资结构失衡	0.938		
	民间投资地区差异大,分布不均	0.937		
	投资者投资理念落后,短视投资行为多	0.938		
	投资者期待盈利水平过高	0.939		
	投资对象竞争力弱	0.937		
	民营企业的微观扩张能力有限	0.937		
	民营企业缺乏转型升级储备,拓展新领域困难	0.938		
	民营企业对优势资源利用不充分	0.937		
	民营企业家不善于发挥员工的主观能动性,创新能力不足	0.938		
	民营企业缺乏诚信,跑路事件频发	0.938		

（二）效度检验

问卷的效度分析是指测量结果的有效性或正确性,因此对问卷进行 KMO 和 Bartlett 球形检验,目的是检验结构效度,检验结果如表 2 所示。

表 2　KMO 值和球型检验

项目	取样足够度的 Kaiser-Meyer-Olkin 度量	Bartlett 的球形度检验		
		近似卡方	df	Sig.
政府方面	0.620	1877.969	820	0.000
市场环境方面	0.444	2240.876	1128	0.000
民间投资主体自身方面	0.814	1422.723	435	0.000

结果表明三个维度的 KMO 值分别为 0.620、0.444 和 0.814，只有一个维度大于 0.7。Bartlett 值为 1877.969、2240.876 和 1422.723，均显著。因此，可以认为该问卷具有较好的结构效度。

（三）重要度分析

表 3 列举了有效问卷中题项重要度的均值。其中，各题项重要度的平均值均在 2.65～3.72，可以认为题项均合理。

表 3　问卷各题重要度分析

题项	重要度均值	题项	重要度均值	题项	重要度均值
Q1	2.65	Q13	3.58	Q25	3.24
Q2	2.68	Q14	3.36	Q26	3.53
Q3	3.72	Q15	3.19	Q27	3.21
Q4	2.83	Q16	3.05	Q28	3.15
Q5	2.81	Q17	3.23	Q29	3.72
Q6	3.57	Q18	3.01	Q30	3.19
Q7	3.41	Q19	2.97	Q31	3.15
Q8	2.86	Q20	3.62	Q32	3.23
Q9	2.97	Q21	3.42	Q33	3.03
Q10	2.97	Q22	2.99	Q34	3.25
Q11	2.90	Q23	3.07	Q35	3.12
Q12	3.08	Q24	3.51	Q36	3.42

（四）问卷数据分析

1. 制约因素分析

政府层面总共涉及 15 个题项，从中提取出最重要的 5 个题项，Q3、Q6、Q7、Q13、Q14；市场环境方面总共有 9 个题项，从中提取出最重要的 5 个题项，Q17、Q20、Q21、Q23、Q24；民间投资自身方面共有 12 个题项，从中找出 5 个最重要的制约因素：Q25、Q26、Q28、Q30、Q33，各题项在问卷中的分值如图 7 所示。

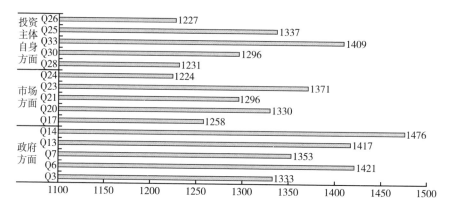

图7 制约民间投资发展的因素

从图7可以看出，政府层面制约民间投资发展的因素有以下几点。一是政府的服务意识，在市场经济下，政府部门应从全局的高度充分认识民营经济发展的重要性，民营项目的实施需要政府政策的保障。二是民间投资的投资领域，长期以来我国实行计划经济的经济体制，对民间投资存在"歧视"以至于民间投资无法进入某些竞争性领域。三是整体的创业环境，对民营企业来说，环境是团队进化的关键因素。四是政策扶持落实不到位，只有政策落实到位，民营企业才能切实享受到来自政府方面的优惠待遇。五是民营企业面临的税负不公，目前我国民营企业税负偏重，税收名目繁多，给民营企业带来了较大的税负压力，不利于民营企业的发展。

市场环境方面制约民间投资的主要因素如下。一是民间投资市场不发达，难以吸引省外资金流入。二是市场上公共的投资意识匮乏，陕西拥有庞大的自然资源，陕北的煤炭资源、陕南的有色金属资源、关中的旅游资源，民间投资没有充分利用这些优势资源。三是省内资本外流，这可能与陕西政策有关，省内缺乏吸引人才和资本的优惠政策，造成资本外流。四是民营企业要素成本提高，近几年经济发展缓慢，但是各要素成本却呈现刚性上升，企业盈利空间缩小。五是缺乏公平的竞争环境，当前民间投资市场信用体系和担保体系不健全，信息不对称、投资风险增加也成为制约民间投资发展的因素。

　　来自民间投资主体方面的制约因素主要有以下几点。一是投资者投资理念落后，存在短视投资问题，陕西的历史环境和长期生活习惯造成民间投资主体缺乏大胆创新思维。二是民间投资规模较小且比较集中，陕西民间投资主要集中在制造业且没有形成规模经济，这可能是与陕西的发展定位有关。三是陕西民营企业家不善于发挥员工的主观能动性，省外民间投资主体主动发挥员工的创造性使得民间投资得到了长远的发展。五是企业家缺乏诚信，我国市场经济的发展机制和社会诚信系统不健全，部分投资主体对企业家精神、社会责任的认识还不到位。

　　2. 省内外民间投资制约因素对比分析

表4　陕西省内外角度民间投资主要制约因素汇总

项目	省内		省外	
	题项	分值	题项	分值
政府方面	Q3	1128	Q1	524
	Q6	1123	Q3	494
	Q7	1096	Q5	493
市场方面	Q17	1054	Q18	475
	Q20	1049	Q22	468
	Q40	1090	Q42	476
投资主体自身方面	Q25	1049	Q28	455
	Q26	1023	Q29	474
	Q29	1074	Q33	459

　　从表4中可以看出，陕西省内外民间投资企业家在政府、市场以及民间投资主体自身方面的差异如下。

　　一是在政府方面，陕西民间投资主要面临政府主动服务意识较差、创客环境不足、开放意识不强以及政策落实不到位的问题。省外民间投资主体则认为陕西民间投资发展不充分的主要原因在于政府官员的发展理念存在差异，且重视短期利益、缺乏主动服务意识和人才引进不合理。

　　二是在市场环境方面，陕西民间投资缺乏公平竞争的市场环境和良好的市场秩序，民间投资市场不发达难以吸引省外资本流入和融资成本高。而省外民间投资主体认为陕西民间投资主要面临民间投资领域存在行政垄断、科技成果转化能力不足和税负压力大等问题。陕西民间投资缺乏良好的市场秩序主要是因为市场体制不完善，社会信用体系、担保体系不健全。民间投资市场不发达难以吸引省外资本流入主要是因为经济下行压力之下，民间投资没有实现合理引导产业基金。融资成本高主要是因为资本市场不发达。

三是在民间投资主体自身方面，陕西主要面临资金来源单一、投资对象小且投资领域较集中和投资理念落后，存在短视投资行为。而省外民间投资主体认为陕西民间投资存在投资地区差异大，分布不均、投资理念落后和缺乏转型升级储备，拓展新领域较困难。这主要与陕西深处内陆的地理区位和长期生活中潜移默化形成的思维模式有关，普遍缺乏大胆创新意识，仅仅依靠省内现有资源发展民营经济，缺乏产业转型升级的物质储备与精神储备。

3. 国有、民营企业制约因素分析

表5　国有企业和民营企业角度陕西民间投资存在的问题

项目	国有		民营	
	题项	分值	题项	分值
政府方面	Q1	763	Q3	590
	Q2	744	Q7	540
	Q11	712	Q10	561
市场方面	Q16	685	Q17	546
	Q18	698	Q20	549
	Q22	689	Q42	568
投资主体自身方面	Q28	665	Q25	532
	Q30	653	Q26	519
	Q33	680	Q29	570

从表5可以看出，国有控股企业和民营企业角度陕西民间投资在政府、市场以及民间投资主体自身方面的差异如下。

一是在政府方面，国有企业认为政府的发展理念、创新意识以及管理机制是影响陕西民间投资的主要因素。这与所处视角的不同有关，国有企业对政府部门的依赖性较强，其发展定位也是取决于政府主要政策。而民营企业则更关注政府的服务意识、开放意识和政策落实问题以及审批方面存在的问题。这是因为民营企业的发展要具备"天时、地利、人和"，而这些问题会阻碍民间投资的发展，使之在宏观方面不具备先天优势。

二是在市场方面，国有企业视角认为陕西民间投资存在市场经济发展水平滞后、民间投资缺乏公平竞争的市场环境，市场秩序和民间投资领域存在自然垄断和行政垄断等问题。从民营企业视角来看，陕西民间投资在市场方面存在缺乏公平竞争环境、资本市场不发达，难以与省外资本竞争、赋税压力大的问题。原因在于：其一，国企和民企的起点不同导致国民待遇不同；其二，与国有企业不同的是，民营企业得不到像国有企业一样获得政府的支持，银行"惜贷、抽贷和断贷"事件的频发，民营企业只好将融资渠道放在资本市场上；其三，赋税压力大，民营企业资本积累的时间较短，资产结构缺乏一定的合理性，资金充足有限，应对市场形势变化的能力较弱。

三是在民间投资主体自身方面，从国有企业角度来看，陕西民间投资存在地区差异大，分布不均，投资者期待的盈利水平过高和民营企业缺乏转型升级储备，拓展新领域困难的问题。而民营企业认为，自身存在投资主体资金来源单一、规模小，投资领域集中和投资理念落后的问题。前两个问题与民营企业自身特性、抵押能力以及社会信用体系有关，最后一个问题主要与"小富即安"、缺乏创新动力有关。

为了进一步探讨陕西民间投资存在的问题以及应对之策，我们举行了民营企业家座谈会，并进入企业进行了实地的调研，以期通过调研和座谈会的方式了解民间投资者和民营企业对于陕西民间投资的看法以及对陕西民间投资的发展建议。通过问卷调查和访谈调研，从政府、市场环境和民间投资主体自身方面寻找了制约因素。从本质上来说主要归结为以下五点：①政府服务意识欠缺；②国有投资、民间投资地位不平等；③民间投资渠道不畅，难以进入中小企业；④民间投资市场吸引力不足；⑤民间投资主体投资意识淡薄。

陕西蓝皮书·经济

三 陕西民间投资发展战略规划

本部分主要对陕西民间投资的环境（优势、劣势、机会、威胁）进行深入分析，进一步制定出陕西的发展战略目标及规划。

（一）SWOT分析

SWOT分析法是将民间投资内部和外部两个方面的条件进行综合考虑和把握，从而探寻陕西民间投资发展所面临的优势、劣势、机会和威胁的一种分析方法。因此，SWOT分析法主要包含四个方面的内容：第一，陕西省内民间投资自身的优势（Strength）；第二，陕西省内民间投资自身的劣势（Weakness）；第三，陕西对比省外民间投资发展面临的外部机会（Opportunity）；第四，陕西对比省外民间投资发展面临的外部威胁（Threat）。具体的SWOT分析矩阵如表6所示。

表6 SWOT分析

内部资源条件 外部环境分析	优势（S） 地理位置优越 能源化工资源充足 高科技水平发达 人力资源丰富 装备制造业先进 交通便利 宽松的落户政策	劣势（W） 民间投资资金资源分布不均 市场开放度和自由度不够 市场隐性壁垒 行政体制不够完善 企业自身素质较低，经营能力不高 法律保障不完善
机会（O） （1）西部大开发战略 （2）政策优惠的机遇 （3）科技创新战略 （4）"一带一路"倡仪	SO策略 增长型 充分利用陕西天然的自身优势和政府出台的一系列优惠政策，促进陕西民营企业的发展	WO策略 转型 利用陕西省政府出台的一系列政策，提高民营企业自身水平，提升民营企业整体水平
威胁（T） （1）民间投资外部环境不理想 （2）内部资本外流 （3）人才向沿海城市流失	ST策略 多样化 放宽市场准入原则，提升陕西民间投资大环境，利用陕西民间投资自身优势，提高陕西民间投资的发展	WT策略 防御性 采用稳妥的方法，完善法律法规，均匀陕西民间投资的资金和资源分布，促进陕西民间投资的均衡发展

通过 SWOT 分析能够看出，民间投资所带来的好处远远超过弊端，因此推动陕西民间投资的发展是一个正确合理的选择。不过对于陕西的相关监督管理部门来讲，还应保持谨慎的原则，防止民间投资不均衡，行政体制不完善所带来的弊端和危害。

（二）战略目标

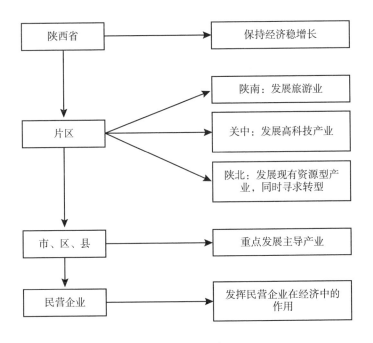

图8　战略目标

长期来讲，要保证陕西民间投资经济稳增长，应促进每个地区发展主导产业。就陕南而言，人文生态资源丰富，全域旅游发展战略形成共识。生态文化旅游产业发展势头迅猛，促使其成为汉中市的支柱性产业。商洛市应该把旅游作为改善消费品供给的主攻方向，坚持以精品景区、文化旅游名镇和美丽乡村建设为抓手，以秦岭生态旅游节为载体，着力提升"秦岭最美是商洛"品牌，大力发展全域旅游。安康市以生态观光和休闲度假为主的旅游业应实现较快增长。

就关中而言，重点发展高新技术产业，关中高新技术产业开发带是指以陇海铁路亚欧大陆桥陕西段为轴线，以西安、宝鸡、杨凌等国家级高新技术产业开发区（示范区）和咸阳、渭南等省级高新技术产业开发试验区为骨干，在轴线两侧的阎良、铜川新区等其他工业基础较好，智力、技术、资金密集区设立若干高新技术产业开发园区或开发点形成的高新技术产业开发园区的带状区域。

就陕北而言，其作为全国能源安全战略保障区、生态安全战略保障区、全国能源化工产业转型发展示范试验区，这是不能放松的。陕北的转型发展要走以能化为主导并且加快产业综合发展的路子，改变能源化工产业独大和过于畸形的发展格局，我们要加大力度发展其他产业，但是能源化工仍然是不可或缺的。积极培育其他的加工制造业、装备制造，包括轻纺工业，过去榆林的那些绒、毛轻纺产业以及现代服务业、现代农业、文化旅游产业的综合发展。

（三）战略规划

1. 技术转化战略

首先，鼓励科技成果就地转移转化，陕西省内科技成果在同等条件下优先在省内转化。对就地成功实施转化的重大科技成果实施双向补助；支持科技成果转化服务机构、众包众筹平台、众创空间和科技企业孵化器建设。其次，推动军工科技成果转移转化。建立军民人才双向流动"人才池"，促进企业孵化；吸引军工单位技术人员入驻"人才池"，5年内保留回原单位的通道；支持科研院所特别是涉军科研院所与地方高等院校以"双导师制"联合培养研究生、联建专业孵化器等方式建立"人才池"。最后，推动大众创业万众创新。鼓励高等院校、研发机构成果完成人创办企业；扩大省科技成果转化引导基金规模；对符合条件的科技型中小企业贷款给予风险补偿。

2. 区域战略规划

陕西处在"一带一路"的连接点上，新形势下，陕西有能力利用好国际国内两个市场、两种资源，把"一带一路"倡仪和西部大开发战略融合起来发展，在服务国家大局中加快陕西民间投资的发展。首先，以"一带一路"建设为重点，坚持"引进来"和"走出去"并重，遵循共商共建共享原则，加强创新能力、开放合作，形成陆海内外联动、东西双向互济的开放格局，使得民间投资走出国门，走向世界。其次，陕西要在"十三五"乃至今后相当长期间，推动绿色产业和绿色企业发展，提高整个经济结构中绿色经济的比重，大力发展循环经济。陕北应该走高端能源化工路线，陕南构建起绿色循环产业体系，关中发展国家级的装备制造业和战略性新兴产业基地。

3. 人才开发战略

陕西应该加快战略性民间投资的企业人才队伍建设，打造具有国内外竞争实力和创新活力的人才集聚区。积极引进高层次人才，继续实施国家、省级各类高层次人才引进战略；积极推动创新人才队伍培养，加强科技创新团队、青年科技新星等人才培养和选拔；大力支持人才自由流动，创新体制机制，鼓励科技人才在高等院校、科研院所和企业之间自由流动；鼓励符合条件的科研人员带科研项目和成果到企业，开展创新工作或创办企业，确保人才留得住。

4. 多元融资战略

陕西应加大财政资金投入力度，转变投入方式，引导民间投资合理进入企业，打造多元化投融资体系。一方面，加强各专项资金的统筹协调，集中力量围绕民间投资的企业相关领域给予重点支持；鼓励政策性银行、商业银行和其他金融机构创新贷款质押模式；加紧实施国家新兴产业创业投资计划，争取新设立一批民间投资的企业专业领域创业投资基金和天使基金，吸引社会资本支持战略性新兴产业发展。另一方面，通过规范民营产业企业股份制改革，积极推动和引导符合条件的企业公开发行上市；引导和鼓励众筹融资平台规范发展，增强众筹对民营产业发展的支撑作用。对于公共性较强、前期投入较大的民营产业项目，探索政府和社会资本合作（PPP）模式，鼓励民营资本与政府进行合作投资建设。

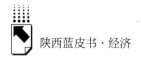

5. 创新体制战略

根据党的十九大精神，创新是引领发展的第一动力，是建设现代化经济体系的战略支撑，也是对民间投资的一大新对策。要瞄准世界科技前沿，强化基础研究，实现前瞻性基础研究、引领性原创成果重大突破；强化战略科技力量，深化科技体制改革，建立以企业为主体、市场为导向、产学研深度融合的技术创新体系；探索适应战略性新兴产业发展的创新体制机制。

四　陕西民间投资发展对策建议

（一）加强政府服务意识

第一，提供容错发展期，减少直接干预。政府需要转变传统观念，给予企业容错发展期，先发展，再对在容错期出现的问题进行规范。并在政策上用从宽代替从紧要求，将政府职能转变为培育辅助者，减少直接干预，把调节职能交还给市场。第二，完善信用体系和担保机制。完善民营企业备案程序，采用公开信用评级制度，政府部门、行业协会和企业交互评级，并建立诚信系统公开信息；由政府带头联合具有实力的企业成立担保公司，以投资、担保和其他金融服务为中小企业提供融资担保、股权投资、履约担保、财务顾问等融资服务。第三，建立综合部门，发展行业协会。成立省部级专门服务于民间投资的综合性部门，运用大数据和互联网提供线上线下的管理审批和配套服务，并组织规范民间投资协会的发展，保障该协会及时检测民间投资发展动态和民间资本投向，及时整合信息资源提供一站式服务。

（二）改善民间投资不公平待遇

第一，深化混合所有制改革。由政府、行业协会和企业共同建立监督机制，及时地监督、反馈和修正以确保资源的合理分配。在操作层面上减少对贷款规模、土地指标、产能数量等的行政干预；鼓励民企收购、兼并、控股参股、转让经营权参与国有经济改革。第二，开放准入，降低壁垒。一方面可以减少行政设限，以一视同仁、效率优先的原则开放准入；另一方面可以通过投资补助、基金注资引导民间资本流向各类领域，降低准入壁垒。第三，取消税负不公，清除不合理收费。一是盘点民企与国企不公纳税点并消除，并优化民企征税政策，给予优惠。二是彻查取消不合理收费项目，比如管理部门垄断性服务收费或强制性"搭车"收费。

（三）拓宽民间投资渠道

第一，发展中小型银行机构，鼓励向民企贷款。一方面可以放宽村镇银行法人出资比例并鼓励民间资本参与设立村镇银行，还可以开放外地银行进入门槛以促进银行体系的市场化竞争；另一方面应制定适合民间投资特点的贷款政策，并鼓励银行机构向民企贷款。第二，规范民间融投资机构，加强民间资本对接。通过查处整改高利率贷款的不规范金融机构、清理融资中介机构收费现象规范民间金融机构的发展。在资本对接方面，首先可以设立和发展创业风投、私募、民营风投基金等投资优势产业项目，其次可以利用国际金融机构贷款发展民间投资项目，最后在招商引资方面建立独立于政府之外独立发展的招商企业作为政府与企业之间的桥梁。第三，鼓励国有投资和民间投资结合。政府应拿出回报率高、资金投入小、回收周期短的项目与民间资本对接，运用投资补助、基金注资、担保补贴、贷款贴息等方式引导民间投资进入重点项目，或者用产权转让的方式鼓励民间投资参与国有企业改革。

（四）提升民间投资市场吸引力

第一，完善投资市场体制。可以通过减少前置性审批、合并关联事项、建立网上审批渠道来理顺审批事项，并把监管和稳秩交给行业监管协会，由第三方协会组织监管和维权工作、公布投资信息、提供法规咨询，引导民间投资进入国家亟须发展的领域。而政府则负责引导市场秩序，提供质量、安全、环保标准等方面的监管，执行反垄断和反不当竞争的执法工作，培育审计、会计及法律等服务环境。第二，发展产业集群。根据不同地区的资源优势引导产业集群发展，整合供应链和销售链资源，达到产业链优化管理、形成统一的产业链和产业园区从而吸引民间资本进入。并加强产业园区的配套建设和环境培育，特定情况下可以给予税收优惠和财政补贴，减免土地厂房租赁费用等，以此将民间投资引入县域。还应在高新技术产业方面通过技术转让、联合开发、技术租赁费用促进科研成果就地转化，并建立高科技园区和孵化器，成立高科技项目补贴基金。

（五）增强投资主体意识

第一，加强投资引导。由政府带头，行业协会和企业家共同参与，通过定期的创业指导课程、投资引导论坛、投资大会和陕商大会等引导企业家正确看待经济形势和行业现状，对投资进行合理、良性的预期。第二，企业自身提高经营能力和守德意识。首先，在经营方面要提高管理能力并引入先进的管理理念。其次，要完善治理结构，如法人治理结构、董事会和监事制度。再次，运用高科技手段提高企业的技术和创新能力，促进高新技术由高校向民营企业流动。最后，要提高企业家和员工的素质和守德意识，树立诚信和责任意识。第三，政府引导企业的健康发展。通过建立信息网络来为投资者提供产品、经营和市场信息。此外，可以提供民营企业服务平台来提供员工培训、专业咨询、财务和企业管理咨询等综合服务。为了促进企业的长远发展政府还可以通过出口优惠政策和引导注册商标来支持企业开展进出口业务、发展自主品牌。

陕西民间投资的稳增长和良好发展取决于多方面因素，需要多方的共同努力，本文所提出的关于服务意识、公平待遇、投资渠道、投资市场及投资意识的相关对策对民间投资的扩大与稳增长将起到积极作用，预期能够从深层次缓解目前陕西民间投资发展的窘境。

区 域 篇

Regional Reports

B.9
陕西建设关中平原城市群研究

裴成荣　顾菁*

摘　要：　《关中平原城市群发展规划》提出，以建设具有国际影响力
的国家级城市群为目标，以深度融入"一带一路"建设为统
领，以创新驱动发展、军民融合发展为动力，以延续中华文
脉、体现中国元素的风貌塑造为特色，加快高端要素和现代
产业集聚发展，提升人口和经济集聚水平，打造内陆改革开
放新高地，充分发挥关中平原城市群对西北地区发展的核心
引领作用和我国向西开放的战略支撑作用。基于这一目标，
通过对陕西关中平原城市群发展现状的分析及建设面临的突
出问题，提出了陕西建设关中平原城市群要以建设西安国家
中心城市为龙头，促进关中平原城市群协同发展；以新发展

* 裴成荣，陕西省社会科学院学术委员会副主任、经济研究所所长、二级研究员；顾菁，陕西
省社会科学院经济研究所助理研究员，博士研究生。

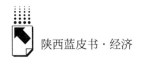
理念为引领，打造关中平原城市群新增长极；以"三个经济"为抓手，培育关中平原城市群协同发展新动力；以自贸区建设为依托，建设关中平原城市群内陆改革开放新高地等对策建议。

关键词： 陕西 关中平原城市群 "一带一路"建设

2018年2月17日国务院批复的《关中平原城市群发展规划》提出，要全面贯彻党的十九大精神，以习近平新时代中国特色社会主义思想为指导，统筹推进"五位一体"总体布局和协调推进"四个全面"战略布局，牢固树立和贯彻落实新发展理念，以供给侧结构性改革为主线，加快培育发展新动能，拓展发展新空间，以建设具有国际影响力的国家级城市群为目标，以深度融入"一带一路"建设为统领，以创新驱动发展、军民融合发展为动力，以延续中华文脉、体现中国元素的风貌塑造为特色，加快高端要素和现代产业集聚发展，提升人口和经济集聚水平，打造内陆改革开放新高地，充分发挥关中平原城市群对西北地区发展的核心引领作用和我国向西开放的战略支撑作用。站在新的历史起点上，审视关中平原城市群的定位与发展目标，陕西建设关中平原城市群，既需要抓住时代赋予关中平原城市群的历史机遇，也需要从实际出发，进一步明晰关中平原城市群发展面临的问题，围绕定位和目标，进行精准施策。

一 陕西建设关中平原城市群面临的突出问题

（一）陕西关中平原城市群发展现状

陕西关中平原城市群拥有西安1个特大型城市，宝鸡1个大城市，咸阳、铜川、渭南3个中等城市，1个国家级示范区杨凌。其中西安是西北地区唯一的特大综合型城市，咸阳、宝鸡、韩城、铜川是城市群中的次级枢纽，华阴、兴平、彬州市等县域中心城市是城市群县域经济强有力的增长点。这些共同构成了关中平原城市群城市体系的重要组成部分。

从关中平原城市群产业结构看，第二产业占据主导地位，以装备制造业及传统的资源型产业为主，逐步形成包括航空航天、电子机械、汽车制造等一大批特色产业部门。随着第三产业所占比重不断上升，产业结构由"二、三、一"逐步向"三、二、一"倾斜。关中平原城市群拥有西北唯一的内陆型自由贸易试验区，还拥有一批国家级产业园区，承担着改革创新试验，探索军民深度融合新路径等一系列国家重大改革创新任务。

从关中平原城市群内部要素禀赋看，高校和科研院所的富集为城市群提供了丰富的技术与人才资源，平均每万人 R&D 人员数为 8.36 人，R&D 机构数 111 个，高校数量排名全国第三，人才创新创业基地众多，是全国重要的高层人才基地、西北地区最主要的人才集聚中心，在技术研发和科技创新等方面具有明显的先发优势。

从城市群内文化联系看，关中平原城市群历史悠久，有着灿烂辉煌的历史文化瑰宝，为关中平原城市群的发展奠定了深厚的文化基础。西安作为十三朝古都，与关中平原城市群内各城市文化同源、人缘相亲、民俗相近，成为城市建设和拉动其他产业发展的引擎。

（二）建设关中平原城市群面临的突出问题

一是城市群内部面临着较大的体制机制制约。复杂的行政分割是大西安建设面临的首要问题，西安市、咸阳市、西咸新区"二足鼎立"，片区之间各自为政，西安、咸阳之间存在恶性竞争，争夺项目、政策及用地等资源，协调发展效果不明显，极大影响了西咸一体化进程。西咸新区虽然从 2017 年 1 月由西安代管，但管理中仍然面临很多障碍。同时，关中平原城市群内各类园区数量日益增多，但各自为政，不同行政单元的开发区之间存在产业同构、无序竞争等问题，导致产业间关联度较低且竞争性明显。比较极端的如西咸新区，就有包括空港综合保税区、临空产业园区等 7 大省级园区，在

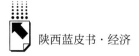

经济新常态的现状下协同整合困难，整体产业空间布局呈现碎片化，片区间缺乏衔接，导致板块经济特征明显。

二是结构性矛盾固化，经济发展迟滞。关中平原城市群内部产业结构优化提升速度缓慢，与全国其他城市群相比较处于中游水平，结构层次偏低，产业结构优化任务艰巨。目前产业发展以制造业为主，相对集中在航天、军工领域。高端产业主要集中在投资主导、自上而下的大企业；自下而上的创新量较少，这使得城市群内部创新动力不足。实际外商直接投资额与周边成渝城市群、中原城市群具有较大差距，外向型经济发展滞后。企业转型升级困难，尤其是民营经济产业规模偏小，发展缓慢，比重较低，一定程度上制约了地区经济发展活力。

三是城市群经济实力不强，核心城市竞争力不高，城市间职能分工协作不够。关中平原城市群发展时间短、城市数量少、经济规模总量相对较小。截至2017年底，关中平原城市群10市1区占地16.20万平方公里，常住人口总量4243.17万人，地区生产总值仅占陕西总量的19.84%、甘肃的41.75%、山西的43.14%。与其他城市群相比，关中平原城市群属于中小型城市群，城市群经济与人口的整体集中度与首位联系度均较高，核心城市西安一城独秀，其余均为人口规模100万左右的中等城市且发展动力不足，大中小城市之间缺乏协作，空间呈现单中心集聚特点，这种跳跃型结构不利于核心城市（西安）发挥其辐射作用，推动城市群的协同发展。

四是产业同质化严重，区域内部分工没有形成。关中平原城市群未能充分发挥市场、企业在科技成果转化应用方面的优势，存在较为明显的"经济与科技两张皮"现象，市场运行体制有待完善。科技产品转化能力不足，专利多，产品少，利润低，市场化程度不高，制约了区域经济发展活力。城市群内部产业结构同质化严重，产业分工不明显，产业关联程度有限，面临着较为明显的区域竞争，在一定程度上阻碍了区域分工的形成，城市群内难以形成区域内有效合作。

五是资源环境约束趋强，生态超载严重。关中平原城市群生态压力日趋加大，资源环境对城市群发展的约束主要表现如下。①水环境污染排放大。

污水处理跟不上工业废水及生活污水的排废增长，水污染的叠加效应导致地表及地下水均受污严重，特别是渭河中下游段干流与支流水域。同时，地下水严重超采，沿渭河城市地下水超采现象突出，局部地区已形成区域降落漏斗。②大气污染加剧。工业污染、扬尘污染、机动车污染、生物质燃烧污染是当期主要污染源，雾霾或污染天数占30%以上，自从建立了污染联防联控机制，空气质量有所好转但有害气体排放量仍然很大。③森林覆盖率较低、崩滑流地质问题灾害成群、湿陷性黄土影响基础设施建设、水土流失较为严重，渭北台塬及河流沿岸水土流失问题突出。④工业固体废弃物的利用率和生活垃圾处理率虽有部分提升，但是跟不上固体废弃物增加的速度，亟须提升对生活垃圾无害化的处理效率。⑤城市环境遭到破坏，而城市群人口的剧增、城市群建筑的密集，城市绿化带的缺乏加剧了各个城市的气候变暖效应，热岛效应显著。

二　以建设西安国家中心城市为龙头，促进关中平原城市群协同发展

建设"品质"西安，强化西安的辐射功能，全面提升其产业集聚、对外交往、文化互联、科技创新、综合服务等功能，将西安打造成为带动大关中、引领大西北、具有国际竞争力的国家中心城市，积极服务"一带一路"、亚欧合作交流。

（一）提升关中平原城市群核心城市的能级

西安要发挥辐射带动、引领示范、服务支撑三大作用，必须要加强西部地区"三中心两高地"及国家综合交通枢纽六维支撑体系的建设。推动人口、资本、科技等发展要素的集聚，形成"3+1"万亿级产业集群。这些对外交往、科技创新、内陆开放、交通枢纽等支撑功能不仅能为西安补齐短板，提升承载力，更能为周边地区提供技术支撑，服务保障而建设，使其赢得更广泛的市场认可和价值认同，提升区域合作水平。

（二）推进区域设施通达和环境友好建设

将西安打造成为以辐射关中平原城市群为目标，以深度参与"一带一路"建设为重点的国际性综合交通枢纽。一是构建西安对外运输大通道以高铁、普铁、高速公路为骨干，推进西安—银川、西安—十堰等高铁建设，增加西安与周边城市的通达性。二是加快西安外环高速公路南段建设，重点推进北客栈至咸阳机场，西安至法门寺等城际铁路建设，增强骨干通道客运枢纽、物流中心的快速衔接和集散能力。三是依托西安物流大数据中心建设加快实施智慧物流工程，提升物流信息化和现代化水平。四是推进大气污染联防联控，协同推进移动源、生活源、农业源与产业排放源的综合治理。五是持续巩固渭河流域联防联治成果，形成渭河水污染治理常态化机制。

（三）共建协作高效的关中平原城市群现代产业体系

以全面创新改革试验为依托，以西安自主创新示范区的建设为抓手，推动创新链、产业链双向互动，构建以技术密集型、知识密集型为核心的现代产业体系。发挥西安军工基地多、陇海通道沿线军工企业密集特点，集中布局一批央地、部省、省市共建军民融合产业园，打造以西安为中心、横贯关中平原的军民融合产业带。强化政策扶植的精准性，加强产业配套，优化集群经济的发展环境，建立相对完整的创新生态圈，健全帮扶企业的工作联动机制，形成以市场为主体的创新企业孵化平台。

（四）创新合作模式，推动资源跨区域流动

国家八部委联合支持的"飞地经济"为西安打破行政区划界限，创新区域合作模式提供了有力支撑。西安需要坚持合作共建，采取"优质资源跨区域整合模式""产业链跨区域垂直整合模式""贴牌生产的区级代工模式"等，在周边城市探索共建"飞地园区"，优化城市群产业功能布局。借鉴"富阎产业合作园"共建模式，在西安与咸阳、渭南等交界处的成熟区

域，创新一体化、同城化合作机制，以"互换区域代管""区域共建"等模式，聚焦多方资源优势，形成相向发展合力。

（五）以共建共享为目标，推进公共服务合作不断深化

贯彻以人民为中心的发展理念，推进关中平原城市群区域公共服务共建共享。一是依托关中地区丰厚的文化资源，建立跨地区文化联盟，实施招商引智工程，深挖文化资源的社会效益、经济效益，推动关中精品文化便民惠民。二是积极发挥教育资源优势，推进多形式的跨地区教育合作，推动跨地区教育资源的共享，鼓励本地高校与周边地区加强战略合作，积极搭建共享型科研实验室和实训基地。三是发挥西安医疗资源密集优势，推动医疗联合体建设，鼓励医疗机构与周边城市建立协作关系共享优质医疗资源。

三　以新发展理念为引领，打造关中平原城市群新增长极

结合新一轮省域城镇体系规划编制，进一步优化关中平原城市群规模等级和结构，做大做强核心板块西安市，做大地级城市，做强小城市，做优小城镇，促进大中小城市优势互补与协同发展，加快培育发展轴带和增长极点，提高各类空间发展效能。

（一）构建与资源环境承载能力相适应的空间格局

以"一圈一轴三带"城镇空间规划为依据，优化城市群区块结构。"一圈"即大西安都市圈，推动西咸新区管理体制调整，加速西安、咸阳一体化进程，推动阎良、临潼、兴平等外围组团功能，打造辐射西北地区、融入"一带一路"、发挥国际影响力的现代化城市圈。"一轴"是指陇海—连霍主轴，西联甘、青、新疆等省区和部分丝路沿线国家（地区），东接中原和沿海地区，要充分发挥西安的枢纽及门户地位，强化宝鸡、渭南、杨凌等聚集

吸附能力，加强沿线各城市的分工协作，构建现代化产业基地和城镇带。"三带"为包茂发展带、京昆发展带及福银发展带，推动韩城—河津、彬州市—长武—旬邑一体化发展，促进铜川融入大西安都市圈，带动延安、汉中、榆林、安康等地发展，形成包茂联通西南西北、京昆对接京津冀、福银对接长江经济带和宁夏等省区的发展格局。

（二）做大节点城市

积极贯彻"一市一策"，提升宝鸡、咸阳、铜川、渭南、商洛、杨凌、韩城等城市和示范区的城市规模，培养城市的综合服务能力，提升管理水平，增加城市的承载力，加强对城市群发展的战略支撑作用。依托特色资源和专业人才，优化先进装备制造、高新技术、现代农业、现代服务业等产业布局。支持宝鸡建成关中平原城市群副中心城市。加强经济协作，推动富平—阎良、杨凌—武功—周至、韩城—河津—万荣经济一体化发展，打造次区域增长极。

（三）培育发展新增长点

结合县域资源禀赋，持续做强县域经济。扶持骨干龙头企业，主动对接国内外大型企业，形成"引进一个、带动一批"的集聚效应。支持依托国家（省）级园（开发）区或大型企业集团对县域产业园区实施托管运营，激励园区提升投资水平，盘活闲置资产。规划韩城—临汾—运城城际铁路，强化产业协作，共建产业联盟，培育沿黄生态城镇带新极点。提升兴平、华阴等城市基础设施和公共服务水平，增强人口集聚能力。积极推进行政区划调整，加快蒲城、凤翔等撤县设市改区步伐。发挥陕西县域经济发展和城镇建设专项资金作用，创新城镇化投融资机制。

（四）加快发展特色小（城）镇

推动特大镇扩权赋能和设市工作，持续推进省级重点示范镇和文化旅游名镇建设，打造县域副中心和宜居宜游特色镇。按照产业特色鲜明、市场环境完善、政府引导明晰的模式，重点在文化旅游、新兴产业、现代农业等方面创建省级特色小镇。

（五）促进城乡融合发展

抓好特色产业设施化推进、现代农业要素聚集、产业扶贫精准脱贫攻坚等七大行动，创新农业经营体系，重点打造杨凌、洛川国家级现代农业产业园。统一社会保障制度、完善就业帮扶制度，整合城乡间资源要素的流动通道提升流通效率，优化公共资源配置。大力实施通村组公路建设和通村公路"油返砂"整治，稳步提升农村自来水普及率和集中供水覆盖率，加快"气化农村"工程步伐，推进新一轮农村电网改造升级，建设"宽带乡村"示范工程，推动城乡市场一体化建设，实现基础设施的互联互通，完善公共服务一体化进程，健全利益协调机制。

（六）推进生态共建环境共治

树立节约、利用保护土地和水资源的观念，采取有效措施，重点建设秦岭、黄河生态环保工程项目。南起秦巴山地生态屏障，北至黄土高原生态屏障，中贯渭河沿岸生态带，构建关中地区"Y"形生态安全战略主体骨架。将黄河、渭河、泾河等列为重点水产种质资源保护区，以湿地滩涂等重要生态板块为补充，建设绿色生态廊道。完善重点污染源的监控体系，提高对整体环境质量的综合分析能力，加强环境污染跨区域联合执法，提标改造污染物处理设施，提升污染物无害化处置水平。

四 以"三个经济"为抓手，培育关中平原城市群协同发展新动力

大力发展"三个经济"，促进人才、资金、信息等资源在陕西的汇聚涌流，形成陆海内外联动、东西双向互济的开放格局，推进陕西关中平原城市群与"一带一路"沿线国家经济合作和人文交流新模式。

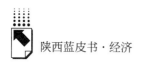
（一）不断提升交通、物流、商贸枢纽地位

关中平原城市群要建设成具有国际影响力的城市群，从国家战略高度，迫切需要国家在口岸体系建设及临空产业园区建设方面予以大力支持，希望在国家政策的支持下，把西安国际港务区打造成亚欧合作的桥梁，全国最大的陆港，将西安咸阳机场建设成为国际对外门户，国际航空枢纽，推动区域化大通关合作，努力创造国际商贸流通的便利条件。加快以西安为中心的高铁网络、综合交通枢纽建设。把西安建设成新亚欧大陆桥经济走廊的物流集散新中心，亚欧合作的重要基地。

（二）加强国际产能合作，积极融入"一带一路"

国际产能合作是"一带一路"建设的重要内容。陕西发展门户经济，要参与国际产能合作、适应国际与国内不同的市场环境，发挥不同的资源优势，通过资源整合实现产业耦合，通过与俄罗斯、吉尔吉斯斯坦、哈萨克斯坦、韩国等多个国家合作建设国际产业合作专业园区，推动电子信息、汽车、现代农业、新能源、新医药、航空制造等多个领域的项目合作。同时，陕西要抓住"一带一路"机遇，积极"走出去"，主动联合更多的城市，合力推动海外的园区合作。建立创业投资合作机制，通过在海外项目的设计、采购、施工、承包以及组建联合体等形式，为国际产能合作开辟新道路，拓展新空间，赢得新机遇。

（三）建设中国西部科技创新中心

陕西具有显著的科技创新优势和扎实的科技创新基础，拥有科技在职人员 110 万人，高等院校 108 所，其高校密度和高等受教育人数名列前茅。陕西要充分发挥科研优势，鼓励高校、科研机关、企业积极参与"一带一路"沿线国家与地区的合作项目，完善科技创新合作机制，融入国际创新体系。一方面加强科技项目合作，围绕产业方向提升对外科技创新合作水平，推动联合技术攻关项目的立项与实施。另一方面开展人才联合培养，利用好

"新丝绸之路大学联盟"、人文交流服务平台、"丝绸之路经济带"教育文化研究交流中心深化国际教育培训合作，探索国际化创新人才培养的新路径。

（四）打造国际旅游枢纽

将陕西打造为国际旅游枢纽，不断完善各地旅游的软件和硬件设施，统筹协调客流、旅游资金、旅游人才、旅游信息等资源，加强对历史文化资源的深度开发，打造丝路起点旅游项目、秦岭山水人文生态项目、红色旅游项目、周秦汉唐系列文化遗址旅游等众多世界级旅游品牌。加快配套现代化服务业的发展，推进关中地区的城镇化进程，在关中平原城市群打造既具有明显地方特色和文化历史底蕴，又拥有良好现代化服务环境的国际旅游中心。

（五）建设国际金融创新合作中心

多层次的现代化金融体系已在陕西扎根，众多国内外知名金融机构的西部总部在陕落户运营。未来几年，还需进一步扩大在金融领域的互动与合作，推动离岸金融和跨境双向人民币资金池业务，打造"丝绸之路经济带"能源交易和结算平台，推动"丝绸之路经济带"国家文化金融创新示范区建设，搭建"一带一路"国际金融网络信息服务平台，进一步提升金融服务国际经贸合作的能力。深化"一带一路"金融服务，推动跨境投融资、跨境结算、贸易金融等产品和服务创新。扩大金融改革对外开放，发展新金融，构建新金融产业生态圈。

五 以自贸区建设为依托，建设关中平原城市群内陆改革开放新高地

对接国际化准则，放宽市场和产业的开放度，提升贸易和投资自由化服务水平，加大西部开放力度。赋予自由贸易试验区更大改革自主权，加快培育国际经济合作和竞争新优势，使陕西成为向西开放、向东集散、辐射全国的新型开放门户，提升国际合作水平。

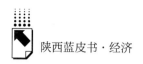
（一）加快自贸区建设

为积极融入经济全球化，陕西要充分利用"一带一路"提供的历史性机遇，不断激发外向型经济新活力。陕西自贸区是西北地区唯一一个自贸区，是陕西贯彻"五新"战略，在关中平原城市群发挥增长极功能以及辐射功能的重要支点，是西部内陆开发开放新格局的重要门户。陕西要紧紧抓住自贸区建设提供的重大机遇，推动开放机制体制创新，大幅提升贸易便利化，积极探索投资自由化，以自贸区作为全面深化改革、激活开放活力的重要切入点，构建更高层次开放型经济体系。

（二）提升国际合作水平

推动哈萨克斯坦纺织工业园、吉尔吉斯斯坦石油炼化园、中白工业园、中美农业科技产业园、中哈现代农业示范园等境外合作园区建设，打造"一带一路"示范项目。支持陕西重点优势企业"走出去"，构建境外研发生产中心，提升企业在全球配置资源能力。积极培育外贸综合服务企业，支持企业在哈萨克斯坦、德国、匈牙利等设立"海外仓"和国际营销服务网点，在重点边境口岸设立陕西品牌展示中心，带动优势产品出口。

（三）推进西咸新区空港新城综合保税区建设

陕西近几年对外开放步伐不断加快，进出口贸易增速在全国排在前列。海关特殊监管区、加工区，无论是从面积还是数量在西部地区都是第一，彰显了内陆地区建设综合保税区的良好基础。西咸新区空港新城是陕西对外开放的重要门户，目前引进的东航—赛峰飞机起落架深度维修项目、法国梅里众城生物疫苗项目，以及正在洽谈的 UPS 和中兴通讯项目等项目都迫切需要综合保税区功能支持。加快启动陕西西咸综合保税区的建设，积极推动西咸保税物流中心的转型升级，对于加快陕西优化营商环境，构筑内陆开放新门户具有重要意义。

（四）加快口岸体系建设

口岸是对外开放的门户和经贸合作的桥梁。关中平原城市群的口岸产业链不完善，基础设施的滞后成为口岸建设的首要问题，口岸运行普遍存在通关时间较长、航空口岸开放不足、对口人才紧缺、口岸协会发挥的作用有限等问题。全方位提升投资贸易便利化水平，进一步优化完善口岸布局，促进口岸开放平台互联互通，推广电子口岸形成与"一带一路"沿线主要口岸群紧密合作、辐射西部、联结东部主要经济体的口岸开放新格局，努力把陕西口岸打造成关中平原城市群对外开放的"排头兵"，城市群外向经济发展的新引擎。

参考文献

胡和平：《立足优势打造"五大中心"》，《人民周刊》2016 年第 16 期。

彭勃阳、李卉、苏青：《把西安建成国际性综合交通枢纽》，《新西部》2017 年第 27 期。

杨国彪：《加强党的集中统一领导　开启中国特色大国外交新征程》，《求知》2017 年第 12 期。

B.10
陕西建设高水平自贸试验区研究*

陕西省社会科学院经济研究所课题组**

摘　要：　加快实施自由贸易区战略是我国新时期对外开放的重要内容。陕西自贸试验区挂牌运行一周年来，形成了一批富有特色的"陕西经验"，但对标国际水平及与高水平自贸区建设要求相比，还存在较大差距。本文通过对习近平总书记关于自贸区"三是三不是"的再认识，从对标国际高水平自贸试验区视角，提出了陕西建设高水平自贸区要加快自贸试验区管理体制机制创新，推动片区间协同发展；强化自贸试验区与所在各类园区的协同融合；以中欧班列为纽带加强与中西部自贸试验区建设的协同创新；建设"一带一路"金融服务中心，创新人才引进机制，拓宽人才培养渠道等对策建议。

关键词：　陕西　自贸试验区　机制创新

　　党的十九大报告提出，我国经济已由高速增长阶段转向高质量发展阶段，正处在转变发展方式、优化经济结构、转换增长动力的攻关期，建设现代化经济体系是跨越关口的迫切要求和我国发展的战略目标。陕西作为"古丝绸之路"的起点，是我国对外开放的重要"门户"，是"一带一路"

---

　　* 本报告系2018年度陕西省统计科学研究项目"陕西省'三个经济'发展路径研究"阶段性成果。
　　** 课题组负责人：裴成荣；主要成员：顾菁、张馨；执笔人：裴成荣、顾菁。

六大经济走廊中"新亚欧大陆桥经济走廊"的核心区，是连接欧亚、贯通东西的重要区域，具备天然的交通枢纽地位和门户地位。站在新时代的起点上，陕西要书写"追赶超越"的新篇章，必须加快培育陕西经济发展的新动力，构建高效的开放环境。高水平自贸试验区的建设，是陕西进行体制机制创新的重要平台，是陕西建设内陆开放新高地的重要抓手，也是陕西不断提升开放度的重要举措。

一 自贸试验区是陕西对外开放的重要平台

自由贸易试验区（以下简称自贸试验区）作为"一带一路"的重要支点和开放门户，在我国各类经济区中，具有最高的自由化程度，也是我国实现全面改革、不断增强改革开放力度的重要抓手。从上海自贸试验区的创设，到第二批、第三批自贸试验区的获批，从沿海开放前沿，到长江经济带与新亚欧大陆桥，我国自贸试验区建设步伐不断加快，空间布局不断向内陆拓展。陕西自贸试验区作为西北地区唯一一个自贸试验区，其发展定位于制度创新，以创建可复制推广的创新样本为基本要求，是陕西融入"一带一路"，发挥科教与人文优势，打造内陆开放新高地，实现向西开放、向东集散、辐射"一带一路"沿线国家和地区的经济和文化门户。2017年4月陕西自贸试验区挂牌运行。一年多来，陕西自贸试验区充分响应国家"一带一路"和西部大开发的战略号召，有效增强西部城市的开放活力，带动西部内陆地区的全面发展，增进不同区域间的经济、文化交流，充分发挥其改革开放"试验田"的作用。陕西为了建设高端、完善的自贸园区，在优化营商环境，提升法治化、国际化水平；投资提供便利条件，提升产业发展层次、优化金融服务水平；增进文化交流等各个方面进行了积极探索，形成了一批具有一定系统集成特点、在西部乃至全国具有较强的复制推广性的制度创新案例。凭借"一带一路"东风，陕西对外开放不断迈上新台阶，自贸试验区建设已经成为陕西发展"门户经济"，全面实现对外开放战略的重要载体。

二 陕西自贸试验区建设进展情况

陕西自贸试验区面积共计 119.95 平方公里，包含三个片区：西安中心片区（87.76 平方公里）、西安国际港务区片区（26.43 平方公里）和杨凌示范区片区（5.76 平方公里）；分为 9 个功能区：中心片区含西安高新区、西安经开区、空港新城、秦汉新城、沣东新城、能源金贸等 6 个功能区，西安港务区片区含西安国际港务区和西安浐灞生态区 2 个功能区，杨凌示范区片区单独作为 1 个功能区。按照国务院对陕西自贸试验区的定位要求和主要任务，2017 年 6 月，陕西制定了《中国（陕西）自由贸易试验区总体方案任务分工》，将 7 个方面 21 条内容分解为 165 项试点任务，其中复制类 84 项，非复制类 75 项，双试联动类 6 项。一年来，经过全面探索，陕西自贸试验区建设进展顺利，形成了一批富有特色的"陕西经验"。

（一）围绕总方案，高效推进试点任务

陕西按照《陕西自贸区建设方案》不断完善工作台账和责任清单，实行全程项目化、目标化、动态化管理。目前，《陕西自贸区建设总体方案》中已全面开启 165 项试点任务，简化"资金池"管理等项试点任务全面完成，对上海、广东、天津、福建等前两批自贸试验区 123 项试点经验进行了复制推广。

（二）差别化改革与制度创新取得初步成果

形成制度创新案例 118 个，经第三方评估认定有 84 个案例创新性强，具有一定的系统集成特点，在西部乃至全国具有较强的复制推广性。西咸新区"微信办照"受到李克强总理肯定；国际港务区"铁路运输方式舱单归并模式"在全国复制推广，杨凌示范区"积极打造'一带一路'现代农业国家合作中心"的经验和陕西出入境检验检疫局"创新推进中欧班列发展，推动面向国际物流通道建设"的做法，被推广到 11 个自贸区所在省市人民

政府借鉴；杨凌示范区"农业全产业链的生产经营模式"被商务部作为自贸试验区创新亮点对外发布。

（三）"放管服"改革加快推进

在全面推进"一口受理、多证合一、多项联办"服务新模式的基础上，启动"证照分离"试点，企业工商登记注册实现全程电子化。213 项省级管理事权下放或委托自贸试验区进行办理。在全国率先将"人民银行开户许可"纳入联办事项。在自贸试验区打造政务服务平台，实现内部监管信息的共享。积极探索"一枚公章管审批、一支队伍管执法"的政府管理新模式，以"六双"（行政审批"双告知、双反馈、双跟踪"机制；通过"双随机、双评估、双公示"方式，对企业情况进行检查）为主要内容的事中事后监管机制开始试点。

（四）投资贸易便利化水平快速提升

外资准入国民待遇加负面清单管理模式全面推开。融合了陕西"通丝路"、出口水果电子监管及质量追溯系统两个特色应用服务功能的国家标准版国际贸易"单一窗口"上线运行，联合西安海关和检验检疫部门建立自贸试验区货物状态分类监管制度，创新推进"货站前移""舱单归并"等24 项监管服务措施，使通关效率提升30% 以上。企业"走出去""一站式"服务平台正式上线，可以为全省企业"走出去"提供全流程一体化服务。加快推行"多评合一""多图联审""一口受理、并联审批"等投资项目审批试点，大幅压缩审批时限。制定了《推进"一带一路"国家执法网络建设工作方案》《加强"一带一路"建设境外安全保障工作实施方案》，提升政务服务水平。

（五）金融服务创新步伐不断加快

陕西相继制定30 多条具体措施，推动自贸试验区金融业的发展，将区域内的各类金融服务公司及机构的审批权和监管区授予自贸试验区。为跨境电

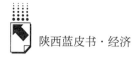

商提供"通丝路"人民币结算系统、在线报关、在线报检等一站式服务。制定了《陕西自贸区基金产品参与内地与香港基金互认参考指引》,支持自贸试验区范围内符合条件的基金产品参与内地与香港基金产品互认,自贸试验区内企业首只2亿美元境外债券在香港成功发行。将商业保理纳入自贸试验区"一口受理"范围,引进了中核工业、京东金融等商业保理企业。截至2018年9月,陕西融资租赁企业达128户,自贸试验区的金融服务机构共有174家,人民币结算总额高达339.23亿元,其交易范围覆盖了全球100多个国家及地区。灞柳基金小镇吸引260余家基金入驻,基金审批管理规模超2000亿元。

(六)保障体系建设不断完善

陕西自贸试验区成立了自贸区工作领导小组,组建了自贸试验区工作办公室。设立了西安、杨凌示范区、西咸新区三个管委会,各功能区设立了工作办公室,省级各有关部门也建立了协调工作机制。建立了省自贸试验区工作领导小组会议制度和省自贸办周例会制度,制定《自贸试验区改革试点经验总结评估推广工作制度》《自贸区建设督促检查工作机制》《自贸试验区信息报送制度》《陕西自贸试验区统计报表制度(试行)》等;启用第三方机构对自贸试验区建设制度创新评估与建设成效评估机制;与西安交通大学合作成立了自贸试验区研究院等;积极探索投资仲裁、专业法院、商事调解、临时仲裁、域外仲裁等制度创新举措,在自贸试验区内新设了知识产权专业法庭,与中国贸促会合作建设了丝绸之路仲裁中心。陕西自贸试验区建设的四梁八柱制度框架基本形成。

三 陕西自贸试验区建设存在的主要问题

(一)行政关系复杂,协同难度大

陕西自贸试验区由三个片区构成,分为9个功能区。由于空间布局分属不同的行政范围,管理体制复杂,在实际运行过程中,各自为政,使得自贸试验区许多改革任务超出了自贸办管理范畴。各功能区资源共享与服务协同无法实现，造成重复建设，直接影响运行效率。如何理顺现有管理体制，加强各功能区的协同，提升政府服务的高效性，提供国际化的营商环境，是目前面临的首要问题。

（二）复制经验多，系统创新不足

自贸试验区目前片区发展水平差距较大，改革步调不一致，创新政策碎片化十分严重，且偏重于点上的突破，改革创新的系统性、集成度还不足，尚未形成系统合力，制约了整个自贸试验区的改革创新进程。由于差异化改革和特色案例培育工作处于起步阶段，导致区内自主原创措施较少，多为复制其他自贸试验区的外地政策措施，缺乏针对内陆型自贸试验区建设的相应创新措施，可复制推广性不强。

（三）管理创新不足，法制环境待优化

自贸试验区整体管理制度创新度不高，相对于国际环境，市场规范化程度相对较低。同时，自贸试验区内法制环境仍待优化，相关法律服务及相关配套措施都尚未完善，法律保障尚存在法律效力等级较低等问题，这使得整体投资环境并未达到预期水平，导致了自贸试验区金字招牌的吸引力和带动力释放不完全，对外资企业的吸引力不足，外资企业数量少等问题。

（四）金融机构不足，融资渠道单一

陕西地处内陆，金融行业发展缓慢，主要还是运用各类传统融资工具及手段，例如银行、保险、证券等，自贸试验区金融行业应该具备的创新性没有得到体现。陕西自贸试验区融资渠道以商业银行为主，证券市场这一直接融资工具的应用程度很低，融资渠道单一和融资环境不完善，严重影响了企业融资成本，尤其是中小企业。从直接融资的层面看，陕西企业总量少，规模小，总部经济并未形成，自贸试验区中的企业亦是如此，普遍面临"融资又难又贵"的问题，严重降低了金融市场的活力。

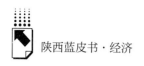

（五）专业人才严重短缺，行政效率亟待提高

在管理层面上，目前各片区管委会专司自贸试验区职能的部门有限，工作人员相对不足。专业技术人员的缺乏，影响了行政效率，尤其是"放管服"中的放权效果。此外，自贸试验区熟悉自贸的专业人才亦严重短缺。陕西自贸试验区要打造面向"一带一路"国家经济合作与人文交流的重要支点，需要大量懂外语、文化风俗、外国法律、国际贸易、跨国投资等领域专业化的人才。尽管有众多高校做人才教育支撑，但自贸试验区很少与本地高校对接，缺乏合作培养的既有通道和成熟模式，使得高校人才资源与市场需求对接不够。

四 建设高水平自贸试验区与发展 "门户经济"的几点建议

紧紧抓住建设高水平自贸试验区的重大机遇，加快推动开放机制体制创新，大幅提升贸易便利化，积极探索投资自由化，构建更高层次开放型经济体系，不断激发陕西外向型经济发展的新活力，形成陕西"门户经济"发展的新动力。

（一）深化对自贸试验区的再认识，对标国际水平探索创新路径

按照习总书记对自贸试验区"三是三不是"的总体要求，进一步深化对"自贸试验区是制度创新高地，不是优惠政策的洼地；是国家深化改革、扩大开放的试验田，不是地方的自留地；是国家开放型经济新体制风险压力测试区，不是开发区升级版"的再认识。进一步解放思想，摒弃"等靠要"幻想，要有为国家创新制度的探路精神，要勇于扛起历史责任，为全国提供更多可复制可推广的经验。

从国外自贸试验区建设的实践来看，自贸试验区的核心是自由，关键是做生意成本低、效益好，重点是便利，降低成本是要害。"自由化、市场

化、法制化"是自贸试验区发展的目标。陕西自贸试验区建设还仅仅处于"放管服"改革，制度创新仅局限于一般的便利化层面，离国际贸易自由化标准还有较大差距。如何对标国际水平，找准学习样板，探索符合贸易规则下的自由，营造市场化、法制化的环境，推进自贸试验区制度创新，使自贸试验区建设向自由化、市场化、法治化目标迈进，应成为陕西建设高水平自贸试验区的发展方向。

（二）加快自贸试验区管理体制机制创新，推动片区间协同发展

陕西自贸试验区需从省级层面对重点领域的行政改革进行统筹，优化机构设置，提高行政效能，把改革创新工作进行适当归并，确保政府服务的高效性，强化管委会的权责，并将自贸试验区改革与其他改革统筹安排。同时，加强三大片区的服务协同与资源共享，通过功能区域整合充分发挥不同片区的差异化定位，设立联动平台，推动各功能区的资源交互、深化合作、相互促进，实现错位发展、联动发展，进而扩大自贸试验区政策创新的影响力。加快自贸试验区改革纵深推进，深入推进行政审批职能与流程改革优化，不断细化和完善其所拟制的法规内容，增强条款规范的实用性、准确性与可操作性，建立更加开放透明的市场准入管理模式。逐步打造智慧市场监管大数据服务平台，提升大市场综合监管效能和服务水平。大力推动自贸试验区信用信息平台建设，建立起管委会与区内市场主体间的沟通协商机制，通过信用记录共建共享，健全守信激励和失信惩戒机制，完善市场化信用监控体系。

（三）强化自贸试验区与所在园区的融合，推动区域整体协同创新

目前陕西的自贸试验区都是叠加在各种高新区、经济开发区、综合保税区、国家级新区的基础上设立的，其目的是为制度创新提供可依托的区域产业基础和贸易环境优势。由于过去的各类园区其发展主要定位于经济功能和产业功能，自贸试验区定位主要是贸易与投资便利化方面的制度创新功能，因此二者的发展既有区别又有联系。如何进一步强化自贸试验区与原有各类

园区的协同创新作用，促进自贸试验区与各类园区协同融合发展，是未来陕西自贸试验区建设需要关注的重点问题。

（四）以中欧班列为纽带，加强中西部自贸试验区协同创新

陕西自贸试验区建设刚刚起步，由于地处内陆，本身经济腹地较小，对外开放度整体不高，贸易规模十分有限。近年来，"长安号"国际货运班列从最初的中亚地区延伸到欧洲腹地，运营线路达到 10 条，运载的货物货品从单一变得丰富多样，基本实现了中亚及欧洲地区主要货源地全覆盖。2018年 8 月，"长安号"国际货运班列已开行 789 列，全年有望突破 1000 列。面对快速增长的中欧班列，日趋激烈的市场竞争，如何引导中欧班列有序发展，在货源组织、市场培育、降低成本、陆港货物提单的标准化建设等方面进行协同创新，减少不必要的恶性竞争，建设"一带一路"中欧班列知名品牌等方面，既需要陕西积极作为，也需要加强与相关省份的通力合作，更需要争取国家政策的大力扶持。

（五）深化自贸试验区金融创新，探索建设"一带一路"金融服务中心

陕西作为"丝绸之路"的起点城市，金融开放的方向主要是向西，开放的重点应该聚焦"一带一路"沿线供应链，联动实体经济，结合好开发性金融资源，对接丝路基金、亚投行等，积极服务"一带一路"倡议，扩大金融市场对内对外开放。同时，以诚信、透明、公平、高效为特色，全面建设开放性的金融服务中心及项目信息中心，服务于"一带一路"国家发展战略。不断提升金融创新能力，出台各项优惠政策，吸引各类金融服务机构到自贸试验区内设立分支机构，不断提升跨境融资及结算水平，创新各类金融业务、金融产品及金融服务，为企业提供高质量的金融服务。积极提升金融领域的改革开放力度，重点进行金融体系的完善，打造金融产业生态闭环，构建国际化金融产业招商体系，与各类金融服务机构、科研院所等保持良好合作关系，增进彼此间的交流与协作。

（六）创新人才引进机制，拓宽人才合作培养渠道

人才服务中心要积极确立服务职能，高效整合科教文卫等人才资源，打造全面高效的人才公共服务平台，帮助人才快速解决各类具体难题，有效推进人才开发工作。采用公共人事外包服务，出台外包服务购买制度，推动人才服务机构的规范化发展，为人才提供高效服务。不断精简人才管理部门职能、简化行政审批流程，全面建设人才引进渠道，吸引各类急需人才。不断创新人才引进方式，采用新技术、新服务模式，广纳人才。加强自贸试验区与高校的战略合作，积极搭建产学研相结合的人才培养合作平台，在加强合作的基础上使自贸试验区成为高校学生的实习基地，使人才培养从一开始就能与自贸试验区发展需求紧密结合。

参考文献

《中国（陕西）自由贸易试验区总体方案》（国发〔2017〕21 号），2017 年 3 月 15 日。

《中国（陕西）自由贸易试验区一周年盘点》，http：//www. shaanxiftz. gov. cn/sxzmq/listAll1. chtml？id = UVZZba。

成新轩、于荣光：《东亚地区自由贸易区优惠原产地规则对区域专业化分工的影响研究》，《世界经济研究》2018 年第 8 期。

B.11
关中平原城市群发展现状评价[*]

冉淑青　曹林[**]

摘　要： 本研究报告从关中平原城市群发展概况出发，通过构建城市群发展阶段指标体系对标比较，判定关中平原城市群正处于快速发育阶段的起步期，距离国家级城市群建设目标还有相当的距离；城市群中各城市能级纵向比较表明，核心城市西安总能级上升明显，并且在对外贸易、现代服务业、医疗卫生服务等领域具有明显优势，副中心城市对区域经济辐射带动作用仍然不强，城市群在协同发展方面依然存在城市之间通行成本较高、城市群协同发展机制不全、核心城市扩散作用发挥不足等问题。对此，报告提出促进城市群产业协同发展、构建城市群通勤交通体系、建立城市群协同发展新机制、重构城市职能功能分工体系、多领域展开协同发展大局等促进关中平原城市群协同发展的相关对策建议。

关键词： 龙头城市　关中平原城市群　协同发展

　　城市群是城市发展到成熟阶段的最高空间组织形式。世界城市群发展特征表明，城市群是依托高度发达的基础设施而形成的经济联系密切、空

---

　　* 本研究报告为2018年陕西省社会科学院重大课题(立项号:18SXZD06)的阶段性研究成果。
　　** 冉淑青，陕西省社会科学院经济研究所助理研究员；曹林，陕西省社会科学院经济研究所副研究员。

间组织紧凑，并且高度同城化、一体化发展的城市群体。从城市体系来看，城市群是由若干特大城市和大城市及中小城市集聚而成的城市联合体，常以群体单元参与区域竞争，在区域乃至国家经济发展中扮演着重要角色。改革开放以来，经过多年的快速发展，我国已形成了粤港澳大湾区、长三角、京津冀、中原经济区和成渝经济区等多个具有较大经济规模的城市群，并成为带动我国经济发展的重要增长极。2018 年 2 月，《关中平原城市群发展规划》获国务院正式批复，标志着关中平原城市群发展战略正式上升到国家高度。

一 关中平原城市群概况

2018 年 1 月，国家发展和改革委员会及住房和城乡建设部发布了《关中平原城市群发展规划》。根据该规划，关中平原城市群的规划范围包括西安、咸阳、宝鸡、铜川、渭南、杨凌、天水等 6 市 1 区及商洛市、运城市、临汾市、平凉市、庆阳市的部分辖区。为了统计方便，本研究报告选取了西安、咸阳、宝鸡、铜川、渭南、杨凌、商洛、运城、临汾、天水、平凉、庆阳等 11 市 1 区的全部辖区（县）为研究对象。

（一）区域概况

关中平原，南依秦岭，北连黄土高原，为喜马拉雅运动时期形成的巨型断陷带。地形西狭东阔，渭河自西向东横贯其中，南北两侧地形向渭河倾斜，主要由洪积倾斜平原、黄土台塬、冲积平原组成，整个平原呈阶梯状地貌景观。关中平原自古灌溉发达，物产丰富，是中国重要的商品粮产区，也是中国最早被称为"金城千里，天府之国"的地方。关中平原地区历史悠久，文化底蕴深厚，拥有积淀深厚的历史文化遗产和丰富珍贵的自然生态资源。截至 2017 年底，11 市 1 区占地面积 16.20 万平方公里，常住人口 4243.17 万人，地区生产总值 1.92 万亿元，分别占陕甘晋三省总量的 19.84%、41.75%、43.14%。

（二）经济发展

关中平原城市群是全国重要的装备制造业基地、高新技术产业基地、国防科技工业基地，航空、航天、新材料、新一代信息技术等战略性新兴产业发展迅猛，文化、旅游、物流、金融等现代服务业快速崛起，产业结构正在迈向中高端。拥有西北唯一的自由贸易试验区和一批国家级产业园区，为现代产业发展提供了重要平台和载体。城市群科教资源、军工科技等创新综合实力雄厚，承担着全面创新改革试验、自主创新示范、军民深度融合发展等国家重大改革创新任务。截至2017年底，整个区域全部工业增加值5817.4亿元，三次产业结构为9.03∶44.31∶46.66，当年固定资产投资总额2.11万亿元，全年进出口总值2834亿元，地方财政收入1124.27亿元，社会消费零售总额8929.2亿元。

（三）城镇建设

关中平原城市群拥有地级城市12个，核心城市西安主城区人口规模达600万人，其他城市除宝鸡超过100万人外，中心城区人口规模均在百万以下，其中咸阳、渭南、运城、临汾、天水城市人口规模位于50万~100万之间，属于中等城市，其余地级市则为小城市，中心城区人口在50万人以下。与东部地区发展较为成熟的京津冀、长三角、珠三角城市群以及中部地区的中原城市群、西部地区的成渝城市群相比，中心城市西安的人口量级、经济能级与之难以匹敌，城市群体系中大城市少，中小城市发展相对较弱，城镇体系建设尚不完备。

（四）生态环境

由于历史原因，关中地区重化产业比重较大，大气污染问题较为突出，近两年以来关中地区严重污染天气呈持续增加趋势，西安市已成为全国污染严重的省会城市之一，咸阳、渭南两市2016年大气PM10和PM2.5平均浓度均比2015年大幅上升。大气环境污染情况严峻，重污染天气频发，环境容量接近极限。

二 关中平原城市群发展现状评价

（一）发展阶段评价

1. 城市群发展阶段划分

关于城市群发展阶段的划分，国内外学者做了大量的相关研究，戈特曼、比尔·斯科特、刘增荣、姚士谋、方创琳、张京祥等均从理论及案例方面给出了相应的答案。综合前人研究成果，把城市群发展分为雏形发育阶段、快速发育阶段、趋于成熟阶段和成熟发展阶段等四个阶段，城市群在不同发展阶段均有独特的表现特征。雏形发育阶段是城市群发展的初级阶段，城市群规模较小，城市之间经济联系微弱，城镇体系发育极为不完善。在快速发育阶段，城市群快速发展，中心城市极化与扩散效应同时发挥作用，城市群规模得到迅速扩张，城镇体系加速成长，但城镇体系发育仍不完善。趋于成熟阶段是城市群发展的较高阶段，在中心城市极化与扩散作用下，中心城市由外延式发展为主向内涵式发展为主转变，群内副中心城市及中小城市开始承接中心城市部分职能，城市群基础设施建设趋于完善，城镇体系形成较为合理的分工。成熟发展阶段是城市群发展的高级阶段，中心城市扩散效应大于极化效应，城市群表现出以高质量为特征的内涵式发展模式，城市群规模较大，城市化水平很高，各级城市之间形成合理的职能分工，城市群合力参与区域竞争态势形成，城镇体系发育十分完善。

2. 评判指标与标准

由于城市群所处的区位、经济社会环境以及城市群自身发展状况各有所异，因此很难建立统一、明确的指标体系用以判断其发展阶段。因此，城市群发展阶段评判指标及标准的建立需要采取定性与定量、规范与实证相结合的方法，以客观反映复杂问题的本质。本文借鉴刘增荣教授、陈群元博士等人研究成果，建立了评价城市群发展阶段的5项一级指标及17项二级指标，并结合国内外对城市群发展阶段界定标准的相关研究，设立了关中平原城市群发展阶段的评价标准。如表1所示。

表1　城市群评价指标体系及评价标准

指标层	雏形发育阶段 (<60分)	快速发育阶段 (60~80分)	趋于成熟阶段 (80~100分)	成熟发展阶段 (100分)
整体发育水平(0.20)　城市化率(%)0.28	20~30	30~50	50~70	70%以上
城市密度(个/万平方公里)0.31	<6	6~8	8~10	≥10
城镇等级规模结构(分)0.15	不完善 (<60分)	较完善 (60~80分)	完善 (80~100分)	很完善 (100分)
中心城市等级(分)0.26	地方级 (<60分)	区域级 (60~80分)	国家级 (80~100分)	世界级 (100分)
经济发展水平(0.26)　人均GDP(万元)0.30	<2	2~5	5~10	≥10
人均固定投资额(万元)0.18	<3	3~5	5~8	≥8
工业总产值占全省、区比重(%)0.22	<40	40~60	60~80	≥80
第三产业占GDP比重(%)0.19	<30	30~50	50~60	≥60
基础设施水平(0.25)　城市间可达性(任意两邻近城市之间的到达时间距离)(小时)0.42	1~3	0.5~1	≤0.5	≤0.5
公路网密度(公里/万平方公里)0.20	<15000	15000~20000	20000~25000	≥25000
信息化程度(互联网用户/百户)0.23	<50	50~70	70~90	≥90
内部联系水平(0.16)　城市间功能互补程度(分)0.36	较弱 (<60分)	一般 (60~80分)	较强 (80~100分)	强 (100分)
城市间联系密切程度(分)0.40	较少 (<60分)	较多 (60~80分)	紧密 (80~100分)	非常紧密 (100分)
城市间协调机制状况(分)0.24	未形成 (<60分)	初步形成 (60~80分)	已形成 (80~100分)	形成 (100分)
外部联系水平(0.13)　外商直接投资占总投资比例(%)0.28	<8	8~10	10~12	≥12
外资企业产值占工业总产值比例(%)0.27	<10	10~20	20~40	≥40
年接待旅游人次与本区总人口比值0.45	<1.5	1.5~3.0	3.0~4.0	≥4.0

3. 关中平原城市群发展阶段的评判

依据表1城市群发展阶段指标体系及判断标准，对关中平原城市群各项指标的数值进行计算与分析，得出表2。经加权计算，关中平原城市群综合得分60.29分，处于快速发育阶段的起步期，距离国家级城市群建设目标还有相当的距离。

（1）整体发育水平

整体发育水平综合得分63.76分，处于快速发育阶段。其中城镇化率达到58.80%，已经达到趋于成熟阶段的发展水平；城市密度较低，城镇等级规模结构不完善，仍处于雏形发育水平；西安为国家中心城市，中心城市等级相对较高。

（2）经济发展水平

经济发展水平综合得分69.83分，处于快速发育阶段。其中人均GDP达到4.5万元，人均固定资产投资额4.96万元。工业总产值占区域总量比重为39.50%。第三产业占GDP比重为46.60%。

（3）基础设施水平

基础设施水平综合得分53.66分，处于雏形发育阶段。其中衡量任意两邻近城市之间的到达时间距离的城市间可达性指标得分较低，为23.5分，城市群内每万平方公里公路网密度为8601公里。每百户互联网用户为62户。

（4）内部联系水平

内部联系水平综合得分57.2分，处于雏形发育阶段。城市群城市间功能互补程度仍然偏低，城市间联系不够密切，城市空间协调机制尚未完善，城市群内部联系水平有待进一步提高。

（5）外部联系水平

外部联系水平综合得分52.4分，处于雏形发育阶段。其中，外商直接投资占总投资额的0.64%，外资企业产值占工业总产值的比例为8.14%，表明城市群经济外部联系仍然较弱。年接待旅游人次与城市群总人口比值为2.4。

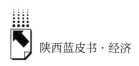

表2　关中平原城市群发展阶段指标体系及得分

指标层/权重		关中平原城市群特征值	实际得分	各项得分
整体发育水平(0.20)	城市化率(%)0.28	58.80	24.86	63.76
	城市密度(个/10⁴平方公里)0.31	1.8	9.3	
	城镇等级规模结构(分)0.15	不完善(<60)	7.5	
	中心城市等级(分)0.26	国家级(80~100)	22.1	
经济发展水平(0.26)	人均GDP(万元/人)0.33	4.5	24.75	69.83
	人均固定资产投资额(万元/人)0.21	4.96	16.59	
	工业总产值占GDP比重(%)0.25	39.50	14.5	
	第三产业占GDP比重(%)0.21	46.60	13.99	
基础设施水平(0.25)	城市间可达性(任意两邻近城市之间到达时间距离)(小时)0.47	1~3	23.5	53.66
	公路网密度(公里/10⁴平方公里)0.25	8601.00	10	
	信息化程度(互联网用户/百户)0.28	62	20.16	
内部联系水平(0.16)	城市间功能互补程度(分)0.36	较弱	21.6	57.2
	城市间联系密切程度(分)0.40	较少	20	
	城市间协调机制状况(分)0.24	初步形成	15.6	
外部联系水平(0.13)	外商直接投资占总投资比例(%)0.28	0.64	5.6	52.4
	外资企业产值占工业总产值比例(%)0.27	8.14	13.5	
	年接待旅游人次与本区总人口比值0.45	2.4	33.3	

（二）城市经济能级变化趋势分析

城市经济能级是反映一个城市经济发展对该城市以外地区的辐射影响程度。本报告从 GDP 能级、第一产业能级、第二产业能级、第三产业能级及城市总能级等指标来分析关中平原城市群 12 城市及示范区的能级差异。能级指数计算公式为公式（1），式中 E_{ei} 为指标能级指数，F_i 为 i 城市相应指标的属性值，n 为本报告涵盖的城市及示范区数量。总能级指数计算公式为公式（2），式中 E 为总能级指数，λ_i 为权重数，E_{ei} 为公式（1）计算所得的各项指标能级指数。

$$E_{ei} = F_i / \frac{1}{n} \sum_{i=1}^{n} F_i \qquad (1)$$

$$E = \sum_{i=1}^{n} \lambda_i E_{ei} \tag{2}$$

根据上述计算公式及 2017 年、2010 年相关数据,得出计算结果如表 3、表 4 所示。

横向比较来看,2017 年,在 GDP 能级方面,西安的辐射影响力远高于其他城市,经济实力相对雄厚,其次为咸阳、宝鸡、渭南;从第一产业能级方面来看,辐射影响能力较大城市依次为咸阳、西安、渭南、运城;第二产业能级辐射影响能力较大的城市依次为西安、宝鸡、咸阳、渭南;第三产业能级方面,西安辐射影响能力为 6.15,远远高于其他城市。总体来看,西安作为核心城市,总能级最高,为 4.53;其次,咸阳、宝鸡、渭南处于第二方阵,总能级指数分别为 1.64、1.46、1.15;运城、临汾、商洛次之,总能级指数分别为 0.93、0.85、0.55;庆阳、天水、平凉、铜川、杨凌能级最弱,总能级指数分别为 0.43、0.43、0.30、0.23、0.09。

表 3 关中平原城市群各市(区)2017 年城市能级对比

市(区)	GDP 能级	第一产业能级	第二产业能级	第三产业能级	城市总能级
西 安	4.66	1.94	3.66	6.15	4.53
咸 阳	1.46	2.16	1.93	0.88	1.64
宝 鸡	1.36	1.21	1.98	0.80	1.46
铜 川	0.22	0.17	0.25	0.19	0.23
渭 南	1.03	1.59	1.10	0.87	1.15
杨 凌	0.09	0.05	0.11	0.07	0.09
商 洛	0.50	0.68	0.62	0.35	0.55
运 城	0.83	1.47	0.69	0.85	0.93
临 汾	0.82	0.65	0.86	0.82	0.85
天 水	0.38	0.71	0.27	0.43	0.43
平 凉	0.24	0.74	0.13	0.25	0.30
庆 阳	0.39	0.61	0.40	0.33	0.43

纵向比较来看，核心城市西安总能级上升明显，从 2010 年的 4.30 上升为 2017 年的 4.53，咸阳、宝鸡、杨凌、商洛城市能级略有上涨，分别增长 0.03、0.11、0.03、0.13，其余城市总能级呈下降趋势，铜川、运城、临汾、天水、平凉、庆阳分别比 2010 年下降 0.02、0.26、0.35、0.02、0.05、0.08。这一结果表明，西安作为关中平原城市群中心城市，在极化作用下，城市经济体量不断增大，城市能级呈上升趋势，同时，受核心城市扩散作用影响，距离西安较近的咸阳、宝鸡、商洛等城市的城市能级略有上升，而距离较远的其余地市城市总能级呈下降态势。如图 1 所示。

表4　关中平原城市群各市（区）2010 年城市能级对比

市（区）	GDP能级	第一产业能级	第二产业能级	第三产业能级	城市总能级
西　安	4.21	1.65	3.69	6.07	4.30
咸　阳	1.43	2.40	1.50	1.15	1.61
宝　鸡	1.27	1.23	1.61	0.92	1.35
铜　川	0.24	0.17	0.31	0.20	0.25
渭　南	1.04	1.52	1.03	1.00	1.15
杨　凌	0.06	0.04	0.06	0.07	0.06
商　洛	0.37	0.69	0.31	0.39	0.42
运　城	1.07	1.60	0.97	1.15	1.19
临　汾	1.16	0.79	1.37	1.09	1.20
天　水	0.39	0.71	0.30	0.45	0.45
平　凉	0.30	0.60	0.29	0.26	0.35
庆　阳	0.46	0.60	0.56	0.33	0.51

（三）产业协同发展现状分析

城市之间产业协同发展是城市群协同发展的重要内容，区位熵分析方法（也称作专门化率）是衡量城市群产业分工，分析城市产业比较优势的基本方法。该方法通过定量衡量某一要素在空间的分布情况来评价该产业部门的优劣势，反映该行业的规模水平以及在城市群内的专业化程度，进而明晰各地区在城市群产业分工及经济发展中的职能差异。通常情况下，当区位熵大

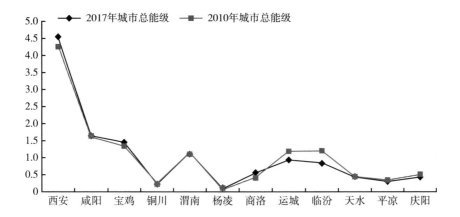

图1 关中平原城市群各市（区）2017年与2010年城市总能级对比情况

于1时，表示该地区某产业具有比较优势和较强的竞争能力；当区位熵为1时，表明该地区某产业在整个城市群处于均势，没有明显优势；当区位熵低于1时，表明该地区某产业在整个区域处于劣势，竞争力较弱。

传统意义上区位熵的表达式如公式（3）所示，式中，G_{ij}为i城市j部门的从业人员数量；G_i为i城市从业人员总量；G_j为背景区域j部门的从业人员总量；G为背景区域从业人员总量。

$$LQ_{ij} = \frac{G_{ij}/G_i}{G_j/G} \quad (i = 1,2,\cdots,n; j = 1,2,\cdots,m) \quad (3)$$

为了更加真实地反映关中平原城市群各城市产业协同发展基本情况，本报告将区位熵的表达式的适用范围进行了放大处理，数据采集不仅仅局限于从业人员的数量，而是扩大为可以反映城市某产业真实发展水平的衡量指标，这一变动不仅不会影响对该城市某产业与其他城市协同发展的真实状况，同时更利于从更大基准面收集数据。鉴于相关数据的可获取性，本报告选取了农业、工业、现代服务业、对外贸易区、医疗卫生区等五个产业方向作为关中平原城市群产业协同发展的研究对象。计算结果如表5所示。

根据计算结果，关中平原城市群12地市中农业区位熵较高的城市依次有平凉、天水、运城、渭南、庆阳、咸阳，表明这些地区农业发展相较于其他产业在整个城市群体系中具有比较优势。宝鸡、咸阳、铜川、庆阳等地区工业区位熵较高，工业与其他产业相比具有一定比较优势，而天水、平凉、西安等地区工业发展相对落后，在整个城市群处于劣势地位。核心城市西安的现代服务业在城市群中具有绝对优势，现代服务业区位熵为3.697，远远高于其他地区，此外，铜川现代服务业相较于其他城市略有优势，为1.136。对外贸易方面，核心城市西安区位熵依然遥遥领先于其他地区，表明关中平原城市群对外经济交往比较落后，除了西安外的其他城市对外经济规模甚是微薄。医疗卫生服务方面，西安、铜川、杨凌、咸阳等地区区位熵相对较高，表明相对于整个地区的人口基数，这些地区的医疗资源比较丰富，庆阳、天水、平凉、运城、商洛、临汾、渭南等地区医疗卫生区位熵较低，表明该地区医疗卫生资源相对匮乏。

表5 关中平原城市群五项产业区位熵统计

市(区)	农业区位熵	工业区位熵	现代服务业区位熵	对外贸易区位熵	医疗卫生区位熵
西 安	0.417	0.685	3.697	2.256	1.494
咸 阳	1.477	1.466	0.514	0.120	1.282
宝 鸡	0.891	1.514	0.554	0.269	1.088
铜 川	0.780	1.319	1.136	0.057	1.475
渭 南	1.541	1.164	0.451	0.067	0.856
杨 凌	0.608	1.164	0.154	0.213	1.466
商 洛	1.358	1.177	0.229	0.166	0.775
运 城	1.766	0.872	0.042	0.552	0.774
临 汾	0.795	1.124	0.265	0.086	0.845
天 水	1.849	0.511	0.174	0.478	0.541
平 凉	3.048	0.400	0.404	0.053	0.768
庆 阳	1.574	1.222	0.268	0.059	0.532

（四）小结

上述分析可以看出，当前关中平原城市群迈过了雏形发育阶段，处于快速发育的初期阶段。根据该阶段城市群发展特征，核心城市极化与扩散效应同时发挥作用，基础设施投资快速增加，城镇体系正在加速成长。在发展阶段背景下，核心城市西安城市能级不断上升，现代服务业、对外贸易等第三产业在城市群中具有绝对优势，与西安未来建设"三中心两高地一枢纽"的战略目标较为一致。副中心城市咸阳、宝鸡、渭南、铜川、商洛、临汾、庆阳等城市的城市能级略有上升，城市工业区位优势比较明显。这一特征与国内发育较为成熟的长三角、珠三角城市职能结构相似，副中心城市作为带动次一级城市发展的动力源，主动承接核心城市产业转移，在促进核心城市职能转变、产业升级的同时，带动整个区域的经济发展。但是由于咸阳、宝鸡、渭南、铜川、商洛、临汾、庆阳等城市工业产值规模依然偏小，对区域经济辐射带动作用仍然不足。天水、平凉因经济体量偏小，工业发展不足，但农业区位优势较为明显，未来可以积极发挥这一优势，加强其农业资源在城市群范围内的输出，同时主动承接西安产业转移，积极发展工业产业。

三　对策建议

（一）促进产业协同发展

推动产业在关中平原城市群内不同等级规模城市间的重组，提高城市群内城际间产业的优势互补性。产业空间重组和产业级差的有效契合是政府引导、市场主导的结果。铜川、渭南、宝鸡、天水等城市可从政策、技术、基础设施等方面提高环境友好性，积极对接大西安产业转移，寻找与大西安产业互联互通、合作发展的契合点，重点培育接续产业，积极参与产业升级重大项目。创新跨区域合作模式，积极探索总部＋基地、研发＋生产、税收分成等"飞地经济"模式，鼓励西安产业园区到群内地区共建产业园区，促进西安管理、技术、资金等优势资源向周边区域辐射扩散，着力打造优势互补、合作共赢的区域发展共同体。在城市群范围内制定园区共建的税收分享

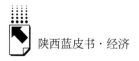

机制、财政激励和约束机制，建立企业和项目在圈域内转移的合作分税制度，实现利益共享和双赢发展。

（二）构建城市群通勤交通体系

城市群层面，积极策划建设关中平原城市群高速公路大环线，将放射状的连霍高速、福银高速、包茂高速、京昆高速串联成网，打通各个市（区）之间经济联系的便捷通道；对关中平原城市群内各市（区）之间高速公路路桥费实施优惠减免政策，鼓励各市（区）之间经济交流与合作。核心城市层面，西安要主动承担城市群首位城市重责，主动打通西安与咸阳、铜川、渭南、商洛等地区之间的断头路，积极策划西安与紧邻的咸阳、铜川、渭南等地区之间地铁、轻轨、快速干道等城市道路连接体系，加快实施西安与群内城市高铁公交化，全力完善城市通勤交通服务体系。中小城市层面，积极发挥承接大城市、辐射小城镇的职能作用，完善其与大城市、核心城市以及小城镇之间的联系通道，织密县域交通网络；全力打通跨省域相邻县城之间交通联系，打通跨省交通的毛细血管，促进跨省经济交流与合作，使群内的甘、晋两省中小城市有效融入城市群。

（三）建立城市群协同发展新机制

贯彻落实《关中宣言》，通过定期召开集中会议，研究决定区域合作规划，协调推进区域合作等重大事宜，并根据合作的新精神调整合作的相关内容，所做决策对区域内各政府部门应具有普遍的约束力。建立以陕西为主导、省市领导共同参与的关中平原城市群建设领导小组，由陕西省政府主要领导任组长，各城市主要负责人为成员，确保有足够的领导力和权威性，将关中平原城市群作为一个整体，进行全局性的规划、指导、组织、协调、推动和管理，有效破除行政分割和碎片化发展问题。设立关中平原城市群建设日常事务处理协调机构和日常事务管理办公室。研究设立关中平原城市群一体化发展投资基金，鼓励社会资本参与基金设立和运营，重点投向跨区域重大基础设施互联互通、生态环境联防共治等领域。

（四）重构城市职能分工体系

科学编制《关中平原城市群协同发展规划》，以战略全局视角完成规划顶层设计，为关中平原城市群深化分工协作，培育整体竞争优势，为建设具有国际影响力的国家级城市群提供科学引导和发展依据。核心城市西安要发挥首位城市职责，充分把握新一轮城市总体规划编制的战略契机，紧紧围绕建设国家中心城市总目标，进一步聚焦"三中心两高地一枢纽"的核心功能，着力发展先进制造业和现代服务业等高端产业，在关中平原城市群建设的大格局中，研究确定西安需要向外疏解的非核心功能，为西安建设国家中心城市争取更大的发展空间。其他市（区）要基于自身发展基础、资源禀赋优势和发展需求，研究确定可能承接的功能以及实现的机制和途径等。开放式编制各城市新一轮城市总体规划，在规划纲要、规划文本等关键内容的前期研究和汇报评审中，邀请城市群主要城市的管理者、权威专家参与，加强群内城市功能定位、空间布局等的衔接。

（五）多领域展开协同发展大局

长三角、珠三角等发达地区经验表明，城市群的发展已经逐渐从硬件相通阶段走向软件对接阶段，即在城市群内部加强医疗、教育和社保等制度的对接，以实现社会资源的优化配置和公共服务的均等化。发挥西安医疗资源对周边地区的辐射引领作用，探索实施西安三甲医院托管制度，推行群内城市医疗"一卡通"，确保诊疗信息在群内医院之间互认并畅通流转，促进群内医疗资源协同共享。探索建立关中平原城市群教育资源共享体制机制，采取"订单式讲学"到教育资源薄弱地区送经上门，加强西安名校资源对周边地区的辐射带动。加快推进金融同城化发展，城市群范围内非跨行个人存取款业务一律按照同城业务处理；争取金融监管部门支持，实现城市群银行资金汇转结算、法人银行互设分支机构同城化，鼓励民间金融、互联网金融等企业开展信息交流、资源共享、业务拓展和监管合作；推进关中平原城市群公共信用信息平台建设和应用，构建统一的联合征信系统。

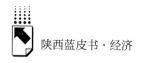
参考文献

陈群元、宋玉祥、喻定权：《城市群发展阶段的划分与评判——以长株潭和泛长株潭城市群为例》，《长江流域资源与环境》2009 年第 4 期。

王浩、李新春、沈正平：《城市群协同发展影响因素与动力机制研究——以淮海城市群为例》，《南京社会科学》2017 年第 5 期。

邬丽萍、伏晓玮：《广西北部湾城市群产业——城市协同发展分析》，《广西大学学报》（哲学社会科学版）2013 年 11 月。

刘耀彬：《城市群协同发展的灰色关联分析与成因模型》，《地域研究与开发》2009 年第 4 期。

魏丽华：《我国三大城市群内部经济联系对比研究》，《经济纵横》2018 年第 1 期。

梁英慧、郑攀、葛春景、邓海超：《城市群航空和铁路连通性分析与协同发展策略》，《综合运输》2016 年第 7 期。

B.12
"一带一路"国家贸易便利化水平对
陕西出口贸易的影响研究[*]

薛伟贤 高艺娜[**]

摘　要： 贸易便利化是经济全球化时期促进贸易增长的有效路径。本文在"一带一路"倡议和国家向西开放的背景下，构建了一个包含贸易便利化水平、税收和签订自贸协定的政策变量的拓展引力模型，估计了"一带一路"国家贸易便利化水平对陕西出口的影响。研究发现，贸易便利化水平的提高可以促进"一带一路"国家与陕西之间的双边贸易，同时贸易便利化涉及的六个不同领域对陕西外贸的影响大小具有异质性，其中海关环境对其影响最大，其次是电子商务，规制环境的影响在六个领域中最小。此外，通过贸易便利化对陕西出口贸易潜力影响进行的模拟分析发现，陕西对中亚和南亚地区的贸易潜力最大，中亚和南亚是陕西今后外贸发展的重要区域。

关键词： 贸易便利化 陕西 出口贸易

一 引言

2018 年是中国实行改革开放 40 周年，同时也是"一带一路"倡议实施

---

[*] 本文为陕西省社会科学院2016年基金项目"'一带一路'国家贸易便利化水平测算及陕西的应对"（立项号：2016D044）的研究成果。

[**] 薛伟贤，西安理工大学经济与管理学院教授、博士生导师；高艺娜，西安理工大学经济与管理学院硕士研究生。

5周年。陕西作为"丝绸之路经济带"的起点和国家向西开放的门户，近年来外贸发展势头良好，对"一带一路"国家的出口规模不断扩大，"一带一路"国家成为西部地区主要外贸对象。根据《陕西省统计年鉴》，2009年陕西对"一带一路"国家的贸易额为91.55亿元，到2017年，陕西对"一带一路"沿线和地区贸易总额增加到323.7亿元，占当年全省进出口总值的11.9%。但同时，陕西地处内陆，经济发展水平相对落后，不如沿海沿边等地区拥有天然的对外开放优势和出口便利条件，与全国其他省份相比，陕西与"一带一路"国家贸易规模小，外贸竞争力弱。根据《"一带一路"贸易合作大数据报告》数据显示，2016年中国内地31个各省区市对"一带一路"沿线国家的贸易额排名中陕西排名27，仅占贸易额的0.4%，属于"有待加强型"地区。陕西对"一带一路"国家的出口额为28亿美元，是排名第一广东的1/46，是西部地区新疆的1/5。这些都说明陕西对"一带一路"沿线国家的贸易潜力巨大。①

　　与此同时，国际贸易环境日益严峻，随着经济全球化的发展以及各国间经济合作日趋紧密，一些国家出于保护本国产业的目的，采取贸易保护主义措施，导致贸易摩擦加剧，贸易安全问题等频繁出现，这些对外贸竞争力本就较弱的陕西外贸发展提出了更大的挑战。为了应对这一挑战，陕西也在积极推进自由贸易试验区的完善与物流枢纽的建设，使其打破陕西地处内陆的限制，成为加速和便利陕西外贸出口的平台。2018年7月，陕西省政府印发《陕西口岸提升跨境贸易便利化若干措施（试行）》，为加快提升陕西口岸跨境贸易便利化水平，进一步提高通关效率和降低通关成本，促进枢纽经济、门户经济、流动经济高质量发展。在此背景下，陕西应该充分认识到贸易便利化对促进出口的作用，针对性和指向性的定位外贸出口市场，以期进一步释放陕西对"一带一路"国家的外贸潜力。

---

① 《"一带一路"贸易合作大数据报告2017》，中国一带一路网，2017年3月24日。

二 陕西对"一带一路"国家外贸出口能力较弱的原因分析

（一）陕西经济规模小，市场竞争力弱，制约对"一带一路"沿线国家贸易出口规模的扩大

在西部大开发和"一带一路"倡议指引下，陕西经济总体上呈现逐步发展的趋势，经贸合作显著加强，对外直接投资态势良好，规模及范围有所扩大，在国外新设的企业机构也不断增加。但由于陕西相较华东区域等省份而言，国际认可度较低、竞争力较弱，因此"一带一路"倡议的提出会增加华东、华南、华北主要地区省份的外贸吸引力，而降低了陕西的竞争力，出现"强者愈强、弱者愈弱"的局面，造成陕西与沿线国家贸易规模依旧较小，而且多是中小型企业和民营企业进行贸易和投资，不利于陕西发展规模经济。

（二）陕西国际运输航线不够完善，贸易口岸较少，制约产品输出的便利化

陕西地处内陆腹地，贸易通道相对沿海、沿边地区较缺乏，一些产品只能通过海运，从天津、上海、深圳等沿海城市转运输出国外。这增加了陕西出口贸易的成本，降低了陕西出口贸易的竞争力。近几年陕西铁路、航空、港口建设不断加强，班列数、航线数显著增加，缩短了运输时间，口岸功能不断丰富完善。截至2018年，陕西已有整车进口口岸、粮食进口口岸、肉类进口口岸等多类口岸，为流动货物搭建可以落地的平台，西安港的枢纽功能也进一步加强。但口岸个数较少，一类口岸仅有1个，二类口岸5个，与全国其他省份相比仍有巨大差距，制约商品流、资本流、客源流、项目流的便利输出与进入。

（三）产业结构不完善，供给与需求不一致，制约对沿线国家的贸易发展

陕西目前的产业结构中第一产业主要是传统农业经济，第二产业中能源

资源开采占比较大，第三产业则以传统服务业、批发零售业和交通运输和仓储邮政业等为主，而金融等现代服务业发展滞后。陕西与"一带一路"沿线国家的经贸合作产业多涉及石油化工、能源、矿产资源开发、光伏、房地产、农产品等行业和领域，使得陕西第二产业的比重不断加大，造成行业内分布不合理，过于集中某些行业，陕西现代服务业所占比值远小于传统的服务业，金融等现代服务业的发展受限制，高新技术密集型行业及高端制造业在国外投资占比较少，使得对外经济的发展不能形成良好的支撑。此外，近几年由于贸易保护主义抬头，"一带一路"沿线一些国家和地区的进出口存在贸易壁垒，使陕西优势贸易产品的出口受到制约。如俄罗斯提高了进口汽车的认证要求，受技术性贸易壁垒的影响，陕西对俄出口贸易量直接减少一半；同样，因为欧盟的绿色壁垒提高了农产品贸易市场准入门槛，陕西农产品贸易量占总产量比例不到10%。这些都制约了陕西对"一带一路"国家的出口规模。

（四）陕西在"一带一路"区域内出口贸易市场狭窄且较集中

2016年，在陕西对"一带一路"国家出口贸易中，排名前20国家的出口额占陕西对"一带一路"沿线国家出口总额的91.15%，且其中15个国家位于东南亚和西亚，贸易额占比在"一带一路"贸易总额中超过80%。此外，中亚地区成为陕西"一带一路"贸易重点区域。2017年陕西对中亚地区出口额5.8亿元，同比增长84.6%。目前陕西开往中亚的"长安号"货运班列已实现双向稳定开行，西安正逐步成为中亚货物在"丝绸之路经济带"上的聚集、分拨点。这说明地理位置的远近对陕西的出口有一定影响。但陕西对"一带一路"国家的出口贸易水平远远不及中国香港和中国台湾，以及韩、美、日等国家。在陕西出口贸易伙伴国排名前十的国家和地区中，仅有新加坡与阿联酋属于"一带一路"国家。这说明虽然"一带一路"涉及范围广，但是陕西与"一带一路"国家的贸易往来仍然集中于沿线小部分国家。

三 计量模型设定

贸易便利化程度越高越能够有效降低贸易成本、提高效率、增加政策透明度、提升贸易流量。本文运用拓展的引力模型分析"一带一路"国家贸易便利化对陕西出口的影响。引力模型被广泛应用于测算贸易潜力、分析贸易模式以及估计贸易壁垒的边界成本等领域，并较好地解释了现实中的一些经济现象，且可以对贸易便利化各项指标量化，进而为提高贸易便利化提供具体指南。本文将拓展的引力模型设定如下：

$$\ln EXP_{ij} = \alpha_0 + \alpha_1 \ln GDP_j + \alpha_2 \ln PGDP_j + \alpha_3 \ln POP_j + \alpha_4 \ln DIS_{ij} + \alpha_5 \ln TAR_j + \alpha_6 FTA_{ij} + \alpha_7 \ln TWTFI_j + u_{ij} \tag{1}$$

其中，EXP_{ij} 表示陕西对 j 国（或 j 地区）的贸易出口额；GDP_j 表示 j 国（或 j 地区）的国内（或地区）生产总值；$PGDP_j$ 表示 j 国（或 j 地区）的人均 GDP；POP_j 表示进口国 j 的人口总量；DIS_{ij} 表示的是陕西与 j 国首都之间的距离；TAR_j 表示 j 国的关税水平；FTA_{ij} 表示两国之间是否存在双边自由贸易协定或建立自由贸易区；$TWTFI_j$ 表示贸易便利化指数。

由于陕西对"一带一路"沿线部分国家出口的外贸数据缺失，本文选取 2016 年"一带一路"沿线 48 个国家的相关数据作为实证检验对象①。根据 48 个国家的描述性统计分析中各指标的均值、标准差、最大值和最小值可以看出，"一带一路"沿线各国在经济实力、市场规模、需求能力、贸易便利化水平方面均有很大的差异。这些数据意味着陕西如果想扩大出口贸易量，就应该尽可能拓展和利用"一带一路"这个极具潜力的庞大市场。

四 回归结果与分析

（一）回归结果

运用 Eviews 7.0 软件对模型（1）进行检验，各变量在 10% 的水平下通

---

① 样本包括东南亚的新加坡、马来西亚、菲律宾、越南、印度尼西亚、泰国、柬埔寨；西亚的土耳其、以色列、沙特阿拉伯、阿联酋、阿曼、约旦、卡塔尔、巴林、科威特、伊朗；南亚的斯里兰卡、不丹、孟加拉国、印度、尼泊尔、巴基斯坦；中亚的哈萨克斯坦、吉尔吉斯斯坦、塔吉克斯坦；独联体的摩尔多瓦、格鲁吉亚、亚美尼亚、阿塞拜疆、俄罗斯、乌克兰；中东欧的爱沙尼亚、斯洛伐克、拉脱维亚、匈牙利、罗马尼亚、波兰、立陶宛、捷克、斯洛文尼亚、塞尔维亚、克罗地亚、保加利亚、黑山、波黑、阿尔巴尼亚；非洲的埃及。

过 ADF 检验, 原序列是平稳序列。检验发现 POP 与 GDP 之间存在严重的多重共线性, 为保证结果的有效性剔除传统研究中人口规模 (POP) 的指标, 得到模型 (2):

$$\ln EXP_{ij} = \alpha_0 + \alpha_1 \ln GDP_j + \alpha_2 \ln PGDP_j + \alpha_3 \ln DIS_{ij} + \alpha_4 \ln TAR_j + \alpha_5 FTA_{ij} + \alpha_6 \ln TWTFI_j + u_{ij} \qquad (2)$$

进一步对模型 (2) 进行怀特检验和拉格朗日乘子检验, 结果显示不拒绝原假设, 即说明模型不存在异方差、序列相关等问题。

由于选取的是截面数据, 因此不存在自相关, 对模型进行普通最小二乘 (OLS) 回归, 得到的回归结果如表 1 所示。

表 1 拓展引力模型的回归结果

Variable	Coefficient	Std. Error	t-Statistic	Prob.
C	3.483818	3.285121	1.060484	0.2948
$\ln GDP$	0.993359 ***	0.167921	5.915650	0.0000
$\ln PGDP$	0.284442 **	0.142031	2.002677	0.0515
$\ln DIS$	−0.694713 **	0.358095	−1.940022	0.0590
$\ln TAR$	−0.434179 **	0.215890	−2.011115	0.0506
FTA	1.446982 *	0.540066	2.679271	0.0104
$\ln TWTFI$	1.189987	1.248554	0.953092	0.3458
R-squared	0.747228			

注: * 在 10% 显著性水平上拒绝零假设, ** 在 5% 显著性水平上拒绝零假设, *** 在 1% 显著性水平上拒绝零假设。

从回归结果中可以看出, 除 $\ln TWTFI$ 外, 其他解释变量的参数在 5% 的水平下都通过了显著性检验, 而 $\ln TWTFI$ 的参数显著性较差, 这与理论预期稍有偏差。调整的 R^2 为 0.747, 其拟合程度较好, 方程整体通过了显著性检验, 由此得到经验方程:

$$EXP_{ij} = 3.484 + 0.993 \ln GDP_j + 0.284 \ln PGDP_j - 0.695 \ln DIS_{ij} - 0.43 \ln TAR_j + 1.447 FTA + 1.190 \ln TWTFI_j \qquad (3)$$

（二）整体效应分析

从计量结果看，核心解释变量贸易便利化对陕西的外贸出口有较大的促进作用，且贸易便利化水平越高，对促进贸易增长的作用越大。"一带一路"沿线国家的贸易便利化水平每提高1%，陕西出口贸易流量将增加1.190%，其对双边贸易的促进作用远远超过关税降低带来的贸易额的增加。虽然从回归结果来看，贸易便利化这一核心解释变量在10%的显著性水平下没有通过检验，仅在35%的显著性水平下参数是显著的，但结果是合理的。作为出口方的陕西仅属于中国的一个内陆省份，而进口方则是以"一带一路"沿线各个国家作为对象，其经济总量要比陕西大很多，因此结果的显著性会被弱化。

模型中进口国的GDP水平、人均GDP和区域贸易协定等解释变量都对陕西的出口有显著促进作用，距离和关税会对两国或地区间的贸易流量产生抑制作用。其中，是否签订自贸协定对促进陕西外贸出口的作用最大。如果双方之间签订自由贸易协定，则贸易量会增加1.447%，由此也验证了建立自由贸易区是当今各国促进国际贸易发展的有效途径，我国应该继续推进"一带一路"区域范围内自贸协定的签订。

地理距离对贸易的阻碍作用十分明显。随着国际航运的发展和亚欧大陆桥的建设，地理距离对"一带一路"地区国家间贸易的阻碍作用会逐渐降低。关税对国际贸易的阻碍作用依然存在。随着各国关税水平的普遍降低和区域经济合作的深化，关税对国际贸易的影响逐渐减小，但是仍存在一定的阻碍作用。

（三）不同贸易便利化措施的分析

贸易便利化措施的六个方面对陕西出口影响不尽相同，在资源有限的情况下，合理分配资源从而获得"一带一路"倡议最大的收益，这对政策制定者来说非常重要。因此，为了更加清楚地了解贸易便利化不同指标对贸易出口的影响程度，本文在模型（2）的基础上分别引入基础设施质量（P）、

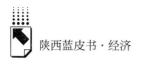

海关环境（C）、规制环境（R）、物流服务（T）、金融服务（F）和电子商务（E）六个一级指标，得到模型（4）～（9），回归结果见表2。

$$\ln EXP_{ij} = \alpha_0 + \alpha_1 \ln GDP_j + \alpha_2 \ln PGDP_j + \alpha_3 \ln DIS_{ij} + \alpha_4 \ln TAR_j + \alpha_5 FTA_{ij} + \alpha_6 \ln R_j + u_{ij} \quad (4)$$

$$\ln EXP_{ij} = \alpha_0 + \alpha_1 \ln GDP_j + \alpha_2 \ln PGDP_j + \alpha_3 \ln DIS_{ij} + \alpha_4 \ln TAR_j + \alpha_5 FTA_{ij} + \alpha_6 \ln C_j + u_{ij} \quad (5)$$

$$\ln EXP_{ij} = \alpha_0 + \alpha_1 \ln GDP_j + \alpha_2 \ln PGDP_j + \alpha_3 \ln DIS_{ij} + \alpha_4 \ln TAR_j + \alpha_5 FTA_{ij} + \alpha_6 \ln T_j + u_{ij} \quad (6)$$

$$\ln EXP_{ij} = \alpha_0 + \alpha_1 \ln GDP_j + \alpha_2 \ln PGDP_j + \alpha_3 \ln DIS_{ij} + \alpha_4 \ln TAR_j + \alpha_5 FTA_{ij} + \alpha_6 \ln P_j + u_{ij} \quad (7)$$

$$\ln EXP_{ij} = \alpha_0 + \alpha_1 \ln GDP_j + \alpha_2 \ln PGDP_j + \alpha_3 \ln DIS_{ij} + \alpha_4 \ln TAR_j + \alpha_5 FTA_{ij} + \alpha_6 \ln P_j + u_{ij} \quad (8)$$

$$\ln EXP_{ij} = \alpha_0 + \alpha_1 \ln GDP_j + \alpha_2 \ln PGDP_j + \alpha_3 \ln DIS_{ij} + \alpha_4 \ln TAR_j + \alpha_5 FTA_{ij} + \alpha_6 \ln F_j + u_{ij} \quad (9)$$

表2 分指标回归结果

Variable	（4）	（5）	（6）	（7）	（8）	（9）
α_0	-7.388484	-1.490800	-7.729157	-6.137829	-11.02048	-7.369001
$\ln DIS$	-0.701308	-0.826287	-0.687241	-0.741645	-0.535766	-0.698980
$\ln GDP$	0.046464	0.275814	0.054757	-0.050279	0.090529	0.030864
$\ln PGDP$	1.172076	0.932738	1.166018	1.191905	1.251334	1.177408
$\ln TAR$	-0.170652	-0.130081	-0.170890	-0.154205	1.531270	1.558854
FTA	1.553187	1.645815	1.540091	1.522825	-0.107291	-0.275212
$\ln R$	-0.107697					
$\ln C$		1.098291				
$\ln T$			0.156460			
$\ln P$				0.256670		
$\ln E$					0.667081	
$\ln F$						0.066627
R-squared	0.747120	0.751782	0.747228	0.747608	0.754666	0.746716

通过对结果的比较分析发现，贸易便利化各项一级指标对陕西出口贸易的影响具有显著异质性。在与"一带一路"沿线国家的外贸中，海关环境（C）对贸易流量的促进作用最大，进口国海关环境每提升1%，出口贸易流

量将增加 1.10%；其次是电子商务（E），电子商务水平每提升 1%，出口贸易流量将增加 0.667%；再次为基础设施质量（P），每提升 1%，贸易流量将增加 0.257%；物流服务（T）每提升 1%，出口贸易流量将增加 0.156%；金融服务（F），进口金融服务每提升 1%，出口贸易流量将增加 0.0666%；规制环境（R）对国家间贸易流量具有负向作用，规制环境水平每提升 1%，贸易流量将降低 0.108%。这可能是因为随着贸易透明度的提高在一定程度下可以促进贸易，但当法规更严格的时候会增加贸易开展的成本而可能会阻碍贸易。

此外，根据分析发现，在亚欧地区由于大多数国家为发展中国家，贸易便利化水平较低，电子商务对出口的影响要远大于基础设施的影响，但就发展中国家而言，"硬件"环境对国际贸易的影响要大于"软件"环境。因此，经济较落后的发展中国家，如中亚地区的国家，在促进区域贸易便利化的改善中，应首先考虑实现基础设施的互联互通，再从口岸与物流效率、金融与电子商务两大方面入手更快的提升贸易便利化水平。经济发展较好的西欧国家以及东南亚少数新兴经济体，在基础设施建设已实现基本完善的基础上，可优先重视对海关环境的改善，电子商务的广泛应用可以极大促进贸易便利化水平的提升而使贸易出口量增加。

五 贸易潜力分析

为了进一步探讨未来陕西对"一带一路"沿线国家的出口可能性，对其进行贸易潜力分析。本文设计了三种模拟方案，方案一是将贸易便利化水平值提升 10%，即 $TWTFI(1) = TWTFI + (1 - TWTFI) \times 10\%$；方案二是将贸易便利化水平值提升 50%，即 $TWTFI(2) = TWTFI + (1 - TWTFI) \times 50\%$；方案三是将贸易便利化水平提升至区域内国家最高水平。用真实的贸易总量与模型拟合值的比值来衡量总体的贸易潜力，分别估算了三种模拟形式下陕西对"一带一路"沿线国家出口潜力贸易额，贸易潜力值越小，说明两者间现阶段贸易开发越不充分。可将两者间的贸易潜力分为三种类型：

潜力再造型（$T/T^* > 1.2$）、潜力开拓型（$0.8 < T/T^* < 1.2$）和潜力巨大型（$T/T^* < 0.8$），具体结果如表3、表4和表5所示。

表3　贸易便利化提升10%的出口潜力贸易额（方案一）

国家	TWTFI	TWTFI(1)	贸易潜力	实际出口额（万美元）	模拟一出口额（万美元）	潜在贸易额（万美元）
新加坡	0.874	0.8866	0.983	70535.451	71747.180	1211.729
土耳其	0.640	0.676	0.937	5795.549	6185.531	389.982
爱沙尼亚	0.762	0.7858	0.964	143.697	149.053	5.357
斯洛伐克	0.62	0.658	0.932	17902.190	19215.375	1313.185
马来西亚	0.752	0.7768	0.962	23033.363	23940.107	906.744
拉脱维亚	0.666	0.6994	0.943	264.916	280.800	15.884
匈牙利	0.618	0.6562	0.931	760.709	816.987	56.278
罗马尼亚	0.548	0.5932	0.910	1401.965	1540.628	138.663
斯里兰卡	0.624	0.6616	0.933	1096.429	1175.492	79.063
波兰	0.608	0.6472	0.928	2604.200	2805.207	201.007
摩尔多瓦	0.512	0.561	0.897	12.042	13.419	1.378
立陶宛	0.662	0.6958	0.942	186.404	197.784	11.380
菲律宾	0.562	0.6058	0.915	7609.820	8320.702	710.883
捷克	0.666	0.6994	0.943	1527.198	1618.768	91.570
格鲁吉亚	0.654	0.689	0.940	81.883	87.064	5.181
以色列	0.698	0.728	0.951	2468.852	2596.483	127.631
沙特阿拉伯	0.714	0.743	0.954	3709.620	3887.111	177.491
阿联酋	0.834	0.851	0.977	25012.523	25606.080	593.557
越南	0.53	0.577	0.904	13190.547	14593.979	1403.433
斯洛文尼亚	0.636	0.6724	0.936	400.263	427.670	27.407
阿曼	0.712	0.741	0.954	939.246	984.628	45.382
塞尔维亚	0.516	0.5644	0.899	60.208	66.987	6.779
约旦	0.660	0.694	0.942	2998.202	3182.888	184.686
克罗地亚	0.584	0.6256	0.921	91.998	99.848	7.850
印度尼西亚	0.572	0.6148	0.918	7256.278	7906.894	650.616
泰国	0.59	0.631	0.923	19472.417	21093.124	1620.707
卡塔尔	0.810	0.829	0.973	258.975	266.220	7.245
不丹	0.56	0.604	0.914	0.642	0.703	0.060
哈萨克斯坦	0.602	0.6418	0.927	897.983	969.068	71.084
保加利亚	0.554	0.5986	0.912	233.126	255.627	22.501
亚美尼亚	0.580	0.622	0.920	43.350	47.111	3.761
孟加拉国	0.49	0.541	0.889	4365.166	4911.025	545.859
印度	0.602	0.6418	0.927	16192.120	17473.888	1281.768
黑山	0.588	0.6292	0.923	0.803	0.870	0.067

续表

国家	TWTFI	TWTFI(1)	贸易潜力	实际出口额 （万美元）	模拟一出口额 （万美元）	潜在贸易额 （万美元）
尼泊尔	0.486	0.5374	0.887	107.411	121.062	13.650
巴林	0.768	0.791	0.965	484.073	501.524	17.451
阿塞拜疆	0.616	0.654	0.931	124.591	133.887	9.296
俄罗斯	0.544	0.590	0.909	11003.307	12109.437	1106.130
埃及	0.548	0.593	0.910	7021.868	7716.372	694.504
波黑	0.516	0.5644	0.899	7.386	8.217	0.832
科威特	0.602	0.642	0.927	4805.247	5185.630	380.383
乌克兰	0.502	0.552	0.894	589.076	659.256	70.180
阿尔巴尼亚	0.564	0.6076	0.915	20.230	22.104	1.874
巴基斯坦	0.532	0.5788	0.905	12828.335	14182.225	1353.891
吉尔吉斯斯坦	0.474	0.5266	0.882	218.355	247.485	29.130
塔吉克斯坦	0.542	0.5878	0.908	1042.804	1148.489	105.685
伊朗	0.530	0.577	0.904	16933.723	18735.418	1801.695
柬埔寨	0.496	0.5464	0.891	32824.642	36831.086	4006.444

表4　贸易便利化提升50%的出口潜力贸易额（方案二）

国家	TWTFI	TWTFI(2)	贸易潜力	实际出口额 （万美元）	模拟二出口额 （万美元）	潜在贸易额 （万美元）
新加坡	0.874	0.9433	0.913	70535.451	77239.978	6704.528
土耳其	0.640	0.838	0.726	5795.549	7987.315	2191.766
爱沙尼亚	0.762	0.8929	0.828	143.697	173.530	29.834
斯洛伐克	0.62	0.829	0.708	17902.190	25295.306	7393.116
马来西亚	0.752	0.8884	0.820	23033.363	28086.803	5053.439
拉脱维亚	0.666	0.8497	0.748	264.916	353.997	89.081
匈牙利	0.618	0.8281	0.706	760.709	1077.608	316.899
罗马尼亚	0.548	0.7966	0.641	1401.965	2188.086	786.120
斯里兰卡	0.624	0.8308	0.711	1096.429	1541.387	444.958
波兰	0.608	0.8236	0.697	2604.200	3737.073	1132.872
摩尔多瓦	0.512	0.7804	0.606	12.042	19.884	7.843
立陶宛	0.662	0.8479	0.745	186.404	250.245	63.840
菲律宾	0.562	0.8029	0.654	7609.820	11634.167	4024.347
捷克	0.666	0.8497	0.748	1527.198	2040.737	513.539
格鲁吉亚	0.654	0.8443	0.738	81.883	110.965	29.082

续表

国家	TWTFI	TWTFI（2）	贸易潜力	实际出口额（万美元）	模拟二出口额（万美元）	潜在贸易额（万美元）
以色列	0.698	0.864	0.776	2468.852	3182.866	714.013
沙特阿拉伯	0.714	0.871	0.789	3709.620	4701.411	991.790
阿联酋	0.834	0.925	0.884	25012.523	28303.892	3291.368
越南	0.53	0.7885	0.623	13190.547	21162.576	7972.029
斯洛文尼亚	0.636	0.8362	0.722	400.263	554.346	154.083
阿曼	0.712	0.870	0.787	939.246	1192.871	253.625
塞尔维亚	0.516	0.7822	0.610	60.208	98.776	38.568
约旦	0.660	0.847	0.743	2998.202	4034.455	1036.253
克罗地亚	0.584	0.8128	0.675	91.998	136.341	44.343
印度尼西亚	0.572	0.8074	0.664	7256.278	10935.741	3679.464
泰国	0.59	0.8155	0.680	19472.417	28622.033	9149.616
卡塔尔	0.810	0.915	0.866	258.975	299.205	40.230
不丹	0.56	0.802	0.652	0.642	0.985	0.342
哈萨克斯坦	0.602	0.8209	0.691	897.983	1298.835	400.851
保加利亚	0.554	0.7993	0.646	233.126	360.610	127.485
亚美尼亚	0.580	0.811	0.671	43.350	64.602	21.252
孟加拉国	0.49	0.7705	0.584	4365.166	7480.435	3115.269
印度	0.602	0.8209	0.691	16192.120	23420.130	7228.010
黑山	0.588	0.8146	0.678	0.803	1.183	0.380
尼泊尔	0.486	0.7687	0.579	107.411	185.355	77.943
巴林	0.768	0.896	0.833	484.073	581.228	97.155
阿塞拜疆	0.616	0.8272	0.704	124.591	176.946	52.355
俄罗斯	0.544	0.7948	0.637	11003.307	17276.963	6273.656
埃及	0.548	0.797	0.641	7021.868	10959.222	3937.355
波黑	0.516	0.7822	0.610	7.386	12.116	4.731
科威特	0.602	0.821	0.691	4805.247	6950.264	2145.017
乌克兰	0.502	0.7759	0.596	589.076	989.014	399.939
阿尔巴尼亚	0.564	0.8038	0.656	20.230	30.839	10.609
巴基斯坦	0.532	0.7894	0.625	12828.335	20517.244	7688.909
吉尔吉斯斯坦	0.474	0.7633	0.567	218.355	384.940	166.586
塔吉克斯坦	0.542	0.7939	0.635	1042.804	1642.347	599.543
伊朗	0.530	0.789	0.623	16933.723	27168.032	10234.309
柬埔寨	0.496	0.7732	0.590	32824.642	55672.933	22848.291

表5 贸易便利化提升至区域最高水平的出口潜力贸易额（方案三）

国家	*TWTFI*	*TWTFI*（3）	贸易潜力	实际出口额（万美元）	模拟三出口额（万美元）	潜在贸易额（万美元）
新加坡	0.874	0.874	1.000	70535.451	70535.451	0.000
土耳其	0.640	0.834	0.899	5795.549	7941.966	2146.417
爱沙尼亚	0.762	0.762	0.944	143.697	143.697	0.000
斯洛伐克	0.62	0.762	0.866	17902.190	22881.604	4979.414
马来西亚	0.752	0.874	0.929	23033.363	27545.885	4512.522
拉脱维亚	0.666	0.762	0.942	264.916	310.956	46.041
匈牙利	0.618	0.762	0.862	760.709	976.042	215.333
罗马尼亚	0.548	0.762	0.898	1401.965	2075.462	673.497
斯里兰卡	0.624	0.624	0.872	1096.429	1096.429	0.000
波兰	0.608	0.762	0.846	2604.200	3406.870	802.669
摩尔多瓦	0.512	0.654	0.828	12.042	16.114	4.072
立陶宛	0.662	0.762	0.936	186.404	220.374	33.970
菲律宾	0.562	0.874	0.925	7609.820	12870.243	5260.423
捷克	0.666	0.762	0.942	1527.198	1792.617	265.419
格鲁吉亚	0.654	0.654	0.922	81.883	81.883	0.000
以色列	0.698	0.834	0.997	2468.852	3051.369	582.517
沙特阿拉伯	0.714	0.834	0.873	3709.620	4462.890	753.270
阿联酋	0.834	0.834	1.000	25012.523	25012.523	0.000
越南	0.53	0.874	0.863	13190.547	23920.657	10730.111
斯洛文尼亚	0.636	0.762	0.892	400.263	496.316	96.053
阿曼	0.712	0.834	0.871	939.246	1133.746	194.500
塞尔维亚	0.516	0.762	0.836	60.208	95.748	35.540
约旦	0.660	0.834	0.932	2998.202	3960.875	962.674
克罗地亚	0.584	0.762	0.968	91.998	126.262	34.264
印度尼西亚	0.572	0.874	0.945	7256.278	12017.420	4761.142
泰国	0.59	0.874	0.980	194/2.417	31081.686	11609.269
卡塔尔	0.810	0.834	1.000	258.975	268.132	9.157
不丹	0.56	0.624	0.921	0.642	0.730	0.088
哈萨克斯坦	0.602	0.602	0.836	897.983	897.983	0.000
保加利亚	0.554	0.762	0.909	233.126	340.675	107.549
亚美尼亚	0.580	0.654	0.960	43.350	50.009	6.659
孟加拉国	0.49	0.624	0.786	4365.166	5820.189	1455.023
印度	0.602	0.624	0.836	16192.120	16898.710	706.590
黑山	0.588	0.762	0.976	0.803	1.093	0.290

续表

国家	TWTFI	TWTFI(3)	贸易潜力	实际出口额 （万美元）	模拟三出口额 （万美元）	潜在贸易额 （万美元）
尼泊尔	0.486	0.624	0.778	107.411	144.618	37.207
巴林	0.768	0.834	0.953	484.073	533.972	49.899
阿塞拜疆	0.616	0.654	0.859	124.591	133.789	9.199
俄罗斯	0.544	0.654	0.890	11003.307	13699.291	2695.983
埃及	0.548	0.834	0.898	7021.868	11574.210	4552.343
波黑	0.516	0.762	0.836	7.386	11.745	4.360
科威特	0.602	0.834	0.836	4805.247	7082.449	2277.203
乌克兰	0.502	0.654	0.809	589.076	806.996	217.920
阿尔巴尼亚	0.564	0.762	0.929	20.230	28.940	8.710
巴基斯坦	0.532	0.624	0.867	12828.335	15509.761	2681.426
吉尔吉斯斯坦	0.474	0.602	0.755	218.355	290.206	71.851
塔吉克斯坦	0.542	0.602	0.886	1042.804	1181.581	138.777
伊朗	0.530	0.834	0.863	16933.723	29043.688	12109.965
柬埔寨	0.496	0.874	0.797	32824.642	64413.279	31588.637

根据模拟结果，可初步判断出 2016 年，陕西对"一带一路"沿线整体国家的贸易总额与模型拟合值的比值为 0.94，贸易出口潜力属于潜力开拓型。在方案一中，48 个样本国均属于潜力开拓型；在方案二中，潜力再造型（$T/T^* > 1.2$）的个数为 0、潜力开拓型（$0.8 < T/T^* < 1.2$）的个数为 6、潜力巨大型（$T/T^* < 0.8$）的个数为 42；在方案三中，潜力再造型（$T/T^* > 1.2$）的个数为 0、潜力开拓型（$0.8 < T/T^* < 1.2$）的个数为 44、潜力巨大型（$T/T^* < 0.8$）的个数为 4。可见目前陕西与"一带一路"国家之间的外贸往来较缺乏，虽然对沿线国家的出口贸易得到了一定发展，但贸易方面的联系还不够充分，市场开发程度较低，这是当前发展的一个弊端，但同时也反映出陕西与"一带一路"沿线国家之间存在较大的发展潜力，贸易具有较大的提升空间，如果能够加强"一带一路"建设的参与程度将会对陕西的外贸发展提供更大助力。

此外，通过分析发现，陕西与西亚、中亚等国家的贸易联系较紧密，属于潜力开拓型，这说明地理位置对陕西的出口有一定影响，同时也印证了近几年陕西加强与中亚、东南亚国家的外贸政策成效显著。而陕西对吉尔吉斯斯坦、孟加拉国、尼泊尔、柬埔寨等国家的出口属于潜力巨大型，说明陕西对这些国家处于"出口不足"的状态，还有很大的市场空间可以挖掘，因此可以积极推动双方贸易合作方式多元化的发展，通过投资、合作开发、合资经营、技术转让等多种方式进一步提升贸易合作水平，适当的时候可以进行陕西与潜力巨大型国家自由贸易区的谈判。陕西对"一带一路"沿线国家出口贸易潜力分类见表6。

表6　陕西对"一带一路"沿线国家出口贸易潜力分类

潜力类型	国家	地理分布
潜力开拓型 （27个）	哈萨克斯坦、塔吉克斯坦	中亚
	新加坡、马来西亚	东南亚
	斯里兰卡、印度	南亚
	土耳其、以色列、沙特阿拉伯、巴林、阿曼、约旦、阿联酋、卡塔尔、科威特	西亚
	埃及	非洲
	格鲁吉亚、阿塞拜疆、俄罗斯	独联体
	爱沙尼亚、斯洛伐克、拉脱维亚、匈牙利、波兰、立陶宛、捷克、斯洛文尼亚	中东欧
潜力巨大型 （21个）	吉尔吉斯斯坦	中亚
	柬埔寨、泰国、印度尼西亚、菲律宾、越南	东南亚
	孟加拉国、不丹、尼泊尔、巴基斯坦	南亚
	伊朗	西亚
	摩尔多瓦、亚美尼亚、乌克兰	独联体
	黑山、克罗地亚、阿尔巴尼亚、保加利亚、罗马尼亚、塞尔维亚、波黑	中东欧

从区域角度进行分析发现，贸易便利化提升对不同区域的影响呈现出显著的异质性。由于每个地区的国家数目不同，贸易便利化水平提高带来的贸易潜力相差较大。陕西对南亚地区的国家贸易出口潜力最大，其次中亚及东南亚国家；对中东欧地区的国家贸易出口潜力最小。南亚国家的贸易潜力最大，在提升50%的模拟情况下，陕西对其出口将增加72.47%的贸易额，其次，中亚国家贸易潜力也很大，在贸易便利化水平提升50%的模拟情况下，陕西对其出口将增加54%的贸易额。这也从侧面验证了陕西加强与中亚国

家贸易往来的原因，这也与近几年陕西的出口国主要集中在中亚国家以及俄罗斯情况吻合。但在发展的下一阶段，陕西需要加强对南亚国家的贸易往来，扩大出口市场。陕西对"一带一路"沿线国家的贸易出口潜力见表7。

表7　陕西对"一带一路"沿线国家的贸易出口潜力

单位：万美元，%

区　域	模拟一		模拟二		模拟三	
	增加值	提升比例	增加值	提升比例	增加值	提升比例
东南亚	10510.556	6.04	59431.714	34.17	68462.104	39.36
西　亚	4420.007	6.28	24932.883	35.40	23637.944	33.56
南　亚	3274.291	12.79	18555.432	72.47	4880.334	19.06
中东欧	1900.633	5.49	10705.501	41.81	7303.109	21.11
独联体	1195.925	10.09	6784.127	19.61	2933.833	24.75
中　亚	205.899	9.54	1166.980	54.05	210.628	9.76
总　　和	21507.211	6.75	121576.637	38.16	107427.952	33.72

六　增强陕西对"一带一路"国家外贸出口的政策建议

促进陕西对"一带一路"国家的外贸出口，提高陕西的外贸出口收益，需要从两个方面考虑，一是选择与哪些国家进行贸易，二是贸易伙伴国的贸易便利化改善程度。

（一）外贸出口市场定位选择

通过引力模型分析发现，"一带一路"沿线国家贸易便利化水平对陕西的出口有正向促进作用，且水平越高促进作用越大。通过设计的三种提升贸易便利化水平的模拟方案发现，陕西与"一带一路"国家间存在较大的贸易潜力，且区域间的贸易潜力具有显著的异质性。因此，陕西在选择外贸出口市场时可以依据外贸伙伴国的便利化程度进行定位选择。

1.短期发展对策建议（3~5年）

优先选择东南亚、西亚、中东欧国家作为"一带一路"外贸主要市场。

由于短期内贸易伙伴国的贸易便利化水平一般不能实现全方位、多领域、同步幅的提升，因此为了促进陕西对"一带一路"国家的外贸出口，应该优先选择贸易便利化程度较高的国家进行对外贸易。

2. 中期发展对策建议（5~10年）

选择贸易便利化程度较高的西亚、东南亚国家的同时兼顾贸易潜力较大的独联体、南亚国家作为开拓市场。在这一阶段，许多国家贸易便利化程度有所提升，国家之间的交通往来更加便利，因此，可以扩大外贸市场，与原来贸易便利化水平不是很高的国家加强贸易往来，开发更多的贸易潜力。

3. 长期发展对策建议（10~30年）

在继续保持将西亚、东南亚、中东欧、独联体、南亚国家作为外贸市场的同时，开始注意扩大中亚国家的外贸发展。在10~30年的时间内，"一带一路"沿线大多数国家的贸易便利化水平将有很大程度的改善，使整个"一带一路"沿线成为一个交通更加便利、制度更加完善的贸易区。在这一阶段，陕西应该在保持原有贸易伙伴的基础上与沿线的其他国家和地区加强贸易往来，从而使贸易市场更多元化。

（二）陕西"硬件、软件"配置建设

分领域研究贸易便利化六个不同领域对陕西外贸出口的影响发现，海关环境对其影响最大，其次是电子商务，规制环境的影响在六个领域中最小，这说明陕西在以后的改革中应该更加注重在海关以及电子商务上与世界其他国家的对接，这样才能更好地促进外贸发展。

1. 加快自贸区跨境电子商务平台建设

自贸区是省内与省外进行贸易的平台，电子商务平台是新时期发展跨国贸易的有力推手，加强自贸区的跨境电子商务平台建设能够积极推动陕西的外贸发展。一是有效利用互联网络与跨境电子商务平台，丰富陕西与"一带一路"沿线国家进行贸易的交易模式；仿效杭州，构建陕西的跨境电商综合试验区。二是提升自贸区内企业"单一窗口"应用率。

2. 加大口岸的建设力度

一个口岸就是一个对外窗口。通过这个窗口，陕西可以提升营商环境、发展"三个经济"、加速要素聚集。目前，陕西口岸功能不断丰富和优化，西安港务区进口粮食、肉类、汽车指定口岸功能已先后获批并正式运营。随着陕西自贸区建设的深入，陕西应该继续加大口岸的建设力度，尤其是电子口岸的建设，不仅在口岸功能上，还需要在口岸数量上取得进一步的扩展和提升。

3. 加强物流通道建设

"一带一路"沿线国家贸易便利化水平整体较低，其中许多发展中国家的突出问题是其基础设施建设情况较差。陕西应该加强与沿线国家的通道建设，在便利陕西对沿线国家出口的同时促进沿线国家贸易便利化水平的提升。一是构建综合立体的交通网络。加快对沿线国家空中航线的构建。交通运输网络建设，以增强整体运输能力为目标，大力开发以公路、航运为重点的综合运输网络体系。二是建设国际物流枢纽。加强与沿海港口联动，打通海上丝绸之路通道；开展物流节点空间布局，积极发展第三方物流。

4. 构建丝绸之路金融中心

金融是支持外贸发展的基础和保障，构建丝绸之路金融中心不仅便利了陕西与"一带一路"沿线国家的支付结算，同时通过金融项目为陕西和沿线国家提供资金保障。一是加快推进"丝绸之路经济带"跨境资金结算功能建设，推动与"一带一路"沿线国家跨境交易以人民币计价和结算。二是创新针对"一带一路"国家的金融合作项目和国际化融资模式。

5. 加强陕西与"一带一路"国家全方位的战略合作

向西加强与中亚、欧洲等国家的陆路连接，通过合作设立国际产业合作聚集区，拓展新兴市场，巩固新亚欧大陆桥经济走廊重要战略支点地位。向北以蒙俄为重点，积极参与中蒙俄经济走廊建设，合作建设能源大通道，实现优势互补。向东南加强与成渝、长株潭、北部湾、京津冀、长三角和珠三角等经济区的联络协作，推动与南亚、东南亚等国家交流往来，积极参与"21世纪海上丝绸之路"和"长江经济带"等国家重大战略布局。

参考文献

Priscila Gomes de Castro，"Elaine Aparecida Fernandes，Antônio Carvalho Campos，The Determinants of Foreign Direct Investment in Brazil and Mexico：An Empirical Analysis"，*Procedia Economics and Finance*，2013.

Shahriar Kabir，Ruhul A. Salim，"Parallel Intergration and ASEAN-EU Trade Potential：an Empirical Analysis"，*Journal of Economic Integration*，2011，4（26）：601 - 623.

John S. Wilson，Catherine L. Mann，Tsunehiro Otsuki，"Assessing the Benefits of Trade Facilitation：A Global Perspective"，*The World Economy*，2005，6（28）.

APEC，"*APEC's Achievements in Trade Facilitation* 2007 - 2010：*Final Assessment of the Second Trade Facilitation Action Plan*"，Singapore：Asia-Pacific Economic Cooperation，2012.

张晓静、李梁：《"一带一路"与中国出口贸易基于贸易便利化视角》，《亚太经济》2015 年第 3 期。

董银果、吴秀云：《贸易便利化对中国出口的影响——以"丝绸之路经济带"为例》，《国家对外经济贸易大学学报》2017 年第 2 期。

杨军、黄洁、洪俊杰等：《贸易便利化对中国经济影响分析》，《国际贸易问题》2015 年第 9 期。

汪戎、李波：《贸易便利化与出口多样化：微观机理与跨国证据》，《国际贸易问题》2015 年第 3 期。

B.13
西安提升在"一带一路"建设中的地位与作用研究*

陕西省社会科学院经济研究所课题组**

摘　要：　西安作为"一带一路"建设的重要支点，应为服务"一带一路"建设贡献"西安力量"。通过构建城市引力模型和计算城市在经济空间网络的中心度，分析西安在32个"一带一路"节点城市中的地位和影响力变化，得出西安在"一带一路"建设的推进过程中影响力也在提升，但与排名靠前的城市差距较大，需要增强城市辐射力。最后，从经济辐射、科技创新、文化交流、对外开放四个方面提出西安服务"一带一路"建设的路径。

关键词：　"一带一路"建设　西安　路径

　　2018年2月7日，由国家发展和改革委员会、住房和城乡建设部印发的《关中平原城市群发展规划》中明确了西安作为国家中心城市的定位，提出到2035年，西安将成为具有历史文化特色的国际化大都市。西安作为关中平原城市群核心城市，是西部大开发的重要引擎，是"一带一路"建

　　* 本文为2018年陕西省社会科学院重大课题"加快建设国家中心城市，提升西安在'一带一路'中的地位和作用研究"（项目编号：18SXZD04）的阶段性研究成果。
　** 课题组组长：张馨，博士，陕西省社会科学院经济研究所助理研究员。课题组成员：顾菁，博士，陕西省社会科学院经济研究所助理研究员；曹林，陕西省社会科学院经济研究所副研究员，执笔人：张馨、顾菁。

设的重要支点，承担着辐射带动西部地区和关中平原城市群发展的责任。国家战略的推动，将进一步加快西安乃至西北地区的发展。因此，西安未来应把握机遇，加快推进国家中心城市建设，在带动大关中、引领大西北、参与"一带一路"建设中发挥积极作用，为服务国家战略大局贡献"西安力量"。

一　西安在"一带一路"建设中面临的环境分析

（一）全面深化改革纵深推进，带来转型发展新动力

当前，我国经济已由高速增长阶段转向高质量发展阶段，改革不断向纵深推进。国家赋予了陕西内陆改革开放新高地，确定陕西为国家自由贸易试验区，西安为全面创新改革试验区，确立西安高新区为全国自主创新示范区。同时，国家赋予陕西（西安）统筹科技资源改革示范基地、西咸新区创新城市发展方式试验区、军民融（结）合产业基地、文化体制改革试点等多个领域改革先行区，鼓励在经济体制、文化体制、城市发展、军民融合、产业机制创新、产业政策先行先试，将为西安打破体制机制约束，激发要素活力，推进资源转化带来发展新动力和新机遇。

（二）国家推进"一带一路"建设，开创双向开放新格局

国家"一带一路"倡议，促使我国加速形成陆海内外联动、东西双向开放的全面开放新格局，直接将陕西由内陆腹地推至向西开放的前沿，从国家"大后方"跃升为东西双向开放的重要承载地。西安以"一带一路"倡议为契机，将更加积极培育外贸竞争优势，扩大市场半径，鼓励企业积极"走出去"，为企业提供了更为广阔的国际舞台，拓展"海外西安"发展空间。在国家战略的推动下，西安主动融入全球产业分工布局具有更大优势。国家结合西安独具的历史文化底蕴及传统文化脉络，提出依托丝绸之路的文化纽带，将其建成具有历史文化特色的国际化大都市，使其成为向世界展示华夏文明的重要窗口。

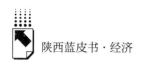

（三）宏观政策配套不断完善，引领西安发展主方向

为贯彻落实中央"一带一路"建设部署，西安市制定了"一带一路"建设行动计划，明确建设任务和分工，加快目标推进，更好地融入"一带一路"发展。《关中平原城市群发展规划》的发布为西安国家中心城市建设和国际化大都市建设注入新的活力、开启新的时代。《大西安（西安市—西咸新区）国民经济和社会发展规划（2017—2021）》的出台为加快实现西安市与西咸新区一体化建设、助推西安向国家中心城市迈进提供了综合全面的建设性方案。在这些宏观政策引导下，西安的定位更加明晰，目标更加突出，战略任务的落实更具有指导性。

二　西安在"一带一路"建设中的影响力研究

（一）"一带一路"节点城市经济空间格局分析

2013 年 9 月和 10 月，中国国家主席习近平在出访中亚和东南亚国家期间，先后提出了建设"丝绸之路经济带"和"21 世纪海上丝绸之路"的重大倡议，该倡议简称"一带一路"。"一带一路"强调中国与沿线国家在基础设施、贸易、投资、能源等多领域的合作，秉承"共商、共享、共建"的原则，依托沿线中心城市和港口城市的优势，基于国际运输大通道，重视基础设施的投资和建设，推动相关地区的经贸合作进展，实现商品和各种生产要素高效流通，并能与现有的区域经济合作组织（如 APEC）相辅相成，促进相关的国家和地区共同发展。西安是中国明确建设的内陆经济开发开放高地，意义重大，责任重大，拥有内陆物流中心的区位优势和保税物流仓储等功能，在服务中国与欧亚国家贸易往来和信息交流方面具有不可替代的作用。但是西安的经济发展水平同国际大都市相比，同沿海发达城市相比存在一定差距。如何更好地融入"一带一路"发展，积极发挥国家中心城市的主要功能，需要解决大西安在"一带一路"发展中的地位和作用问题。

在新的经济规则下，部分城市的崛起必然伴随着部分城市的衰落，这种城市间的起伏带来了城市与城市间，甚至不同区域之间互联关系的重构，城市间呈现出一种高度发达的网络化关联结构。这使得学者们开始从全新的网络视角审视城市经济空间结构动态演化的原因，其中最具代表性的就是运用城市引力模型描绘城市之间的吸引力，分析城市经济空间结构的改变。本研究通过建立指标体系来确定城市质量，同时提出"吸引惯性指数"反映城市间由于施力主体的不同而导致的吸引力不对称性，进而建立新的城市引力模型，分析我国32个"一带一路"节点城市在2013年及2016年城市经济空间引力的变化，通过社会网络分析法解析西安在"一带一路"节点城市经济空间格局中的影响力。

本研究引入汉纳斯和弗德林汉姆（1984）修订后的经典城市引力模型：

$$F_{ij} = KQ_i^\alpha Q_j^\beta / d_{ij}^\lambda \tag{1}$$

其中，Q 为城市质量，d_{ij} 为距离指数，K 为引力系数，α、β 为弹性系数，λ 为衰减指数。

城市质量 Q 作为综合评判城市发展水平的指标，应当具备真实性、完整性、连续性的数据特性，能够体现32个节点城市在"一带一路"建设中发挥的功能属性。通过对 CNKI 数据库中2000年之后有评城市质量论文的梳理，从三个层面整理出9项指标用于计算"一带一路"节点城市的城市质量（见表1）。

表1　"一带一路"节点城市质量评价指标

目标层	指标层	单位
人口规模	总人口	万人
	第二产业从业人口比重	%
经济水平	人均生产总值	元
	GDP 增速	%
	第三产业比重	%
综合枢纽	邮政业务收入	万元
	电信业务收入	个
	宽带用户数	万元
	货物运输量	万吨

评价指标体系的计算公式如下：

$$Q_i = \sum_n (W_n \cdot P_n) \qquad (2)$$

W_n 为因素 n 的权重值。

在万有引力定律中，K 是万有引力常数，但是在社会经济学中，K 成为变量，学者们称之为比例系数，即城市中由特殊的经济社会环境决定的相对其他地区的影响力系数。K 的界定并没有统一的说法，一般学者在运用引力模型时将其设定为 1，但是部分学者在研究中尝试从不同视角对 K 进行修订。王珏等人在研究城市间人口迁徙网络的过程中，将参数 K 设定为城市 GDP 占两个城市 GDP 之和的比重，尝试以经济结构来代表。本研究认为"一带一路"节点城市不同的对外开放度导致了不同城市对外传递人口流、信息流、资金流等各种流和接收各种流能力的不同，这种差距的存在造成了城市间对称性破缺的现象，使两座城市间的吸力不再对称，出现势差，这种势差推动了城市间的资源由高势能的城市集聚。可以说，城市间开放水平的差距差在一定程度上反映了城市间的引力差距。将 K 设定为城市对目标城市开放水平的比值，计算公式如下：

$$K_{ij} = \frac{T_i}{T_j} \qquad (3)$$

K_{ij} 为城市 i 对城市 j 的引力指数，其中 T_i 为城市 i 的城市开放指数，T_j 为城市 j 的开放指数。城市开放水平从贸易（进出口总额）、投资（实际利用外资金额）以及人口（接待入境旅游人数）三个层面进行考察。

根据陈彦光等的研究，并结合国内外学者的研究经验，α 与 β 皆取值为 1，λ 取值为 2，最终通过赋值将引力模型修订为 $F_{ij} = KQ_iQ_j/d_{ij}^2$。

据对城市质量及引力指数的修订，可得信息化背景下城市引力模型公式：

$$F_{ij} = K_{ij} \cdot \frac{Q_i Q_j}{D_{ij}} \qquad (4)$$

式中，F_{ij} 为城市 i 对城市 j 的引力，K_{ij} 为城市 i 对城市 j 的引力系数，Q_i 和 Q_j 分别为城市 i 和城市 j 的城市质量，D_{ij} 为城市 i 到 j 的距离。

我国人民远途出行的主要交通工具为火车，火车运行的客流吞吐量占了全国客运近 80% 的份额，在这里选择城市间的火车运行公里数为城市间距离 D。利用公式（4）可计算任意时刻城市 i 与城市 j 之间的相互作用力，据此获得各时间点下 32×32 的引力相关网络。以引力均值作为引力网络的切分点，通过构建二值化矩阵反映节点间的引力关系，在此基础上运用 UCINET 软件绘制 2016 年"一带一路"节点城市经济空间格局拓扑图（见图1），并计算其网络结构特征。

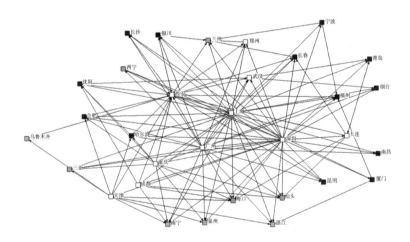

图1　2016 年"一带一路"节点城市经济空间网络格局

计算结果显示，2016 年"一带一路"节点城市经济空间网络的关联度为1，网络结构完整；网络中心势为 31.72%，这说明网络结构较为紧凑；网络平均距离为 2.314，指任意大部分节点间的联系都需要通过 2~3 个节点来中转，网络凝聚力不高，还需进一步推动城市间的互联互通加快节点城市的协同发展。运用 K-cores 网络结构法对拓扑图进行网络分层，将"一带一路"节点城市划分为三个层次。一类城市为白色图标，包括上海、深圳、广州、天津、西安、重庆、成都、武汉、大连和郑州，此类城市节点组成的网络为核心子图，代表拓扑网络中关联性最密集和网络层级嵌入最强的部分，也就是说，此类城市具有较高的网络权力，起到沟通其他节点的桥梁作用，能够通过控制流经本身的资源影响网络中的其他群体，在"一带一路"建设中发挥着枢纽功能。二类城市为黑色图标，包括沈阳、青岛、厦门、长沙、长春、合肥、昆明、福州、哈尔滨、烟台、南昌、银川、宁波，这一类城市为次外围城市，在"一带一路"建设中发挥承上启下，实现次级辐射的作用。三类城市为灰色图标，包括兰州、乌鲁木齐、西宁、三亚、海口、南宁、泉州、湛江、汕头，三类城市处于被辐射被带动的地位，城市网络中处于劣势。

（二）西安在"一带一路"节点城市经济空间格局中的影响力分析

选取2013年及2016年两个时间点，计算"一带一路"节点城市在经济空间网络的中心度。中心度代表该城市在经济空间网络中影响力的大小，数值越高，其影响的城市越多，影响力越大。

计算结果显示，西安在"一带一路"32个节点城市中的排名靠前，2013年西安的城市中心度为10.79，排名第9，随着"一带一路"建设的推进，西安充分发挥自身的区位、科技与人才优势，在2016年将城市中心度排名提升至第7（见图2）。这是因为"一带一路"赋予大西安建设"丝绸之路经济带""核心区"和"西部门户"的时代使命，充分发挥了西安的区位、地理、科技人文、能源等优势，推动西安的建设发展进入了新阶段。但必须认识到西安在"一带一路"的地位和影响力与排名靠前节点城市的差距巨大（深圳的城市中心度高达112.97），且网络接入度高于网络接出度，这说明西安虽然有利于推动"一带一路"资源的流动与集聚，但是自身经济发展对"一带一路"地区经济建设的贡献却十分有限，突出了"枢纽"和"门户"的作用，但是缺乏"增长极"的特征。在未来发展中，西安亟须更有效地利用各种资源流，发挥其经济结构优势，增强城市辐射力，才能真正巩固和提升在"一带一路"地区的影响力，发挥积极的带动作用。

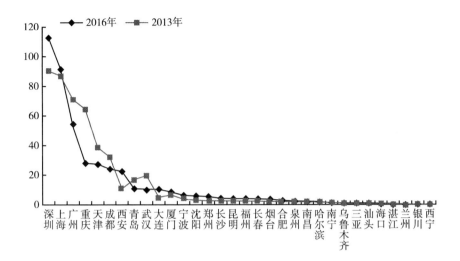

图 2　节点城市中心度分析

三　西安服务"一带一路"建设的路径研究

《关中平原城市群发展规划》提出西安建设国家中心城市的目标：打造西部地区重要的经济中心、对外交往中心、丝路科创中心、丝路文化高地、内陆开放高地、国家综合交通枢纽，即"三中心两高地一枢纽"，这也是西安服务"一带一路"建设的任务所在。综合来看，需要从经济辐射、科技创新、文化交流、对外开放四个方面提升西安在"一带一路"建设中的作用。

（一）提高经济质量，加快构建现代产业新体系

当前，西安面临做大经济总量和提高经济质量的双重任务，应当围绕"大集团引领、大项目支撑、集群化推进、园区化承载"战略，按照"优化一产、做大二产、做强三产"的思路，实施产业升级行动。坚持做大总量与做优质量并重，传统提升与新兴壮大并举，推动产业迈向中高端，加快构建以战略性新兴产业为引领，以先进制造业和现代服务业为支撑的现代产业

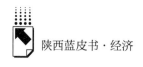

新体系。

1.加快推进农业现代化，打造农产品特色品牌

大力推进农业现代化，强化物质装备和技术支撑，构建现代农业产业体系、生产体系、经营体系，推进农业的产业化经营，促进"接二（产）连三（产）"，提高农业综合效益，提高农产品的高产、优质以及供给能力。

（1）优化农业产业结构，提升品牌效应

围绕现代城市发展需求，压缩一般性农产品生产，提高优质农产品供给，重点发展休闲、观光和生态景观型的都市农业，满足城乡居民提高生活品质的功能性需求。立足区域特色品牌，打造竞争力优势，推动特色产业协同发展。实施周至猕猴桃、阎良甜瓜、户太葡萄等优势品种东扩南移，带动种苗、储藏、电商以及技术劳动力的输出，形成区域竞争力，依托电子商务协同销售，在全国扩大品牌影响力。

（2）搭建农业产业发展平台，推进高效优质农业

以西北农林科技大学为技术支撑，组建市校合作为基础的区域农业科技创新联盟，加快关键技术研发和技术标准创新。建立特色农产品产业联盟，吸纳高校专家、各地专家和土专家，形成产业发展专家智库。建立关中地区数据共享机制，分享农业面源污染治理经验，打造区域绿色农产品品牌。

（3）培育大型农业产业化联合体，带动对外交流合作

整合各类农业经营主体，形成若干以龙头企业为核心、以合作社为纽带、以家庭农场和专业大户为基础、以社会化服务组织为支撑，关联紧密、分工明确、链条完整、利益共享、跨区域经营的农业产业化联合体。支持大型农业企业推进境外飞地园区发展，建设"一带一路"国际粮油及冷链物流基地，在哈萨克斯坦设立国际班列物流基地，推广陕西佰瑞猕猴桃研究所、爱菊粮油集团公司的国际技术交流和国外基地建设的经验，加强区域合作。

2.持续推进工业高端化，增强新兴产业发展动能

通过政策撬动、项目带动、集群发展、园区承载、创新驱动、信息化推动等战略的实施，培育壮大战略性新兴产业，优化提升传统产业，加快补齐

工业短板，构建核心竞争力强、规模和质量效益突出的现代化工业体系。

（1）优化提升传统产业

通过引入新技术、新管理、新模式，为装备制造等传统产业注入新动能，迈向价值链中高端。借助吉利、开沃等重大项目的引入，推动实现汽车产业的升级换代，努力形成300万辆汽车产能，打造国内重要的新能源汽车基地。鼓励引导企业实施重大技术改造升级工程，推进工业增品种、提品质、创品牌，打造更多"百年老店"。积极推广陕鼓等企业服务型制造经验，建设生产性服务业公共平台，积极发展服务型制造。综合运用经济、法律、环保和行政手段，削减无效低效落后产能，构建绿色产业体系。围绕高端产业和产业高端，完善产业链，高质量建设工业"特色小镇"。

（2）培育壮大新兴产业

充分发挥西安科技资源优势，推动资金、技术、人才等生产要素向新兴产业领域聚集。重点做大做强航空航天、光电芯片、信息技术、人工智能、新材料、新能源、智能制造、生物医药等硬科技产业，增强核心竞争能力，使打造"硬科技之都"的目标成为西安产生全国性贡献的核心。注重原始创新，加快推进硬科技产业园区、平台、载体建设，吸引全国的科技类企业重视西安优质的科研基础和创新氛围。加速硬科技产业发展基金落地实施，从基金的资金来源、管理模式、容错机制等方面制定详细的实施方案。推进硬科技领域企业龙头引进和本地培育双轮驱动，积极引进行业内具有影响力的知名企业，发挥示范带动作用，同时加快培育具有自主知识产权的本土品牌企业，创建硬科技企业培育库，对于入库企业给予政策补贴和税收优惠。加强科技企业孵化器、加速器等孵化机构建设，对认定的国家级、省级孵化机构给予奖补支持。围绕新兴产业，以加快前瞻性技术、核心关键技术突破，打通产业链上下游为目标，组织实施一批提升产业核心竞争力的重点项目。加快形成一批新兴产业集群，打造一批龙头领军企业，培育壮大"专精特新"中小企业队伍，形成经济发展新动能。

（3）推进"两化"深度融合

信息化与工业化融合将带来巨大市场空间，全面推广"两化"融合管理体系，支持企业数字化、网络化、智能化改造。加快西安工业云平台推广应用，大力扶持云计算、大数据和物联网等新业态，积极培育网络化协同、个性化定制、在线增值服务、分享制造等"互联网＋制造业"新模式。大力实施智能制造工程，培育智能制造生态体系，创建"中国制造2025"示范区。依托"中国软件名城"创建工作，加快构建新一代信息基础设施，打造网络、平台、安全三大体系，抢占数字经济发展高地。

3. 优化提升现代服务业，促进资源要素流动聚集

重点实施"互联网＋"带动战略，以西安列入首批国家服务业综合改革试点聚集区为契机，进一步壮大商贸、旅游、物流、会展等优势产业，加快发展科技、金融、电商等新产业新业态，加速产业体系实现新旧动能转化。

（1）推进生产服务业跨越发展，做大做强金融与科技服务业

着力发展现代物流与商贸业，加快培育研发设计、健康服务、教育培训等新型服务业，初步构建现代生产性服务业体系，着力打造"丝绸之路经济带"现代服务业高地。

培育壮大电子商务经营主体，鼓励电子商务平台和园区建设，加快培育国家级、省级电子商务示范基地。加快建设"丝绸之路经济带"大数据中心，积极推动信息技术服务应用，发展移动宽带通信业务、远程教育、医疗等信息增值服务，建设"西部云谷"。

打造综合性物流信息平台，重视物联网技术在物流行业的推广应用，加快西安国际港务区跨境电子商务贸易和大宗商品电子交易平台建设，借鉴线上"环球辣妈港"、线下"曼蒂保税展示交易中心"等O2O新型电子商务模式，加速提升互联网技术对现代服务业的支撑和带动能力。

建设丝路经济带金融中心。省市协力支持西安建设"丝路经济带"金融中心，整合聚集金融要素，大力发展能源金融、科技金融、文化金融、离岸金融，推动形成完善的金融服务体系。搭建陕西跨境电子商务人民币结算平台，支持银行和符合条件的支付机构为企业和个人跨境货物贸易、服务贸易提供人民币结算服务，进一步提高市场主体贸易投资的便捷性和

时效性。

(2) 提升楼宇经济发展质量，促进现代服务要素聚集

发展楼宇经济是培育新的经济增长点、加速现代服务业发展的有效途径。目前西安还处于楼宇经济发展起步阶段，规模总量较大而高品质楼宇较少、商业集中度不够，应加快发展楼宇经济，发挥中心城市的集聚效应。加强规划引领，出台《西安市楼宇经济发展规划》，由市级楼宇经济主管部门进行招商的统一协调，引导企业合理有序入驻。提升楼宇品质和物业管理服务水平，全面开展老旧楼宇的更新改造工作，鼓励新建甲级以上写字楼，提高楼宇智能化、数字化水平。健全招商体制，在全市范围内划定一批重点楼宇和特色楼宇，在对外招商中予以重点推介，吸引高端总部企业集聚。鼓励打造特色楼宇，引导同类企业入驻同一区域或楼宇，形成产业集群。建立完善由政府、楼宇业主和企业共同参与的协调对接长效机制，定期或不定期召开联席会议。搭建楼宇经济大数据平台，动态监测楼宇的招商情况，为开发商、楼宇业主、物业服务企业和入驻企业等提供及时、准确的楼宇经济信息服务。

（二）推进科技创新，提升产业核心竞争力

大力实施创新驱动发展，以军民深度融合发展和统筹科技资源改革为主攻方向，以资本为纽带，以企业为主体，以市场为主导，以体制机制创新为统揽，开展管理、模式、体制、机制等全面创新改革先行先试，强化全面创新驱动和全面深化改革双引擎，打造丝路科创中心。

1. 培育企业创新主体，充分挖掘科技资源潜力

增强企业创新能力，优化创新创业氛围，健全服务机制，构建以企业为主体的技术创新体系。通过破解体制机制障碍，催生一大批高新技术企业，培育支撑和引领产业创新发展的核心力量。支持和奖励企业建设高水平的企业技术中心、工程（技术）中心、重点实验室等研发机构，鼓励引导优势企业和院所，牵头引领相关行业的国家和省级制造业创新中心建设。围绕电子信息、新材料、新能源汽车等重点产业领域，建立一批产业创新联盟，推

行行业技术中心和区域公共技术服务平台建设，围绕重点领域重大需求和未来发展方向，开展关键核心技术攻关。推动产业链协同创新，加快创新成果向现实生产力转化。持续追踪培育科技小巨人企业，在新一代信息技术、增材制造、航空航天、生命科学、新材料、新能源等高端产业技术领域进行重点企业专项支持，培育一批科技企业的产业新集群。

2. 加强创新平台建设，全力打造"创新西安"品牌

发挥西安国家级创新试点城市和西安高新区国家自主创新示范区的辐射带动作用，加快建设具有全球影响力的科技创新中心。重点支持西咸新区、光机所、西电三个国家双创示范基地建设，全力推动交大西部创新港、西工大翱翔小镇、西电科大军民融合创新谷等项目，吸引全球高端人才和高端创新资源，带动城市和区域全面创新。充分挖掘中科创星、腾讯、阿里巴巴等众创载体潜力，扩大引进车库咖啡、京东、猪八戒等知名众创机构，示范带动全市各区域及高校院所搭建创新创业平台。打造创新载体，改造提升和新建一批众创空间，打造面向人人、服务大众的新型孵化载体群落，为创业者提供低成本、全要素的服务，为创业者打通从科技研究到产业经济的中间环节。完善孵化体系，引导各类主体开展孵化器建设，重点依托各类产业园区、高校科研院所、新型研发机构、大型龙头企业等建设科技企业孵化器，推进形成"前孵化器（众创空间）—孵化器—加速器—专业园区"完整孵化链条。加强海外孵化器合作，加强与硅谷、以色列等全球创新高地的双向合作，构建国际化创业服务体系。积极发挥科技资源统筹共享平台的作用，为企业和科研院所、科研人士搭建沟通的桥梁，通过技术交易、设备共享、减免税收等扶持措施，让这些资源优势转化为相应的产业优势，成为西部"科技创新高地"。

3. 促进科技成果转化，提高科技产业创新效能

一是打造科技成果转移转化改革试点，依托国家统筹科技资源试验特区的优势，以西安交通大学、西北工业大学、中国人民解放军空军工程大学、陕西省地质勘察院、西北有色金属研究院、陕西省电子技术研究所、中国航天集团六院等著名高校和科研院所为重点，将大西安打造成高校和科研院所

创新转化示范基地。二是完善创新激励机制，全面落实改进科研项目资金管理，下放科技成果使用、处置和收益权等改革措施，提高科研人员成果转化收益比例，加大股权激励力度，鼓励科技成果的转化。促进人才校企双向流动，总结复制和推广"一院一所一校"（有色院、光机所、西安交大）模式和改革经验。三是搭建成果转移转化平台，以国家技术转移西北中心、国家知识产权军民融合试点运营平台、西安股权托管交易中心为重点，发挥天使投资、风险投资、科技转化引导基金作用，促使科技与金融结合，开展多类型、多层次的试点。推动西北人才大市场、技术大市场和资本大市场聚集融合，营造更优的创业创新环境。

4. 统筹推进军民融合，促进军民科技资源创新互动

一是统筹协调军民科技战略规划，推动军民协同创新，完善国防科技资源管理体制，创新管理方式。进一步完善军工系统内部知识产权制度建设，支持军工科技资源向民口共享。加快全要素、多领域、高效益的军民科技深度融合发展。二是推进军民基础共性技术一体化，加快制定统一的军民科技标准，鼓励国防体系对民用资源的采购，推动民用科技资源有效进入国防建设。促进军民科技成果实现双向转化，合理统筹军民科技资源，实现创新资源的互动共享。三是改革管理体制，健全国防知识产权制度、完善国防知识产权归属与利益分配机制，积极引导国防科技成果向民用领域的转化应用，放宽国防科技领域市场准入，扩大民用科技资源参与国防军品科研生产建设。

5. 强化开放式创新，加强更高层次的国际创新合作

建立深度融合的开放创新机制，充分利用全球创新资源、科技成果和高端人才，改革外商投资和对外投资管理体制，探索更加开放的合作模式和创新政策，鼓励外资企业在我国实现产业化。扩大西安的科技品牌在国际科技交流合作中的影响力，在"一带一路"建设中主动融入全球创新体系，加快科技资源在全球范围内的开放共享，实现创新资源优势互补，促进更高层次的国际创新合作。

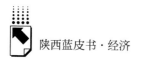

（三）增进文化交流，提高国际影响力

充分发挥西安历史文化特色优势，积极开展与"丝绸之路经济带"沿线国家的文化交流活动，以创建国家级旅游业改革创新先行区和全域旅游示范市为契机，努力推进文化旅游万亿级产业发展，建设丝路文化高地，发挥中心城市的辐射带动作用。

1. 打造文化产业精品

以丝绸之路跨国联合申遗成功为契机，联合"丝绸之路经济带"沿线国家高水平打造欧亚文化博物馆群、丝绸之路博览园、丝绸之路风情街、西安中央文化商务区等共建项目。做大做强西安影视、仿唐乐舞、西安鼓乐、秦腔等特色文化品牌。支持大唐西市建设文化艺术品国际交易平台，创建国家对外文化贸易基地。对成长性强、产业关联度高的重点文化产业精品、品牌加大培育力度，积极吸引各类资金参与陕西各地文化产业品牌的建设和培育，扶持以丝绸之路为主题的文化产业精品，运用数字出版、影视、动漫和互联网等现代科技艺术形式和传播手段，推进丝绸之路沿线国家的文化交流。

2. 搭建文化交流平台

搭建政府对话平台，以欧亚经济论坛永久性会址为依托，充分发挥西安国际化大都市的带动作用，由西安牵头，通过国家批准和城市协商，每年定期在西安举办"丝绸之路经济带"沿线城市市长论坛或市长圆桌会议，交流城市发展经验，协调共建"丝绸之路经济带"的体制机制问题。高质量打造品牌展会，办好丝绸之路国际博览会、丝绸之路国际旅游博览会、丝绸之路国际电影节、西安（香港）旅游营销大会、国际通航城市大会、高铁旅游营销大会等文化会展平台，不断创新举办机制、丰富展会内容、提高服务水准，使展会成为高端化、国际化的经贸合作平台，彰显"年轻、激情、创新"的新西安独特魅力。积极筹备 2019 年第二届"一带一路"高峰论坛，不断扩大西安的国际影响力。发挥西安区域优势，加快文化产品对外营销网络建设，建设国家级对外文化贸易基地，打造对外文化交易平台。

3. 深化国际旅游合作

围绕打造国际旅游名城和世界旅游时尚之都，加快产业融合，推进全域旅游发展。建立旅游重大项目库，采取区县联动方式，积极开展旅游推介招商工作，利用丝绸之路国际博览会、世界西商大会等重大活动进行推介宣传。实施面向全球的旅游形象推广计划，总结提升"西安年·最中国"活动经验，培育打造春夏秋冬四季活动品牌。推进旅游精品建设，加快历史文化街区综合提升改造，充分发挥文物、文化、旅游资源优势，建设集文物保护、文化展示、商业贸易于一体的历史文化精品景区，积极对接丝路沿线国家旅游资源，开辟一批跨国丝路旅游线路，联手打造国际精品旅游线路和旅游产品，共塑"丝绸之路"大品牌。

4. 大力营造良好旅游环境

完善游客服务体系，加快旅游咨询服务中心、旅游集散中心、游客服务中心建设，推进景区交通无缝对接，开通城市新能源观光巴士，启动景区直通车建设运营。完善景区道路旅游标识系统，增加国际标示和外语标示。推行"厕所革命"示范工程，形成西安特色和西安标准。加强与阿里旅游、百度等深度合作，加快旅游大数据中心建设，加强旅游服务信息互联互通，推进智慧旅游建设。

（四）扩大对外开放，开创多元合作新格局

积极融入国家"一带一路"建设，以自贸试验区建设为统领，以投资自由化、贸易便利化、物流便捷化、监管法制化和城市国际化为核心，进一步扩大西安的经济外向度和开放度，努力形成全方位、宽领域、多层次的外向型经济，打造国际化内陆开放高地，以"三个经济"推动形成对外开放新格局。

1. 完善枢纽体系构建，持续提升对外开放广度

发挥西安在"一带一路"建设中的重要节点城市功能，加快构建大西安立体综合交通体系，做大陆、空、网三条丝绸之路大通道，建设国际性的枢纽体系和物流体系，大力发展枢纽经济。

（1）着力推进"陆上丝绸之路"建设

打造中欧班列"长安号"黄金干线，稳步提升开行班列，同时增加回程班列，提高货运效率。推动中欧班列（西安）运营优势转化为国际贸易优势，加强同"丝绸之路经济带"沿线国家贸易往来，努力实现"一带一路"国家物流体系全覆盖。实施海外货源拓展计划，加快开行南欧、北欧等新线路，高效开展特种集装箱等增值业务，努力提升综合运营能力。加快发展开放型经济产业，引进出口加工、仓储物流、口岸贸易等行业领先企业。全面推进"运贸一体化"发展，加快拓展西安国际陆港特种集装箱、冷链物流、跨境电商、商品展示体验等增值业务。

（2）着力推进"空中丝绸之路"建设

加快航空枢纽建设，打造"临空经济"生态。以发展国际货运为重点，不断巩固国际航空枢纽地位，提升西安枢纽在国内外的服务辐射能级。加强与全球重要枢纽机场的联动，不断拓展跨境电商货运包机新航线。加强与美国联合包裹公司、联邦快递公司、敦豪航空货运公司、顺丰公司等国内外知名大型物流集成商的合作，加强与国内外客货运航空公司的合作，引进更多基地航空公司入驻。全面深化与德国的合作，为中欧贸易企业提供更加便捷的国际物流与贸易通道。

（3）着力推进"网上丝绸之路"建设

重点引进国内外知名贸易商、电商、网商、支付商、金融机构、保险、教育培训等，打造完整的跨境电子商务生态链和产业链。全面开展电子商务示范体系创建，树立行业标杆，推动行业发展。围绕国家电商示范基地及跨境电商试点，以阿里巴巴、京东、国美、农商一号、敦煌网等电商标杆企业为依托，在大宗商品、农资及跨境电商方面发力，打造西部千亿级电商产业高地。

2.强化开放平台建设，持续提升对外开放深度

以西安"海陆空"立体化开放大通道为支撑，搭建面向"丝绸之路经济带"的对外开放平台，进一步加强项目、资金、人员、信息交流，全面提升西安在"丝绸之路经济带"的影响力，发挥面向"丝绸之路经济带"

的门户功能。

（1）创新自贸试验区建设，复制推广成果经验

持续推动西安各片区抓好各项改革试点任务落实，继续推进形成铁路运输方式舱单归并新模式等一批可在全国复制推广的创新成果，推动投资自由化、贸易便利化、监管法制化，对标国际经贸规则体系，营造法治化国际化便利化营商环境。加快启动西咸新区空港新城综合保税区的建设，探索建设内陆枢纽型自由贸易港，围绕投资、金融、法治和新兴要素便利流动开展一系列制度创新，吸引全球科技资源、高端人才和资本在新兴产业形成集聚效应，推动开放型经济加快发展。

（2）强化西安枢纽型口岸带动作用，加快形成"大通关"体系

推进一类口岸系统化建设，建成一批重点口岸产业园。建立共用共享机制，共享口岸，共享陆港的国内、国际代码，加快通关一体化进程，建立健全企业跨国投资贸易的口岸服务体系。按照现代化、国际化、创新型城市建设的要求，加大口岸信息化、智能化建设的投入，借助信息技术提升口岸通关效率和监管水平。强化物联网建设，推进航空枢纽口岸、铁路口岸、电子口岸多式联运。扩大电子口岸试点，建设一批功能配套的物联网配送基地。培育壮大一批与中亚、西亚和欧美等发达国家产业合作、产能合作、人文交流合作和投资贸易合作的跨国口岸产业集群，形成与沿海沿边主要口岸紧密合作、辐射全球主要经济体的口岸开放新格局。

（3）打造"一带一路"企业服务平台，推动经贸活动积极开展

充分发挥丝路沿线重要节点城市办事机构的作用，如通过西安在哈萨克斯坦和吉尔吉斯斯坦设立的商务代表处，收集中亚地区经贸情况的动态信息，提供西安与中亚地区在投资贸易、技术交流等方面的合作意见，推介西安优势产业、产品、投资项目及经济技术合作项目，推动外商进行经贸考察和洽谈活动。打造西安"一带一路"国际商务服务中心，为企业"走出去"提供项目对接、政策咨询、人员培训等服务。以西安建设"一带一路"企业协会为依托，引导协会搭建"走出去"企业投资贸易便利化平台，加强与政府职能部门的政策沟通及落实，使企业组成跨行业、多专业的团队，

"借船出海""抱团出海",共同开拓欧亚国际市场。

3. 推动对外经贸转型升级,全面提升对外开放水平和质量

加快开放创新动力转换,积极培育外贸竞争新优势,推动对外经贸转型升级实现可持续发展,加快西安融入全球产业分工布局,不断拓宽开放合作领域,加快发展流动经济,促进开放型经济更具活力。

(1) 促进外贸进出口稳步增长,促进外贸提质增效升级

抢抓"一带一路"建设机遇,转变外贸发展方式,从以货物贸易为主向货物和服务贸易协调发展转变,从依靠模仿跟随向依靠创新创造转变,从大进大出向优质优价、优进优出转变。以科技创新为动力,大力实施科技兴贸、以质取胜,有效发挥西安的区位比较优势,集中力量,重点突破,梯次推进,优先发展重点产业,抓好龙头型出口企业引进,扩大产品出口。积极培育贸易新业态新模式,支持跨境电子商务、市场采购贸易、外贸综合服务等健康发展,培育外贸新的增长点。创新营销方式,发展国外代理商、批发商和零售商,减少中间环节,提高价格竞争力,不断开拓国际市场。

(2) 积极推动本土企业加快"走出去"步伐,拓展发展空间

实施产能出海,鼓励西安优势产业、优势企业"走出去",积极开展多元化国际经营。引导企业到国际市场配置资源,积极推动农业、装备制造、建材、造纸等领域优势企业海外投资,深度参与国际产业分工协作,带动相关装备、材料、标准、技术和服务"走出去"。深化对外投资战略布局,做大做强西安对外投资,推进西安制造、西安服务、西安品牌"一体化""走出去",打造跨境产业链,引导企业在海外建立加工组装、境外分销、售后服务体系,带动本地产品和服务出口。以引进和外拓相结合,推进欧亚产业园、中亚产业园等各类园区建设,对接"一带一路"国家企业的投资与贸易项目。支持大型企业推进境外飞地园区发展,建设"一带一路"国际物流基地。

(3) 推动对外承包工程业务转型,提升外派劳务输出质量

发挥龙头企业带动作用产生的"乘数效应",促进更多的对外承包工程企业走出国门,推动对外承包工程业务向高端转型,从传统的建筑业向拥有

核心技术的服务贸易业转变。从单纯的工程分包向 EPC、PMC、BOT 等国际通行方式开展对外工程承包，推动土木工程承包、公路铁路建设、水利电力建设等产业向高端化发展，集技术咨询、设计、建造、运营、售后服务为一体，创造高附加值服务出口。加大政府部门对劳务服务平台的指导力度，引导企业通过劳务服务平台招收劳务人员，打造西安外派品牌。净化外派劳务市场，从保护劳务人员合法权益、整合劳务资源入手，规范外派劳务合作行业。引导外派劳务向高端劳务发展，不断增加对外劳务人员在外人数和实际收入。

参考文献

朱道才、陆林、晋秀龙等：《基于引力模型的安徽城市空间格局研究》，《地理科学》2011 年第 5 期。

Harvey，D.，*Explanation in Geography*，London：Edward Arnold，1997.

王珏、陈雯、袁丰：《基于社会网络分析的长三角地区人口迁移及演化》，《地理研究》2014 年第 2 期。

陈彦光、刘继生：《基于引力模型的城市空间互相关和功率谱分析》，《地理研究》2002 年第 6 期。

B.14
西安军民融合示范区发展研究*

姜涛 吴晓星 范晓鹏**

摘 要： 军民融合发展作为一项国家战略，关乎国家安全和发展全局，
既是强军之策，又是兴国之举。西安在打造国家军民融合创
新示范区发展过程中既有机遇，也存在着制度、体制、机制、
政策及结构性矛盾及发展不平衡、不充分问题，需认真分析
研判，以准确规划西安军民深度融合示范区发展的路径。

关键词： 西安 军民融合示范区 路径

一 西安军民融合示范区面临发展机遇

（一）军民融合产业基础雄厚

西安是我国老工业基地，受到中华人民共和国成立后国家"一五""二
五"建设大力支持，行业门类齐全，产品品种丰富，再加上有大量军工企
业的布局，有"飞机城""军工城""航天城"之称，其中航空、航天、兵
器、船舶、军工电子、核工业六大行业在区域内都有布局，是我国国防科技
工业重要基地，具有军民深度融合的良好基础和潜力。西安先后建成了高新
区、经开区、航空、航天、西咸等多个国家级开发区，聚合发展军民融合产

* 本报告系陕西软科学研究计划（2018KRM060）、陕西社科规划基金（2018D04）阶段性研究成果。
** 姜涛，陕西省社会科学院副研究员；吴晓星，西安欧亚学院讲师；范晓鹏，西安建筑科技大
学副教授。

业，发挥了明显的带头带动作用，打造了西安国家民用航天产业基地、西安兵器工业科技产业基地等平台，有效促进了军民融合产业聚集发展。

（二）军民融合资源丰富、科技创新成果显著

现有火箭军工程大学、空军军医大学、西安解放军边防学院、西安通信学院、西安空军工程大学、西安政治学院、武警工程学院等 7 所军事院校和西安交通大学、西北工业大学、西安电子科技大学、西安工业大学等一批涉军院校。长征系列运载火箭发动机已成为我国名牌动力，庆安制冷发动机等多个产品为国家名牌产品，西飞铝材等多个产品为省市名牌产品。

（三）政策大力支持

2015 年，中共中央办公厅、国务院办公厅印发《关于在部分区域系统推进全面创新改革试验的总体方案》，确定西安成为全国 8 个全面创新改革试验区域之一。这为西安市建设发展提供了新的契机与动力。根据国务院批复的《西安市系统推进全面创新改革试验方案》，西安市先后出台了加快军民融合《关于系统推进全面创新改革试验打造"一带一路"创新中心的实施意见》《西安市军民融合深度发展专项行动计划（2018—2020 年)》《关于申报军民融合创新改革支持政策的通知》《西安市军民融合产业标准化项目扶持管理办法》《经开区建设军民融合创新示范园实施方案》等一系列政策文件，同时制定《西安市军民融合统计监测方案》，建立了属地化军民融合产业统计体系，并开展试监测，积极探索推进军民产品和技术标准通用化工作。

（四）各种国家支持平台机遇叠加

统筹协同"关天一体化""西部大开发""一带一路""自由贸易试验区（西安片区)"建设，积极落实国家中心城市、国际化大都市、关中城市群规划体系目标，以完成国家战略任务推进现代化经济体系建设。日前，国家发改委、民航局正式批复设立西安临空经济示范区，其中"军民融合"

在已获批的国家级临空经济示范区中首次被提及，也是西安临空经济示范区承担的特色使命。综观西安发展的诸多重大机遇，军民融合是国家赋予西安最鲜明的改革试验任务，应在军民融合体制机制创新、军民资源开放共享、军工科技成果转化、军民融合服务体系、军民融合产业发展等方面形成"西安模式"，加快建设国家军民深度融合示范城市。

（五）区域其他周边城市大力支持

除了西安军民融合发展以外，陕西的宝鸡、汉中、咸阳、渭南等城市在国家国防军工领域地位十分重要，也是军民融合快速发展的城市之一。这些国防军工较为集中的城市分布在关中、陕南，成为掎角之势，互为支撑，加上高铁、高速公路等便利的交通条件支持，对西安为中心的军民融合创新示范区构成有力支持。

二　西安军民融合示范区发展存在问题

（一）缺乏军民融合示范区建设顶层设计及对策研究

西安市对示范区申请从宏观战略研究到微观对策布局均有不足，体现为站位不高，能力不强。青岛首批获得国家军民融合示范区典型经验，就是紧紧围绕示范区建设保军强军的宗旨，将示范区定位为军民深度融合、靠前保障的特色海军城，配套出台示范区建设、产业融合发展意见。而对标城市成都，2016年制定促进军民融合产业加快发展、军民融合产业"十三五"规划，提出打造国家军民融合创新示范区战略目标，顶层设计也走到西安前面。

（二）军民融合产业提升有待加强

从融合规模看，西安市军民融合产业规模较弱，融合领域有限，除航空航天产业在全国具有较大影响意义外，其他产业发展滞后。融合领域主要集中在传统行业，新兴产业拓展有限。信息、技术、人才、资本、设施等全要素参与军地两大体系双向流动、渗透兼容的局面尚未形成。从合作层级看，民进军由于缺乏国内新型系统总成及单项领先技术，绝大部分停留在做二三级配套，处于产业链低端，很难进入项目系统总成及关键产品、核心技术领域，资本合作中缺少话语权。从参与企业看，民进军缺少龙头企业带动，以民营企业为主，参与的大型企业数量较少，在产品研发、技术创新、资金保障、人才等方面缺乏后劲。

（三）军民深度融合体制性障碍有待破解

一是组织支持保障力度不够。军民融合涉及对象众、要素多、领域广，地方与军方、国防科工集团、军工企事业单位之间共同推进军民融合发展的协调机制有待进一步发挥，军军、军地、部门与部门、部门与开发区之间信息交流、管理渠道不畅，尚未形成权责明晰、责任到位、考核严格的管理体系，军民协同创新、深度融合统筹协调难度大、发展受制约。目前，省级以下没有规范统一的军民融合发展工作管理机构，以目前设在市工信委的军民结合推进处来组织协调，"小马拉大车"，已显力不从心，与实现国家战略目标的要求差距甚远，西安市一级军民融合发展委员会亟须建立。二是军民融合协同创新及资源共享水平不高。由于军工科技资源产业化发展多处于"两高一多一少"状态，即"高资金、高技术、多品种、少规模"，民口单位融合难、壁垒多、成本高，由于当地民口单位自身实力所限，在军民融合产业发展上主导性差，话语权缺失，导致民口单位参与融合热情逐年下降，军工单位由于管理体制的制约和市场理念的问题，参与融合主动性不足，导致其对陕西科技资源统筹中心和西安科技大市场等服务平台利用不够。军工和民口重复立项、重复投入、设备低利用率，造成科技投入资源的严重浪费。军民共享科技资源由于缺乏有效商业模式支持，导致协同创新水平不高。三是管理体制不平衡、不充分问题突出。西安开发区众多，仅国家级开发区就有 8 个，除航空、航天、兵器产业基地园区产业聚集、特色鲜明外，其他园区产业聚集度低、特色不鲜明，各开发区招商引资只注重数量和产值，不注重质量和品种，产品低端化发展倾向明显，产业结构相同，同质化问题突出，重复性建设，内耗过大，导致无序竞争，招商引资脱实向虚不充分现象突出；各开发区目前运行模式大多是采取准政府的管委会体制，是市政府的派出机构，以经济管理为核心业务，而区域内的社会事务仍交由地方负责，开发区经济"一骑绝尘"与行政区社会事务"裹足不前"的不平衡现象突出，既不符合事权财权相统一原则，也不利于开发区与行政区矛盾的解决。

（四）军民深度融合机制不活有待改善

一是"军转民"效果不突出。军工系统自成体系，长期"内循环"，利益固化，改革动力不足"不想融"，权限不足"不敢融"，能力不足"不能融"，产权制度改革推进缓慢"无法融"。很多军工单位在民品发展上仍然沿用计划经济的思维方式，以军品的管理理念和模式来管理民品，不善于运用市场的手段解决民品发展中的资金筹措、产品研发、市场开拓等问题，影响了军转民的效果。二是"民参军"仍存在障碍和问题。目前民参军企业小而散，参与的范围和层次都比较低，大部分产品以局部组件为主，系统级的产品较少。民口企业特别是民营企业更多的感到参与国防科技工业建设渠道不统一、不规范，既"不敢进"也"进不去"，"民参军"在招标机会、税收政策、条保资金投入、科研经费、项目审批等方面无法享受军工企业平等待遇和政策，具体表现在：一是"四证"办理存在死结问题；二是军事装备需求信息公开制度不完善、信息不对称、资源难共享；三是军品采购多用邀标方式，主观性强，竞争缺乏监督，民企难参与；四是军品生产具有高投入、小批量、多品种、长周期、单一需求方等特点，民企参与风险较大。

（五）军民融合示范区营商环境不优有待提升

一是市场环境不优。市场经济经济增长的集约化程度没有大幅度提升，粗放式增长模式未能根本改变，环境压力已日益成为制约当地经济发展的重要瓶颈。二是企业家精神、企业主体地位缺乏。市场与政府关系没有完全理顺，市场在配置资源决定性作用未有实质性突破，政府由管理型向服务型转变不到位，经济"行政化"，国企"官本位""铁饭碗"思想严重，垄断国企推进改革力度不足，尊重知识、尊重人才、尊重企业家、弘扬劳模精神、工匠精神和"西商精神"培育不到位。三是金融支持不足。西安市军民融合类基金规模较小，现有军民融合政府投资基金 3 只，计划规模 114 亿元，但实缴到位资金仅为 12 亿元，实缴到位率不足 10.5%，财政资金出资与社会资本出资的比例不足 1∶1，远低于一般基金 1∶3～1∶4 比例，撬动社会资本不足。另外，市区基金联动不足，定位不突出，市、区两级军民融合基金更多为资本纽带关系，即开发区财政向市级军民融合基金出资、市级军民融合基金给开发区基金配资，市、区两级军民融合基金缺乏如联合投资、跟进投资等其他合作方式。四是军民深度融合思想观念差距有待减少。全市在军民融合的思想和观念上与中省要求还有差距。从地方政府看，保军强军服务意识淡漠。地方政府认为军队国防建设是国家职责，与地方无关，加上军品生产免税，GDP 不计入地方考核体系，对地方的贡献不大，因此对军口支持力度止步不前，形成军地分割、两张皮现象严重。从民口单位看，"民参军"短期行为严重。更多是利益驱动，思想站位较低。观念落后导致在陕军口单位除航空航天略有优势外，其他领域发展受阻，实力逐年下降，形势堪忧。认识不到位，思路不清晰，改革创新步子不大，加速缺乏动力。从军口单位看，缺乏"军转民"紧迫感。军工相对封闭状况还没有根本改观，固守传统观念"不愿进"，缺少服务地方经济的责任意识，与地方对接不主动，习惯于自我保障，据统计，省内民口单位对军工单位的配套不到 20%，影响到军地资源要素流动。

三　西安军民融合示范区发展路径

西安军民融合发展示范区建设及发展存在不少问题，究其根源，既有结构性矛盾、政策性问题，也与主观思想认识有关，究其根源在于体制机制不能适应发展的短板突出，遵循问题导向，建立西安军民融合示范区路径如下。

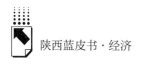

（一）加强军民融合产业规划及示范区建设制度设计

加快西安军民融合创新示范区建设、军民融合产业总体发展规划及实施方案，积极推动经济建设和国防建设融合发展的意见出台，出台有关军民融合产业资金支持、军民融合示范区建设发展、营造公平市场环境、打造良好市场秩序、加强知识产权保护、建设法治政府、提高行政服务效能、吸纳国内外高端人才、改革居留户籍政策、打造西安实体经济硬科技"八路军"、中国（西安）制造 2025 等相应措施。

（二）搭建强力高效的军民融合管理服务机构

按照中央和省上军民融合发展组织架构，尽快成立西安市军民融合发展委员会，吸收 12 个国家军工集团作为成员，集省全市之力，汇全国之智，召开西安军民融合发展推进大会，加强与国家有关部委、军方、国防科工集团、科研院所、智库合作对接。设立中省市领导联席会议制度，建立定期和专项协商制度，统一领导指挥协调当地军民融合发展，打造示范区建设创新发展机制。在军工集中的高新区、经开区，航空、航天、洪庆基地等设立市军民融合发展领导机构下设的具体工作机构。为解决"小马拉大车"问题，结合当前建立西安军民融合示范区的需要，设立独立建制的西安国防科工委，作为西安军民融合发展委员会的具体常设办事机构，主管全市军民融合发展，更好对接国家国防科工改革。

（三）促进示范区体制机制创新

一是实行区域大整合，破解开发区、行政区"两张皮"现象。西安市已经展开开发区托管行政区的工作实践，2017 年 1 月 22 日，西安托管西咸新区，2017 年 4 月 8 日，西咸新区正式托管咸阳市 15 个乡镇街道并取得显著的成绩。在西咸新区、国际港务区试行托管的实践工作为今后各开发区全面托管打好基础，并为下一步"政区合一"投石探路。二是整合区域资源，优化产业布局。随着 2017 年初西安市托管西咸新区，西安目前有"五区一港两基地"，8 个国家级开发区，统筹大西安产业布局，避免园区低层次招商、同质化竞争，促进实现产业错位发展，园区优势互补。高新区应以军民融合科技创新为驱动，打造军民融合示范区核心竞争力；经开区可围绕军民融合重点产业方向，打造军民融合产业装备制造业基地；西咸新区以"硬科技""大数据""能源金融"等新经济、新业态为突破，打造"西安陆家嘴"；西安国际机场、国际港务区以西安大地原点为区位优势，打造西安军民融合示范区枢纽经济、门户经济和流动经济新模式；航空、航天基地汇聚众多科研院所和军工单位，助推军民融合产业实现转型升级新跨越。三是建立军民融合新型考核机制。开展军民融合指标体系研究。厘清军民融合发展产业经济指标的统计范围、指标含义和口径，逐步实现统计规范化、保障化。将民口单位进入军工领域和军工单位进入民品领域业绩纳入地方政府的考核内容。完成《西安市军民融合统计报表制度》《西安市军民融合发展评价监测方案》《西安市军民融合统计数据管理工作规定》等制度报表设计，并开始数据采集和数据统计，打造军民深度融合的长效机制。

（四）推进"军转民"开放创新

一是争取军工单位改革试点。争取军工单位投资决策权，允许自主决定参股、控股民营企业的试验，支持军工单位开展科技成果收益分配改革，探索开展国防知识产权解密和转化交易试点，开展研发发包制和产品订货招标制试点。二是推进军工高技术应用。支持军工单位自主处置不涉密科技成果的合作、转让、投资和实施许可等事项。支持军工单位利用自身优势，在西安创办、合办科技型企业。鼓励军工企业自主选择配套企业，提高地方名优产品配套率，构建"小核心、大协作、专业化、开放型"科研生产体系。建立军工科技资源使用和服务价格补偿机制，推动优质资源向社会开放。三是扶持一批"军转民"龙头企业和军民融合高新技术企业。重点支持军工单位"军转民"项目本地转移转化，在先进制造业、新材料、新能源等产业领域培育出一批自主创新能力强、主业突出、掌握核心关键技术、拥有自主知识产权和品牌优势的"军转民"重点龙头企业和高新技术企业。

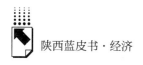

（五）推进"民参军"体制创新

一是推进混合所有制改革。加强与央属军工集团的战略合作，争取"民参军"改革创新先行先试。支持符合条件的民企与军工企业组建混合所有制企业，积极参与央属军工企业提质增效，参与军工科研院所分类改革，联手打造军民融合科技型企业。二是推进审批管理体制改革。健全军民融合发展的组织管理体系，统筹协调跨部门跨层级审批、军地信息沟通联络等事项。争取资质认证管理权限，建立"四证"审查、认证协调机制，推进武器装备科研生产许可、装备承制单位资格"两证"联合审查。三是围绕重点军工单位，鼓励优势民口企业积极参与军工科研生产配套。以西飞、西航、航天四院、航天六院等军工龙头单位为重点，建立产业链完整的民参军配套体系。重点支持陕汽集团、天和防务、三角防务、西部超导等一批前景好、综合效益高、核心竞争力强的"民参军"龙头企业，壮大"民参军"产业规模。对使用民口企业地产品配套的军工单位和为军工单位产品提供配套的民口企业，按照年度采购和配套额分别给予奖励。民口企业取得军品资格证且与军工单位有实际产品配套执行合同的给予一次性奖励。对民口企业获得国家条保资金、预研资金、科研经费、两维经费等支持的给予配套奖励。

（六）推进保障措施完善

1. 营商环境的优化

一是理解军民融合国家战略的定位是强军保军的核心理念，转变观念，站位要高，服务靠前，学习青岛获批示范区的先进经验，把服务军队、军工、国防看成地方义不容辞的职责，实现以民促军、军地结合、平战结合，所在区域地方政府应视军工单位为自家人，及时解决土地、资金、技术、用工、生活、荣誉、地位等问题，给予军工单位以主人翁地位。二是采取政策激励措施，创造条件积极推进军事、民用产品和技术的互通共享、有机融合。军工单位蕴含着大量先进的信息、技术、人才、管理和通道等资源优势，在发展市场经济大背景下，地方应利用好本区域内这一巨大军工优势，实现军事、民用产品和技术的两用化取得实效。三是全面强化政务环境、市场环境法治化程度。厘清政府权力边界，强化市场法规建设，规范政策支持体系，全力降低制度性交易成本，形成全社会依法办事的良好氛围。持续提升"五星级服务"规范化程度。系统深入推动"互联网＋政府服务"。

2. 龙头企业突破

一是重点支持军工军转民项目本地转移转化，在先进制造业、新材料、新能源、战略性新兴产业等领域培育出一批自主创新能力强、主业突出、掌握核心关键技术、拥有自主知识产权和品牌优势的军转民重点龙头企业。二是加快建设配套加工、综合测试和试验验证等军品配套的综合性专业性服务中心，引导同类企业和产品入区入园发展，不断发展壮大产业链，形成"一群一品"的产品集群，特色鲜明的产业集群。三是积极推动鼓励优势民口企业参与国防建设，充分发挥龙头企业支撑引领示范带动作用，重点支持陕汽集团、天和防务、三角防务、西部超导等一批前景好、综合效益高、核心竞争力强的民参军龙头企业，壮大民参军产业规模，提高民参军项目合作层次和技术含量，建立产业链完整的民参军配套体系。四是实施军民融合企业成长工程，大力推进高校（院所）与企业合作，设立军民融合创新型企业产业引导基金，引导企业向"专精特新"方向发展，努力培育一批国内细分行业"隐性冠军"。

3. 资金融通突破

一是打造军民融合示范区区域性金融中心。作为"一带一路"上国家全面创新改革重要窗口，应积极争取国家对西安军民融合示范区金融中心建立的支持，实施外汇管理简政放权，扩大人民币使用范围，拓宽企业融资渠道，强化跨境人民币结算中心功能建设，提高市场主体投资贸易的便利化和时效性。二是打通军民融合投融资通道，筹建"西安军民融合银行"，建立"西安军民融合产业发展基金"，以财政资金引导，吸引社会资金加入，基金总规模实现100亿元，以支持军民融合发展重大项目、重大工程和产业集群建立。三是加大重点产业支持力度。发起设立航天、航空、兵器、电子信息融合投资基金，重点支持军民融合专业服务平台建设、军民技术转移转化、军民融合企业改组改制、军民融合企业能力建设等领域，加大"航空、航天知识产权运营基金"配套力度，基金总规模达 10 亿元，以支持西安航空航天业在全国领先地位。四是推动军民融合重点项目投资方式转型。探索推进资本金代管、投资补贴、PPP 模式、事后补助等多种方式改革，实现军民融合项目投资法人多元化、投资方式多样化。

4. 人才支持突破

一是加大高层次军民融合人才引进力度。结合西安人才户籍新政实施，大力引进海外军民通用技术领域领军型人才，积极引进国内高层次人才和创新创业团队，加强国际人才交流合作，积极开展国外先进技术和管理经验培训。二是加强军民融合人才培养。支持军工单位、民口单位与在西安高校联合建立培训中心，支持在西安高校设立国防科技学院和国防科技专业，健全军地人才双向交流机制，培养高层次、领军型人才。三是营造良好的军民融合人才环境。认真落实人才培育、引进等政策，完善人才运行和激励保障机制，用好现有人才、激活本土人才、引进急需人才。打造产、城、人融合的大平台，以吸引优秀企业、项目和人才集聚，支撑西安建设军民融合深度发展示范区。

B.15
支持咸阳高新区建设创新型
科技园区研究

陕西省决策咨询委员会课题组 *

摘　要：　国家高新区是引领创新发展和可持续发展的战略先导。咸阳
高新区建设创新型科技园区，能够进一步加快培育咸阳新兴
产业及新业态，壮大咸阳实力，为大西安建设做出贡献。本
报告针对咸阳高新区如何利用自贸区政策红利，提档加速发
展，建设创新型科技园区问题进行了研究，提出咸阳高新区
建设创新型科技园区目标任务和对策建议。

关键词：　咸阳　高新区　科技园区

一　支持咸阳高新区建设创新型科技园区的必要性

目前，全国 169 个国家高新区按创新能力和发展水平分为四类：第一类
为世界一流高科技园区，现有 10 家；第二类为创新型科技园区，现有 18
家；第三类为创新型特色园区，现有 25 家；第四类为其他园区，现有 116
家。目前，陕西省 9 家国家高新区中，西安高新区属于第一类；宝鸡高新区
属于第二类；渭南、安康高新区正在创建第三类；咸阳高新区目前属于第四
类。我们综合分析各种条件认为，应充分利用大西安的科技资源优势，加大

---

* 课题组顾问：张光强；课题组组长：王山稳；课题组成员：冯宗宪、赵守国、王海燕、魏婕、
朱金有、蒋堃；执笔：王海燕、魏婕、朱金有。

省级层面支持力度，通过 4 ~ 5 年的艰苦努力，力争把咸阳高新区建设成创新型科技园区。

（一）国家考核晋位的需要

国家高新区作为新时代国家创新体系的重要支撑和区域创新体系的中枢，科技部每年对所有国家高新区的创新能力进行评价并发布报告，引导并鼓励其不断升级晋位。退步的要予以通报批评，落后的则有可能被约谈甚至摘帽。在国家高新区排名中，咸阳高新区由 2015 年的 124 位上升至 2016 年的 100 位，2017 年再进 3 位排名第 97 位，为近年来国家级高新区中争先进位较快的高新区之一，建设创新型科技园区有利于咸阳高新区进一步加速升级晋位。

（二）对标追赶超越的需要

咸阳高新区的可持续发展能力始终处于国家高新区中的中游水平，是其近年排名快速上升的主要因素。从对标发展追赶超越的角度看，咸阳高新区应以宝鸡高新区为标杆。2011 年 1 月，科技部批准宝鸡高新区创建"创新型科技园区"，2014 年 8 月省政府出台了《支持宝鸡高新区建设创新型科技园区的若干意见》（陕政发〔2014〕29 号），有力推动了宝鸡高新区的发展。近期，安康高新区建设特色型科技园区即将获科技部批准。从资源禀赋和发展水平看，创建创新型科技园区将更利于咸阳高新区进一步聚集创新要素，实现跨越发展。

（三）增强咸阳创新带动力的需要

咸阳作为西安（咸阳）国际化大都市的重要一极，是国家级关中平原城市群的重要组成部分，在西部大开发和"一带一路"建设中，有着重要的节点和枢纽价值。在近两年大西安建设的调整中，咸阳的发展面临多重挑战和压力。咸阳高新区以全市 0.2% 的土地面积，创造了全市 26% 以上的工业总产值，是咸阳市目前重要的创新核和增长极。建设创新型科技园区，能进一步提升咸阳高新区的品牌影响力和资源吸附力，有利于在更高的平台上吸引国内外技术研发力量和投资者，加快培育咸阳新兴产业及新业态，壮大咸阳实力，为大西安建设做出更大贡献。

二 咸阳高新区建设创新型科技园区的可行性

经过十多年的发展，咸阳高新区依托大西安丰富的科教基础和咸阳较好的产业基础，培育发展了电子信息、新型合成材料、生物医药及医疗器械主导产业，在部分细分领域拥有较强的国际国内影响力和竞争力。

（一）综合实力不断增强

2017 年，全区实现营业总收入 864.6 亿元，增长 13%，实现工业增加值 351.2 亿元，增长 13.9%，进出口总额 4.53 亿美元，增长 21.1%，完成固定资产投资 155.9 亿元，同比增长 18.3%。截至 2017 年底，入驻工业企业 346 家，其中规上企业 71 家，高新技术企业 23 家；产值过 100 亿元的 1 家，产值 10 亿~50 亿元的 8 家，产值 1 亿~10 亿元的 17 家；主板上市企业 4 家，"新三板"挂牌企业 2 家。

（二）科创能力不断提升

咸阳高新区的国家级品牌影响力和吸附力不断增强，科研院所、企业研发中心等各类创新资源加速聚集。目前全区拥有科研机构 2 家、科研院所 4 家、国家级实验室 1 个（平板显示基板玻璃工艺技术国家工程实验室，主体为彩虹集团）、省级企业工程技术中心 7 家、企业研发中心 13 家、检验检测中心 9 家、公共技术服务平台 9 个、博士后工作站 3 个、省级产业技术创新战略联盟 2 个。目前全区共有高级职称人员 545 名，中级职称人员 2268 名。近三年，全区共计承担国家 863 计划 2 项，国家火炬计划项目 12 项，国家科技型中小企业技术创新基金项目 21 项，军品配套项目 11 项，陕西省"13115"重大科技专项 5 项。

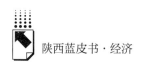

（三）电子信息产业具备较强的国际国内竞争力

国家（咸阳）显示器件产业园是 2005 年原国家信息产业部首批建设的 6 家国家级显示器件产业园区之一。以彩虹光电、冠捷科技、生益科技为龙头，产业领域主要在液晶玻璃基板、液晶玻璃面板、新型显示器、覆铜板等方面。彩虹光电总投资 280 亿元的 "CEC 咸阳 8.6 液晶面板生产线"项目，是陕西省历史上投资规模最大的单体电子信息产业项目之一。项目采用国际先进的新工艺和混切技术，生产无前框、全屏、曲面、大尺寸、超高解析度（8K、4K）液晶显示器，产品远销全球。围绕该项目，冠捷科技、康宁玻璃、林德制气、峻凌电子、南京冠石、青岛卓英社、深圳合丰泰等 19 户高科技企业，配套项目落户咸阳高新区，初步形成了区域链式布局，实现了从石英砂到电视机的全产业链生产，在未来 8~10 年内，将带动形成年产值千亿元的电子信息产业集群。彩虹集团自主研发的 G7.5 TFT-LCD 基板玻璃生产线，经中国电子学会鉴定，填补了国内空白，技术水平国内领先，对推进我国高世代玻璃基板国产化具有重要意义。陕西生益科技有限公司研制的新型非含卤覆铜板替代传统产品达到欧盟标准，产销量在国内排名第一。

（四）部分新型合成材料技术和产品具有重要影响力

咸阳高新区新型合成材料以高端橡胶为主，产业起步较早，以西北橡胶塑料研究设计院（以下简称西橡院）、延长石油西北橡胶有限公司、科隆能源、黄河轮胎为龙头，主要生产胶布、胶带、胶管、橡胶密封件、充填轮胎、特种橡胶等。产品定位高端，主要为航空、航天、兵器、船舶、电子等行业进行橡胶制品配套，同时开展部分高端民品生产。延长石油橡胶公司是我国唯一从事战斗机软油箱、座舱门密封胶带、特种胶管、胶板和胶布制品的专业化研发及生产企业，产品约占市场份额的 60%。西橡院是我国军工型号特种橡胶密封制品的核心配套企业，在航空领域为我国运 20 飞机配套橡胶产品 315 种，为 WS-9、WS-20 等航空发动机配套橡胶密封件 500 多种，为我国自主研发的 C919 大飞机配套特种橡胶 500 多种，是国内唯一的供应商。在航天领域，先后为我国载人航天工程配套橡胶密封件 200 多种，为运载火箭、东风系列导弹配套橡胶制品 1000 多种。咸阳三精科工贸有限公司自主研发的多功能橡胶抗返原硫化剂，其工艺技术先进，产品主要销往美国杜邦公司。该公司自主研制的反应型不抽出防老剂，经查阅最新资料，技术属全球独创。

（五）一些医药单品国内领先

咸阳高新区生物医药及医疗器械产业以步长制药、康惠制药等生产中成药的民营企业为主。步长集团是"中国医药企业百强榜"十强企业和中国心脑血管领域龙头企业，其代表产品"步长脑心通"曾荣获第 42 届世界发明博览会尤里卡金奖，"步长稳心颗粒"是国内中药治疗心律不齐的垄断产品，此外还开发了治疗肿瘤、糖尿病、消化类等疾病的多种新产品。康惠制药的产品涉及内科、外科、骨科、妇科等 110 多个品种，拥有国家独家品种 5 个、国家发明专利 10 个，有 20 多个品种列入国家医保目录，还有一些主导产品被列为国家中药保护品、国家重点新产品。摩美得制药自主开发具有特色的中药新药 60 余个，其中 7 个产品具有自主知识产权，"气血和胶囊""止血祛瘀明目片"等 11 个产品属独家品种。

但也应看到，与《国家高新区创新驱动战略提升行动实施方案》（国科发火〔2013〕388 号）要求相比，咸阳高新区目前的发展水平还有很大差距，还存在着自主创新能力不强、产业集群聚集度不高、科技创新创业服务体系建设薄弱、外向型经济发展滞后等突出短板。2016 年咸阳高新区的产业结构升级和优化能力指数排 119 位，2017 年排 114 位，这是影响其竞争力的主要因素。另外，2017 年咸阳高新区的进出口总额仅 4.53 亿美元，产业外向度明显偏低。对标国家高新区评价指标中的国际化和参与全球竞争能力指数，2016 年咸阳高新区排 103 位，2017 年排 112 位，瓶颈制约明显。目前，区内还未申请设立综合保税区等海关特殊监管区，创新及产业国际化水平亟待提高。CEC8.6 代液晶面板生产线项目已经投产，产品如何便利地开展国际贸易，是当前亟须解决的问题。

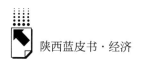
三 咸阳高新区建设创新型科技园区目标任务

（一）建设目标

按照科技部要求，建设创新型科技园区有十项考核指标，结合咸阳实际，建议分两步实施。

1. 第一步

紧抓"自贸区"对外开放红利，围绕电子信息、生物医药、新型合成材料三大核心支柱产业，强化产业链招商和以商招商，加快推进创新驱动发展和高端人才聚集，打造1个千亿级产业集群和3个百亿级产业集群。到2020年实现全区营业总收入1200亿元，入园企业达到800家以上，规上企业达到150家以上，高新技术产业产值占高新区产值的比重不低于40%。创新型科技园区建设初见成效，十项指标中至少有六项达到国家要求，在全国高新区排名达到中等水平。

2. 第二步

到2025年，实现全区营业总收入2000亿元。打造超过5～10家年销售收入超过100亿元的高新技术企业或上市公司，或至少有40～50家销售收入超过50亿元的高新技术企业或上市公司。各项指标均达到科技部考核标准，通过国家创新型科技园区验收，在全国高新区排名靠前。

（二）重点任务

1. 打造现代新型产业体系

力争用3～5年时间，结合咸阳高新区自身独有的优势和特色，打造以电子信息、生物医药及医疗器械、新型材料（高端橡胶）产业为"三大支柱"的新型产业体系。

（1）电子信息产业领域

以彩虹光电、生益科技、冠捷科技为龙头，以液晶玻璃基板、液晶玻璃面板、新型显示器、覆铜板为主要方向。完成固定资产投资 500 亿元，打造一个产业结构清晰、上下游产业链完整、国内技术领先、西部规模最大、总规模达千亿级的新型显示器产业聚集区，着力打造"西部光电谷"品牌，在全球主流光电显示产业和技术竞争中占有重要位置。

（2）生物医药及医疗器械产业领域

以步长制药、修正制药、康惠制药等民营企业为主，以中成药制造为主要方向，依托咸阳丰富的中医药研发、制造与医疗资源，将咸阳高新区建成我国重要的心脑血管等重大慢性疾病和妇幼中成医药研发与生产基地，形成总规模达 500 亿元级的产业集群。

（3）新型合成材料产业领域

以延长橡胶、科隆能源、天成钛业、西北橡塑院为核心，以高端橡胶密封件、高压胶管、航空航天钛材为主要方向，依托新型合成材料产业在人才及研发的优势，将咸阳高新区建设成为国家火炬计划高端橡胶特色产业基地、陕西省知名的新材料出口基地和区域性军民深度融合的典范，形成总规模达 300 亿元级的产业集群。

（4）战略性新兴产业领域

重点是依托中韩产业园 A 区和高新区众创空间，不断完善和优化投资发展环境及政策扶持体系，着力引进、孵化、培育一批前沿技术和重大关键共性技术项目。目前重点是加快推进惯性导航、源杰半导体、伟景智能眼、赛亚思机器人、六元碳晶、TFT 液晶显示驱动芯片等一批高科技项目尽快投产、量产，将战略性新兴产业打造成为高新区工业经济发展的新引擎，战略性新兴产业占全区 GDP 比重不低于25%，产业总规模达到 200 亿元。

2. 融入全球价值链，发展创新经济

积极融入国家"一带一路"建设，用好自贸区建设政策红利，紧抓西部大开发政策机遇，瞄准服务中西部市场，面向国际产业分工，搭建开放平台、拓展开放通道。按照"集群发展、垂直整合"的思路，培育制造、研发、结算、关键零部件产业链，探索全球产业链、价值链、供应链在内陆地区的整合盈利落地新路径，加快建立富有国际竞争力的开放型产业体系，发

展更高层次的开放型经济。通过优化涉外服务环境和营商环境，形成"需求撬动市场、市场吸引制造、制造推动研发配套"的内陆区域吸纳全球先进要素的产业促进发展模式。加快融入全球价值链高端，打造内陆开放的"升级版"。

3. 推动特色高端产业集聚，构建全面创新驱动新模式

依托咸阳传统电子信息和制药产业的优势，充分运用现代科学管理理念、要素载体功能，推进机制创新，拓展发展空间，实施特色产业重大项目带动战略，有的放矢地谋划开发项目，储备符合产业导向、附加值高的项目，加快促进特色高端产业链的形成和延伸，建设大西安创新驱动发展新引擎。重点是依托CEC8.6代线项目，建设省级或国家级新型显示产品研发中心或者工程试验中心，推动康宁基板玻璃热端项目和创维内蒙古整机生产线搬迁项目落户，推动光电公司和吸引惠科等企业在高新区建设高世代线或者OLED生产线，依托西部智谷，引进腾讯、阿里、百度、思科、中兴、华为、小米、京东等一批创新企业前来落户。

四　支持咸阳高新区建设创新型科技园区的对策建议

建议省政府研究制定《关于支持咸阳高新区建设创新型园区的若干意见》（以下简称《若干意见》），咸阳市政府制定《若干意见》相关的实施细则。建议由省科技厅负责协调，抓紧与国家科技部沟通对接，力争2018年将咸阳高新区建设创新型园区纳入国家高新区战略提升行动。

结合贯彻落实《陕西省人民政府办公厅关于复制推广中国（陕西）自由贸易试验区首批改革创新成果的通知》，支持咸阳高新区与西安国际港务区等共建"飞地经济"产业园区，探索行政许可跨区域互认，推进转移企业工商登记协调衔接。支持合作方开展质检、通关、市场执法等领域的标准对接和结果互认。支持推进贸易便利化，鼓励跨国公司、贸易公司进驻咸阳高新区，争取试行离岸贸易、跨境电商、融资租赁、保税展示交易等各种新型贸易方式。支持咸阳高新区用好自贸区政策红利，实现换挡提速发展。

进一步支持咸阳高新区科技创新。建议省发改、科技、工信、财政、知识产权等部门，支持咸阳高新区承担国家重大科技项目，开展创新型产业集群、产业技术创新联盟等方面的试点示范，加大"火炬计划"、"科技型中小企业创业投资引导基金"、"科技型中小企业技术创新基金"、高新技术企业和国家技术创新示范企业认定等对咸阳高新区的支持力度。在开展创新型省份建设试点工作中，将咸阳高新区纳入"园区基地创新发展工程"。

支持咸阳高新区发展外向型经济。建议省自贸办会同西安海关、陕西出入境检验检疫局等有关部门，依托海关特殊监管区，推进海关监管制度改革创新。通过必要的监管手段与规范的合作协议规定，允许西安综合保税区和西安空港新城保税物流中心将其功能延伸到咸阳高新区。支持咸阳高新区尽早启动设立综合保税区的申报程序，为咸阳高新区更好地整合利用全球创新资源和扩大开放创造条件。

加大财税金融支持力度。建议省市财政部门出台以奖代补政策，对在咸阳高新区转化的科技成果，其科研人员的个人所得税地方留成部分全额予以返还，鼓励科技人才和成果向咸阳高新区聚集。建议以2017年税收收入为基数，从2018年起连续8年，将咸阳高新区上缴省市财政的新增税收全额返还，专门用于创新型园区建设。建议由省金融办牵头协调，支持省科技成果转化、创业投资、产业投资引导基金在咸阳高新区联合设立子基金。

B.16
陕西特色小镇集体经营性建设用地入市对策研究

——以西安为例

张沛 王峥 信建国*

摘 要： 特色小镇集体经营性建设用地入市是土地制度改革试点的关键内容，是深入推进新型城镇化、实现城乡一体化发展的重要抓手。研究特色小镇集体经营性建设用地入市对推进集体经营性建设用地入市工作全面开展、加快推进特色小镇建设具有十分重大的现实意义。本文通过剖析现阶段西安市特色小镇集体经营性建设用地入市的发展状况，针对目前仍存在制度障碍尚未消除、供需渠道难以打通、入市基础有待强化、规划管控力度不足、入市机制普遍滞后等突出问题，从组织管理、工作基础、模式创新、规划管控、配套制度等方面提出了对策建议。

关键词： 特色小镇 集体经营性建设用地 陕西 西安

特色小镇是推进供给侧结构性改革的重要平台，是深入推进新型城镇化的重要抓手，有利于推动经济转型升级和发展动能转换，有利于促进大中小

* 张沛，西安建筑科技大学建筑学院教授委员会副主任、教授、博士生导师；王峥，西安建筑科技大学建筑学院研究生；信建国，西安建筑科技大学建筑学院博士生。
付晓萌、蔡春杰、车志晖等参与课题研讨并提出了宝贵意见。

城市和小城镇协调发展，有利于充分发挥城镇化对新农村建设的辐射带动作用。近年来，陕西省按照关中协同创新发展、陕南绿色循环发展、陕北转型持续发展的总体思路，已培育出一批产业发展前景好、经济发展速度快、辐射带动作用强的特色小镇。西安市作为陕西省实现追赶超越的重要引擎，重点建设信息经济类、先进制造类、航空航天类、科技创新类、商贸物流类、金融基金类、旅游文化类、健康养生类、现代农业类、历史经典类 10 类特色小镇。由于特色小镇的规模限制，当前以"增量"开发为主导的传统发展模式难以为继，必须从"存量"入手解决土地供需矛盾，于是集体经营性建设用地逐步成为特色小镇建设的重要的供地途径。

"建立城乡统一的建设用地市场"，"在符合规划和用途管制前提下，允许农村集体经营性建设用地出让、租赁、入股，实行与国有土地同等入市、同权同价"是我国深化农村土地制度改革的重要目标。2015 年 7 月，国土资源部全面启动 33 个区县的土地征收、农村集体经营性建设用地和宅基地改革试点工作。作为陕西省唯一承担"三块地"改革试点的地区，西安市高陵区在农村集体建设用地入市改革中成效显著。但全面推进特色小镇集体经营性建设用地入市仍面临制度障碍尚未消除、供需渠道难以打通、入市基础有待强化、规划管控力度不足、入市机制普遍滞后等方面的问题。这将成为特色小镇利用存量集体经营性建设用地的掣肘。因此，以赋予集体经营性建设用地完整权能、满足特色小镇的用地需求、实现特色小镇与农村共谋发展为目标，立足西安市发展实际，全面梳理现阶段西安市特色小镇集体经营性建设用地入市的发展状况和突出问题，研究特色小镇与集体经营性建设用地入市两项政策之间的链接路径，探寻具有可操作性的实施对策，对积极稳妥地实现集体经营性建设用地入市、加快推进特色小镇建设具有重大的现实意义。

一　特色小镇集体经营性建设用地入市的内涵界定

特色小镇主要指聚焦特色产业和新兴产业，集聚发展要素，不同于行政

建制镇和产业园区的创新创业平台,特色鲜明、产业发展、绿色生态、美丽宜居,规划面积一般控制在 3 平方公里左右,建设用地面积一般控制在 1 平方公里左右。

集体建设用地,又称乡(镇)村建设用地或农村集体土地建设用地,是指乡(镇)村集体经济组织和农村个人投资或集资,进行各项非农业建设所使用的土地,可分为宅基地、公益性公共设施用地和经营性用地三大类。农村集体经营性建设用地,最早出现于 2007 年国土资源部 39 号令《招标拍卖挂牌出让国有建设用地使用权规定》,采用列举方式对其进行界定,特指工业、商业、旅游、娱乐、商品住宅等用地。2015 年,国土资源部 35 号文件将集体经营性建设用地界定为存量农村集体建设用地中,土地利用总体规划和城乡规划确定为工矿仓储、商服等经营性用途的土地。

集体经营性建设用地入市是指在农村集体经营性建设用地所有权不变的前提下,使用权按照依法、自愿、公平、公开的原则,以有偿方式发生转移的行为。特色小镇集体经营性建设用地入市,是指为满足特色小镇建设的用地需求而将集体经营性建设用地作为特色小镇的供地渠道。

二 西安市特色小镇集体经营性建设用地入市的发展现状

(一)贯彻落实有关精神,全面推进特色小镇建设工作进入实质阶段

一是强化组织领导,完善顶层设计。西安市将特色小镇作为实施"乡村振兴战略"的着力点,提出特色要再鲜明,品质要再提升,机制要再创新,责任要再夯实。目前,各县市、开发区成立了各自的特色小镇规划建设领导小组,并设置专人负责特色小镇建设工作。为加快推进特色小镇建设,西安市出台"1 + 3 + N"系列文件。其中,"1"指西安市发改委出台的《关于加快发展特色小镇的实施意见》;"3"是指市委办公厅、市政府办公

厅印发的《西安市特色小镇创建导则（试行）》《西安市加快推进特色小镇建设若干政策》《西安市特色小镇建设工作考核办法（暂行）》；"N"是指各有关部门制定的具体支持政策。在此基础上编制印发了《西安市特色小镇政策汇编》《西安市特色小镇总体规划（2017—2021年）》，以重点建设和发展旅游文化类、信息经济类、商贸物流类、金融基金类等10大产业特色小镇为核心，构建"一带、三圈、一区"的总体布局。

二是依托资源与产业优势，重点培育两批特色小镇。2017年8月，西安市发布了第一批涵盖10大产业类别的35个创建类特色小镇名单，3~5年创建期计划总投资1897.23亿元，2018年计划总投资266.45亿元；截至2018年6月底，累计完成项目52个，在建项目130个，新开工项目13个，项目共计195个；2018年1~6月累计完成投资181.77亿元，占年度投资计划的68.22%。目前，西安市已启动了第二批特色小镇申创工作，已有34个小镇进入实地踏勘环节，最终遴选出32个小镇进入创建联审，2018年6月又对补充申报第二批特色小镇的7个小镇进行实地踏勘与专家评审。目前，第二批特色小镇创建和培育名单即将公布。

（二）积极推行改革试点，高陵区集体经营性建设用地改革收效显著

高陵区是陕西省唯一承担"三块地"改革试点的地区。截至2018年10月，高陵区完成集体经营性建设用地入市8宗，总面积67.7亩，出让总价1618.1万元，征收土地增值收益调节金329.4万元。正在组织入市的集体经营性建设用地15宗，总面积246.3亩。

一是规范健全试点制度，夯实入市基础。目前，高陵区86个村共建立集体经济合作社88个，通过成员身份界定、清产核资、折股量化、土地确权登记颁证等，盘活了农村集体资产，激发了农村经济发展的内生动力，制定了涉及农村集体经营性建设用地入市的范围、规划管理、使用权出让、民主决策、风险评估、收益分配等方面的10项改革试点制度，明确了增值收益调节金征收比例，确定了入市试点"十步工作法"和"村民大会—街办—

部门—政府"四级审核监管办法,建立了覆盖高陵区的城乡建设用地基准地价体系,完善了高陵区农村产权交易平台。

二是积极探索多元主体,优化分配机制。高陵区初步形成了"区域统筹、分类入市、收益共享"的入市模式,统筹集体资产股份权能制改革、"三变"改革,积极探索由农村集体经济组织、土地股份合作社等作为主体实施入市交易。"入市"的各个重要环节均由集体研究和公示,既让农民在深度参与的情况下有获得感,又确保了农村的和谐稳定。此外,在兼顾国家、集体、个人土地增值收益的基础上,高陵区根据土地用途、出让方式等因素,规定以成交地价总额为基数,按照一定比例征收土地增值收益调节金。入市收益中集体留存部分原则上不少于成交总价的30%,不高于成交总价的50%(原制度为不高于30%),并统一纳入村级"三资"账户进行规范监管,用于集体成员社会保障、村内公益事业建设或通过入股、联营、股权量化等方式发展第三产业。

三 西安市特色小镇集体经营性建设
用地入市面临的突出问题

(一)制度障碍尚未消除,缺少定向性的经验

一是入市改革成果显著,制度壁垒依旧存在。在特色小镇的建设过程中,农业型和风景旅游型特色小镇依托自身的农业特色产业或特色建筑、风景等旅游资源,一般不涉及土地的动迁,在集体土地上能够完成特色小镇的建设;其他类型特色小镇因需要进行建设而利用到建设用地,但由于集体土地不能用于非农建设,一般只能申请使用国有土地,而国有土地存量小,农村大量的空闲和低效的集体土地却不能加以利用,导致特色小镇在土地利用问题上矛盾突出。在集体建设用地入市后,根据现阶段特色小镇的优先审批政策,集体土地将成为特色小镇建设土地供应的重要来源,有利于降低特色小镇建设成本。

然而，当前集体经营性建设用地入市改革虽然取得了显著成果，但制度障碍尚未全部消除。除高陵区外，陕西省内其余区域进行集体经营性建设用地仍不合法。随着试点工作的截止时间临近，《中华人民共和国土地管理法（修正案）》（征求意见稿）仍处于草案阶段，尚未通过全国人大表决，其中关于集体经营性建设用地出让转让的具体实施办法也并未明确。鉴于后续入市改革制度尚不明晰，所以全面开展入市工作依旧存在一定的制度障碍。因此，目前西安市特色小镇集体经营性建设用地入市的前景仍存在不确定性，土地的供需双方多处于观望的状态。

二是试点案例存在局限性，适宜性定向经验不足。近年来，国土资源部已将全国多个城市作为试点开展集体经营性建设用地流转工作。截至2016年底，全国15个农村集体经营性建设用地入市试点地区入市地块共计226宗，面积3650.58亩，总价款46.77亿元。虽然高陵区在集体经营性建设用地入市改革试点过程中获得了丰硕成果和宝贵经验，但高陵区目前入市的集体经营性建设用地多属于解决历史遗留问题的案例，即集体土地已经被某个企业或者个人"非法"使用多年，通过入市改革补齐手续和解决拖欠集体的费用，属于既定事实合法化的过程，对特色小镇进行供地的指导意义有限。考虑到特色小镇建设的特殊性，高陵区的既有案例中缺乏针对特色小镇集体经营性建设用地入市的适宜性定向经验，难以为全面推广提供有力支撑。

（二）入市工作缺乏统筹，供需渠道难以打通

一是特色小镇集体经营性建设用地入市工作的统筹力度不足。由于涉及国土、规划、财政、税收等相关职能部门，全面推进特色小镇集体经营性建设用地入市工作需要在市、区（县）、乡（镇）、村层面进行协调。然而，西安市特色小镇集体经营性建设用地入市工作缺乏直接领导机构，虽然已设立特色小镇规划建设工作领导小组，但并未具体针对用地入市方面开展相关工作。目前，在平台建设、规则制定、市场培育、服务保障和管理监督等工作尚未开展的状况下，各部门协同推进后序的入市工作仍难以保证。

二是尚未建立服务体系完备的入市交易平台。关中地区与长三角、珠三角相比，集体经济普遍较为落后。一方面集体经营性建设用地的规模较小，总量差异巨大，对土地市场的影响力有限；另一方面，由于跨村统权的难度较大，资源缺乏整合，加之供地主体和制度障碍等问题，难以满足需求方对土地的实际要求。高陵区的集体经营性建设用地普遍具有布局零散、建设无序、效率低下等特征，并且集体经济组织之间往往缺乏合作机制，单一供地主体能提供的土地非常有限，可入市的土地指标缺乏储备库，无法进行有效统筹。因此，集体经营性建设用地的供地主体与特色小镇需要的用地规模难以直接匹配，导致特色小镇在选择供地方式时难以将集体经营性建设用地作为首选，仅是作为一种补充途径。同时，由于繁琐的交易途径，单一农户收益不高，造成集体组织对集体经营性用地入市交易的积极性不强，入市动力不足。此外，在以政府为背景的交易平台或是引入社会资本的第三方交易平台尚未建立的背景下，交易服务体系的缺失造成农村集体建设用地供应主体的平等交易地位难以保障，信息透明度较低。

（三）"摸底"工作尚未开展，入市基础有待强化

一是集体经营性建设用地当前存量及分布状况尚不明晰。首先，农村经营性建设用地实际占农村建设用地的比例较小，且大多数集中分布于东南沿海发达地区的农村，是在发展乡村工业的背景下"非法"产生的。允许集体经营性建设用地入市一定程度上是为了解决这部分闲置的历史遗留用地问题。摸清存量规模涉及对入市潜力的判断，不应盲目在存量较少的地区进行入市改革，从而间接引发土地违法行为。

其次，由于集体经营性建设用地入市尚处于试点阶段，尚未全面推广，西安市内仅高陵区进行过全面系统的摸底调研，其余区县对存量及可减量的现状集体建设用地的规模与空间布局并未进行详细统计，针对不同类型的集体经营性建设用地也缺乏详细梳理，所以可入市指标缺乏真实可靠的数据支撑。此外，由于"非法"用地未及时统计、变更调查存在遗漏等原因，农村集体经营性建设用地的实际存量大于统计数量的情况普遍存在，缺乏合法

手续、未能依法确权的集体经营性建设用地屡见不鲜。在中西部省份普遍存在隐形土地交易市场的背景下，由于缺乏对各区县的"非法"用地情况详细筛查，一定程度上又加剧了对真实存量统计的难度。

二是特色小镇的土地需求存在不确定性。一方面，特色小镇由于其自身的特殊性，可作为农村集体经营性建设用地的入市指标优先安排区域。然而西安市大多数特色小镇尚处于培育期，对其未来的发展路径并不明确，土地需求量也较为模糊，不同区位条件的特色小镇对土地需求的情况也不尽相同。因此，特色小镇普遍存在土地需求不确定性的现象。

另一方面，目前西安市尚未开展针对全市特色小镇的用地需求进行摸底工作，并未依据特色小镇的产业特色、性质以及特点而合理确定特色小镇的用地需求。集体经营性建设用地虽然存在作为特色小镇用地来源的可能，但由于特色小镇用地对需求较为模糊，造成土地供应难以实现规模控制和有的放矢。理想情况下，将原有偏远、闲置废弃、零星分布的存量农村集体经营性建设用地指标集中到交通便利、前景良好的特色小镇的利好状况暂时难以实现。

（四）规划管控力度不足，"用途管制"亟待确立

一是规划控制引导水平有待提升。首先，由于我国城乡二元发展的缘故，村庄规划编制的普遍受重视程度不足。目前，村庄土地利用规划普遍不够完善，村庄土地利用规划未能"全覆盖"；村庄规划编制的技术水平较低造成规划的权威性与合理性较弱；既有的村庄土地利用规划中，普遍缺少对集体经营性建设用地的范围、类型的梳理，难以成为支撑科学引导"入市"的工作基础和实施依据，导致规划管理存在真空地带。以高陵区为例，规划主管部门对已经完成入市的该类用地缺乏实际的规划控制，所涉及的地块虽然处于村庄之中，但用地实际的使用方式已经转换为工业、商业等用地。由于相关规划的缺位，目前难以进行有效的规划控制引导，规划管理缺乏实际抓手。此外，对于城市规划控制范围内外的集体经营性建设用地入市的差距仍缺乏统筹考虑。城市规划控制范围内外用地区位的巨大差

异以及规划覆盖程度不同导致土地交易收入差距较大，造成交易难度和积极性存在天壤之别。

其次，西安市既有的产业规划、土地利用规划、空间规划等各类规划普遍缺乏整合，各项规划难免存在"冲突"；特色小镇规划与上位规划的衔接机制尚未建立，规划接驳不顺畅，上下位规划存在脱节的现象，不利于规划管理；特色小镇规划中产业发展与土地利用规划缺乏良性互动，规划的控制和引导作用发挥有限；就地入市与转移到产业集中区入市（特色小镇）的两种方式的选取标准不明确，缺乏可操作性。

二是缺少匹配特色小镇的"用途管制"和"产业把控"制度。特色小镇与土地用途监管制度存在矛盾，特色小镇功能聚合的发展模式为其土地政策的有效施行带来难度。从宏观政策角度，特色小镇以产业为生命力，以特色为竞争力，坚持突出特点，强调区域差异性，用地呈现多样化功能需求。从微观角度，特色小镇强调"产、城、人、文"，既要求特色发展，又要求综合开发功能"聚而全"，反映了土地需求的多样性和土地利用的复杂性。不同功能用地需要提请不同审批流程，既增加了审批的成本又加大了土地获取的难度。目前，由于缺乏匹配特色小镇建设的土地用途管制制度，"管太严"和"管不住"的状况并存造成土地用途监管制度成为特色小镇用地的制约，不利于实现土地资源合理配置，难以有效防止集体经营性建设用地擅自"逐利转用"的行为。

（五）入市机制普遍滞后，配套制度亟待完善

一是土地供应体系亟待革新，土地产权制度亟待规范。第一，在现有的国有建设用地市场中，作为土地市场供给唯一主体的政府可以精准地控制土地供应的全过程。与"单主体"模式所不同的是，集体经营性建设用地入市流转属于"多主体"模式，即存在多个不同的供地主体。因此，如何科学合理地构建匹配集体经营性建设用地入市的土地供应体系，是土地供应体系进行革新时必须要考虑的重要内容。此外，城市规划区内如果允许集体经营性建设用地直接流转入市，势必会对征地造成影响，客观上对征地造成更

大的矛盾。

第二，土地产权清晰是农村集体经营性建设用地入市交易的第一前提，然而我国目前依然存在或者长期存在农村土地产权模糊混乱的情况。在农村里一般是由村委会或者村集体经济组织代为行使农民集体的权利，这其中就包括土地的管理权，农民集体与农民个体之间的归属关系该如何界定的问题以及土地产权在农民个体之间的分配问题。如果边界界定不清，难免会导致产权纠纷。当村集体土地产权因为各方利益集团争权夺利而受到侵害时，难以找到明确的权利行使主体来维护农民集体权益。在高陵区的试点中，一方面由于集体土地的产权模糊，另一方面农村集体经济组织存在的不确定性，导致特色小镇开发主体在考虑土地来源时，对利用集体经营性建设用地的积极性较低。

二是入市交易缺少明确规定，增值收益分配规则有待确立。首先，目前集体经营性建设用地入市交易对象的界定并不明晰，并未明确规定交易对象必须为政府或是能选择其他主体。如果仅将处于相对强势地位的政府作为唯一的流转对象，集体与农户的权益难以得到有效保障，有悖于国家推行集体经营性建设用地入市工作的初衷。

其次，如何实现入市后的增值收益在政府、集体、农户之间合理分配是入市工作中的重要问题。在农村集体经营性建设用地入市收益分配的过程中，每个参与主体都是最大限度地使自身利益最大化，难免会导致利益冲突。目前，高陵区采用增加值收益调节金方式，仅属于试点中的过渡方式，科学性和合理性还有待斟酌，在全面推广前还有待进一步研究和实践。

三是金融体系亟待创新，监管机制尚不健全。一方面，西安市尚未建立集体建设用地价格形成制度和机制，集体经营性建设用地基准地价、基准租金体系尚属空白，难以有效支撑特色小镇集体经营性建设用地的入市工作。西安市目前缺少特色小镇集体经营性建设用地抵押融资机制，金融机构考虑到目前集体土地入市的合法性，难以给集体土地办理抵押手续。在高陵区的试点中，特色小镇的资金需求量大，多采用 PPP 模式进行融资，但由于集体土地不能办理抵押手续，导致特色小镇开发公司难以将集体经营性建设用

地作为可行的供地途径。

另一方面，西安市农村集体经营性建设用地市场体系尚不健全，对入市全过程的监督管理体系尚未建立。尤其加强对地块入市后开工时间滞后于约定日程、建设与规划要求不符、资金不到位或市场低迷持观望情绪等原因导致无法按期动工建设等现象加强监管，以保障入市工作的有序推进。

四　推进西安市特色小镇集体经营性建设用地入市的对策建议

推进工作应重点完善"三个衔接"：一是入市组织工作与特色小镇创建工作平台的衔接，组织相关部门、机构建立强有力的协调小组和入市交易平台；二是入市扎实基础工作与农村土地确权登记颁证相衔接，摸清集体经营性建设用地可入市底数，同时结合特色小镇创建工作合理确定特色小镇用地规模；三是入市推进保障机制与试点试行相衔接，通过试点探索西安市特色小镇集体经营性建设用地入市所需的前提条件、入市前的配套政策、入市后的保障政策以及入市的监督机制等四方面内容。

（一）完善组织工作，搭建交易平台

一是依托现有组织基础，成立强有力的工作协调小组。依托现有西安市特色小镇规划建设工作领导小组组织机构，结合集体经营性建设用地自身的规律和特点，应成立横向可以联合国土、城乡规划、财政、税收等相关职能部门，纵向可以连接市、区（县）、乡（镇）、村四级机构的入市工作协调小组。协调小组积极发挥在特色小镇集体经营性建设用地入市的平台建设、规则制定、市场培育、服务保障和管理监督的作用，有序指导市、区（县）、乡（镇）、村等各级政府机构联动推进特色小镇集体经营性建设用地入市工作，强化各级政府协同工作机制，构建规划管控机制、土地产权机制、交易价格机制、金融保障机制、增值收益分配机制、监管机制等多维度的配套支持政策，打通特色小镇与集体经营性建设用地连接渠道。同时，推进工作应与其

他政策制度相衔接，如社会保障制度、土地征收制度、耕地保护制度等。

二是搭建入市交易平台，完善入市实施操作服务体系。在现有高陵区改革试点基础上，借鉴先行地区的经验，应搭建覆盖全市的农村集体资产管理交易平台，组建成立农村集体资产管理交易中心，逐步实现所有农村集体资产交易（包括集体经营性建设用地入市）都必须通过此交易平台进行，以提高交易信息透明度。

（二）夯实基础工作，同步供需计划

一是摸清全市土地供需规模。当前为夯实西安市集体经营性建设用地入市的基础工作，首先要开展全市集体经营性建设用地摸底调查工作，完成全市确地工作，以"符合规划、用途管制、依法取得"为原则，将城乡规划与土地利用规划相叠加，并结合权属来源和可行性等因素，掌握全市可入市的地块总量。其次在对全市可入市土地的摸底调查基础上，开展土地确权颁证工作，理清乡镇、村、村民小组、农民个人四类主体的产权界限，避免产权主体虚置与权能重叠，形成产权明晰、权能明确、权益保障、流转顺畅、分配合理的农村集体土地产权制度。最后，开展对全市已创建或创建中特色小镇的用地需求进行摸底调查工作，依据各特色小镇的产业特色、性质以及特点，合理确定特色小镇的用地需求，在传统"征收—出让"单一供地方式基础上，尝试将集体经营性建设用地作为特色小镇用地来源之一。

二是供地计划与需求计划同步推进。首先转变特色小镇用地观念，特色小镇范围内用地并不都用于开发建设，用地性质不只国有用地，用地不必都是新增建设用地，用地需求不必一次性取得。其次是合理控制特色小镇规模，同步推进入市供地计划。为防止对土地市场产生不必要冲击，同时鉴于特色小镇用地量大、建设周期长，借鉴国有土地年度供应计划来控制土地供应时序和节奏的方法，应当根据西安市特色小镇规划和建设进展分期、分区域、分用途安排建设用地指标。另外，探索农村集体经营性建设用地入市指标落地新方法，将特色小镇作为农村集体经营性建设用地的入市指标优先安排区域，如有必要可尝试将两者通过增减挂钩手段进行有效捆绑。

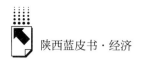

（三）推行试点工作，创新入市模式

一是试点先行，注重开展试点专题研究工作。为避免特色小镇集体经营性建设用地入市全面铺开带来的经济、社会、环境等风险，可在长安区、高陵区、灞桥区等区（县）内选取3~5个典型特色小镇进行试点，并邀请有一定科研基础的高校机构进行试点专题研究工作，1年后总结试点经验，将可复制、可推广的经验在全市范围内推行。

二是经验借鉴，因地制宜创新西安市的入市模式。农村集体经营性建设用地入市途径主要包括就地入市、调整入市和集中整治入市，基于西安市农村集体经营性建设用地存在规模小、分布散特征，入市途径将以调整入市为主，通过"化零为整"将土地指标集中起来用于特色小镇建设。第一，创新土地指标流转方式，土地指标流转参照成都"地票"模式、义乌"集地券"模式、北京大兴"储备库"模式等，因地制宜结合试点实际情况进行。第二，灵活采用入市方式，既允许土地使用权初次流转又要完善再次流转的行为。一级市场上农村集体经营性建设用地可以按出让、租赁、作价出资（入股）等有偿使用方式入市，出让、租赁、作价出资（入股）最高年限与国有建设用地使用权等同；二级市场上，入市后的农村集体经营性建设用地使用权在使用期限内可以转让、出租、抵押。第三，结合试点实际合理确定入市流程，总体流程包括：集体经济组织确定拟入市地块—街镇审核入市事项—相关部门审核入市事项—入市地块地价评估—入市事项民主决策—农村集体资产管理交易中心组织—实施主体入市申请—入市审批—组织入市交易—支付地价款和缴纳相关税费—不动产登记—特色小镇的项目建设审批等手续。

（四）强化规划引领，严格用途管控

一是完善规划体系建设，强化"多规合一"。"符合规划"是特色小镇集体经营性建设用地入市合法利用的前提之一。因此，首先应完善规划体系。重点强化市—区（县）—乡（镇）—村土地与城乡规划体系建设，明

确各级政府和职能部门的规划权责，完善公众参与与社会监督规划参与机制，保证规划科学性和合理性。同时，严格落实自然资源部关于村土地利用规划相关政策、技术文件要求，重点明确农村经营性建设用地内涵、类型、边界、增减挂钩范围以及入市的时序安排等，从而增强科学引导"入市"的基础和手段。

其次，强化"多规合一"。将西安市的产业规划、空间规划、土地规划等各类规划进行整合，消除"多规冲突"；将特色小镇产业、空间和土地等各类规划与其上位规划进行有效衔接，避免上下位规划脱节；同时，促进特色小镇"业地"良性互动，坚持规划先行，充分发挥土地利用总体规划和城乡规划的先导作用，市域范围内实施"多规合一"，建议统一的空间规划体系，依据空间规划优先将集体经营性建设用地指标向特色小镇集中，根据特色小镇产业发展特色，采取集中或分散布局方式，尝试面状或点状供地、面状或点状规划、面状或点状报批模式，促进"业""地"良性互动。

二是严格用途管控制度，防止逐利转用行为。首先，强化土地用途管制。落实国家严格保护耕地制度，严格遵守基本农田控制线和生态红线的控制要求，在健全和强化现有的土地用途管制体系的前提下推行入市工作，防止利益扩大化带来农用地、住宅用地和集体公益性建设用地不断被违法占用。另外，严格产业把控。紧扣西安市特色小镇的功能定位和产业发展方向，结合《西安市特色小镇总体规划（2017—2021 年）》提出的构建"一带三圈一区"的总体布局要求以及重点发展"旅游文化类、金融基金类、健康养生类等 10 大产业"的要求，准确把握特色小镇的内涵特质，对特色小镇的产业严格把控，入市的集体经营性建设用地应主要用于符合西安市特色小镇功能定位的旅游、文化、金融、养生等产业发展，防止以建设特色小镇之名行开发房地产之实，力求实现土地资源合理配置，提高农村集体经营性建设用地价值，推进特色小镇健康发展。

（五）规范配套制度，规避入市隐患

一是完善价格形成机制，实现同地同价目标。西安市应根据"同地同价"原则，建立全市不同区段集体经营性建设用地的基准地价体系，构建全市统一城乡建设用地市场，由土地股份合作社或联营公司委托具备资质的地价评估机构统一确定土地入市价格。首先，集体建设用地的估价体系综合考虑地理位置、交易环境，参照国有建设用地地价确定经验，积极探索建立与《城镇土地分等定级规程》《国有建设用地地价评估技术规范》相匹配的集体建设用地的土地定级、估价体系，对不同规划用途的集体建设用地制定城乡统一的基准地价。其次，在统一交易规则基础上，进一步明确交易种类、方式和场所，规范监督交易的全过程。最后，积极引入第三方评估机构，为集体经营性建设用地入市地价进行评估，出具《土地估价报告》。

二是拓展使用权权能，创新金融保障机制。拓展集体经营性建设用地的使用权权能，明确其抵押权能，以"集体经营性建设用地入市后的未来收益"作为抵押，实现农村集体经营性建设用地与国有土地具有相同的抵押融资功能，从而打通集体经营性建设用地前期整治、建设和运营的融资渠道；入市后地块达到合同约定开发条件的，竞得人可转让和出租。

为完善融资机制，今后应进一步完善特色小镇集体经营性建设用地抵押融资机制，开展政府风险分担机制和社会资本退出机制。首先建立政府风险分担机制，由西安市政府出资组建国有担保公司，根据全市集体经营性建设用地价值评估结果，为集体经营性建设用地的使用者向银行申请贷款提供担保，分担金融机构的市场风险。其次完善社会资本进入与退出机制，在特色小镇集体经营性建设用地入市过程中，鼓励和引导社会资本多种方式参与，保障村集体与个人收益同时，合理确定社会资本的收益取得方式，完善社会资本退出机制。

三是完善收益分配机制，实现多方共赢。构建一套系统的、完整的入市增值收益分配机制是确保特色小镇集体经营性建设用地入市成败的关键，完善的增值收益分配机制直接关系到农户参与集体建设用地流转的积极性，以及特色小镇集体经营性建设用地入市工作的可持续性。在收益分配管理方面，现有各地入市的试点经验以兼顾"国家、集体和个人"三者利益为出发点，在集体经营性建设用地入市和再转让环节国家提取增值收益调节金，其余由集体和个人合理分配，即国家合理进行调节，集体拿足土地收益，个人分享改革红利。从建立长效机制出发，今后应探索完善特色小镇集体经营性建设用地入市的税收体系。在集体经营性建设用地的出让和转让环节中，政府应根据建设用地出让或转让之后的建设用地开发用途收取土地使用税，税率应按照政府对集体土地上的基础设施配套建设情况和政府负担的农民生活保障支出情况合理设定。

四是健全监管体系，规避入市隐患。由特色小镇集体经营性建设用地入市工作协调小组负责监管工作，监管土地交易双方的主体责任执行情况，构建土地入市的全过程监督体系，顺利推进入市交易的公平公正。首先，统一工作流程，明确发改、国土、城乡、工商、税务、特色小镇办以及流出土地村集体代表等各主体在工作流程中的权责情况。其次，在开发利用环节，通过政府部门与交易双方签订土地开发协议、土地开竣工申报等方式，加强政府部门对特色小镇集体经营性建设用地的开发利用监管。再次，实行用地项目开竣工巡查制度，定期巡查集体经营性建设用地入市项目合同条款落实情况。最后，制定违法使用土地的行为认定标准和处理办法，进一步明确不同类型用地项目延期开竣工的具体期限和处理办法；分类明晰随意更改土地用地行为的处罚措施，视违法程度不同采用罚款、责令整改、拆除或退还土地等处罚措施，进一步规范管理用地企业更改土地用途行为；为保护耕地，视集体经营性建设用地供后利用的不同情形设定土地闲置的认定标准，制定土地闲置处理方案和闲置土地收回利用方式或办法等。

参考文献

张占录、赵茜宇、林超：《集体经营性建设用地入市亟须解决的几个问题》，《中国土地》2015 年第 12 期。

袁堂钢、赵栩：《集体经营性建设用地入市制度思考》，《中国土地》2016 年第 11 期。

郑凤田、焦万慧：《农村经营性建设用地入市障碍在哪？》，《当代县域经济》2015年第1期。

于潇、吴克宁、阮松涛：《集体经营性建设用地入市》，《中国土地》2014年第2期。

杨岩枫、谢俊奇：《论集体经营性建设用地入市的实现途径——以北京市大兴区为例》，《农村金融研究》2016年第12期。

卢曦：《集体土地权能实现和城乡共赢之路》，《中国土地》2017年第10期。

丁琳琳：《农村集体建设用地入市浅析》，《中国土地》2015年第8期。

《国家发展改革委关于加快美丽特色小（城）镇建设的指导意见》（发改规划〔2016〕2125号），2016年10月8日。

《中共中央国务院关于全面深化农村改革加快推进农业现代化的若干意见》（中发〔2014〕1号），2014年1月19日。

《住房城乡建设部 国家发展改革委 财政部关于开展特色小镇培育工作的通知》（建村〔2016〕147号），2016年7月1日。

《国土资源部关于印发农村土地征收、集体经营性建设用地入市和宅基地制度改革试点实施细则的通知》（国土资发〔2015〕35号），2015年3月20日。

《中共中央办公厅 国务院办公厅关于农村土地征收、集体经营性建设用地入市、宅基地制度改革试点工作的意见的通知》（中办发〔2014〕71号），2014年12月31日。

《住房城乡建设部关于公布第一批中国特色小镇名单的通知》（建村〔2016〕221号），2016年10月11日。

《住房城乡建设部关于公布第二批全国特色小镇名单的通知》（建村〔2017〕178号），2017年8月22日。

《中共西安市委 西安市人民政府关于印发〈西安市特色小镇创建导则（试行）〉〈西安市加快推进特色小镇建设若干政策〉〈西安市特色小镇建设工作考核办法（暂行）〉的通知》（市发〔2017〕11号），2017年4月19日。

《财政部 国土资源部关于印发农村集体经营性建设用地土地增值收益调节金征收使用管理暂行办法的通知》（财税〔2016〕41号），2016年4月18日。

《中国银监会 国土资源部关于印发农村集体经营性建设用地使用权抵押贷款管理暂行办法的通知》（银监发〔2016〕26号），2016年5月13日。

《西安市高陵区农村土地制度改革三项试点工作案例集》，2018年7月。

《西安市高陵区农村集体经营性建设用地入市管理办法》等高陵区集体经营性建设用地入市试点文件，2018年2月。

《提高站位抓落实 增强责任勇担当——奋力书写生态国土的"西安答卷"》，《陕西日报》2018年6月25日。

《土地管理法（修正案）征求意见 城乡统一的建设用地市场写入法律》，《21世纪经济报道》2017年5月24日。

产业篇

Industry Reports

B.17

改革开放四十年陕西产业
发展历程、成就与经验[*]

曹 林　张爱玲　李 艳　严 卫[**]

摘　要：　改革开放40年来，陕西产业快速发展，取得了非凡的成就，
　　　　　陕西农业现代化进程不断加快，工业转型升级持续加速，服
　　　　　务经济迈进提升发展新阶段。回顾四十年产业发展历程，基
　　　　　本经验是：立足实际，动态发挥资源要素优势，积极发展特
　　　　　色优势产业；深化改革，持续破解制度瓶颈，不断激活发展
　　　　　新动力；坚持开放，增强内外发展活力，不断扩大产业发展空
　　　　　间；优化政策，加强政府经济引导，不断推动产业转型升级。

　 * 2018年陕西省社科基金项目"陕西现代产业体系协同发展的动态演进机制、测度与路径研究"
　　　（立项号：2018D07），西安市发改委2018年课题"西安市万亿级现代服务业专项规划"。
　** 曹林，陕西省社会科学院副研究员；张爱玲，陕西省行政学院财务管理系讲师；李艳，陕西
　　　诺尔产业规划研究院产业规划所所长；严卫，陕西诺尔产业规划研究院副院长。

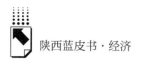

关键词： 改革开放 产业 陕西

改革开放 40 年来，陕西经济持续快速增长，地区生产总值由 1978 年的 81.07 亿元增加到 2017 年的 21898.81 亿元，年均实际增速 10.8%，高于全国 1.2 个百分点，地区生产总值排名全国第 15 位，进入中等发达省份之列（见图 1）。伴随经济总量的快速增长，产业转型升级步伐加快，现代特色农业优势明显，新型工业跨越发展，服务业经济进入新阶段，产业发展取得了非凡的成就。

一 陕西产业发展的历程与成就

以钱纳里现代化模型为依据考查陕西产业发展历程，陕西 1978 年仍处于工业化前阶段，历经 20 年的改革探索、力量蓄积，产业稳步发展。2000 年，以西部大开发为标志，陕西工业步入快速增长通道，并于 2006 年步入工业化初期阶段。2010 年前后，陕西进入工业化中期阶段，伴随 2009 年金融危机，产业进入转型升级关键时期。2013 年，陕西人均地区生产总值超过 6300 美元，进入工业化后期，在中国经济进入新常态宏观背景下，陕西产业发展也进入了结构调整加速和现代化进程加快的新阶段。

改革开放四十年来，陕西三次产业快速增长，结构不断优化。第一产业增加值实际年均增长 5.1%，第二产业年均增长 12.1%，第三产业年均增长 13.0%。与之相应，1978 年，陕西三次产业结构的比重为 30.5∶52.0∶17.6，2017 年调整为 7.9∶49.8∶42.3，其中，第一产业比重下降了 22.6 个百分点，第三产业提高了 24.7 个百分点，二产基本稳定在 50%。陕西三次产业结构比重次序从"二产、一产、三产"调整为"二产、三产、一产"（见图 2），三次产业结构演进遵循了一般的结构演变规律，并逐步呈现"合理化""高级化"特征。

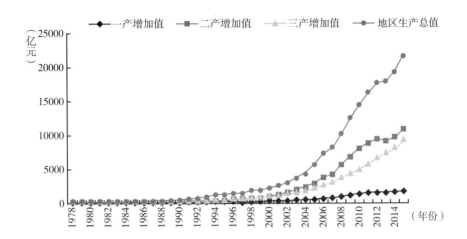

图1　1978~2017年陕西省地区生产总值和三次产业增加值发展情况

资料来源：《陕西省统计年鉴（2017）》和《2017年陕西省经济和社会发展公报》。

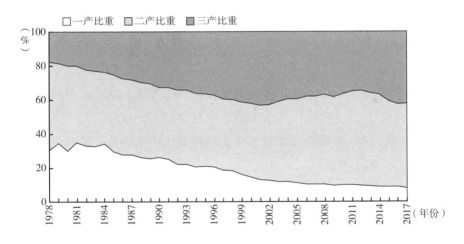

图2　1978~2017年陕西三次产业增加值比重

资料来源：《陕西省统计年鉴（2017）》和《2017年陕西省经济和社会发展公报》。

（一）农业现代化进程不断加快，特色优势更加明显

1979年以来，陕西继全国主要省份之后逐步推广家庭联产承包责任制改革。至1983年，陕西实行"双包到户"的生产队占总生产队数的比重已

经高达99%，农业制度创新极大地释放了农业生产力。1978～1984年，陕西农业增加值平均增速8.7%，粮食产量从800万吨增长到1023.5万吨。20世纪80年代末期，陕西农业步入产业化调整时期，农经比例大幅提高，水果、畜牧等特色农业快速发展，区域化布局加速形成。2000年以后，尤其是2010年以来，陕西农业迈进现代化新阶段，特色优势更加突出，竞争优势不断增强。改革开放40年以来，陕西农业经历了从传统农业向产业化和现代化的飞跃发展，成效极为显著。

一是粮食持续稳步发展。1978年，陕西粮食产量800万吨，1984年粮食总产首破1000万吨大关，彻底摆脱了陕西吃粮靠调进的历史。2017年，陕西粮食产量达到1228.3万吨，连续多年稳定在1200万吨左右。与此同时，在科技有效助推下，粮食单产水平显著提升，2017年陕西人均占有粮食311.3公斤，较1978年的287.9公斤提高了8.1%。随着人们消费水平的提高和饮食结构的变化，粮食内部结构也不断调整优化，以小麦和水稻为主的"细粮"比重先增后减，以玉米、小米、马铃薯、黄豆等为主的"粗粮"比重不断提高。从改革开放初期到20世纪末，陕西小麦播种面积占比由30%多上升到40%左右。21世纪以来的近20年，小麦面积占比持续回落再至30%左右。相反，粗粮代表玉米的种植面积占比一直保持上升态势，从改革开放初的24%提高到当前的40%。马铃薯主粮化也稳步推进，食品种类不断丰富，筑牢经济社会发展的基础。

二是特色农业优势明显。果业竞争优势突出。陕西果业起步于20世纪80年代，历经40年的培育发展，已经成为陕西规模最大、链条完整、最具竞争优势的农特产品。2017年，陕西水果产量1801.02万吨，较1978年增长了52.9倍，稳居全国第一大水果省份（见表1）。其中，苹果产量1153.94万吨，占全国的1/3和世界的1/8，陕西苹果已跻身欧盟地理标识保护十大中国农产品行列。猕猴桃产量138.97万吨，产量稳居全国第一。畜牧业转型加快。畜牧业正在由一家一户分散养殖向以家庭适度规模养殖为主，标准化规模养殖方向转变，"陕南生猪、关中奶畜、陕北羊子"的产业布局初步形成。2017年，陕西肉、禽蛋、奶类产量分别为111.8万吨、

60.1万吨和134.8万吨，较1978年增长了6.9倍、24倍和85.9倍。牛奶产量居全国第6位，羊奶粉产量占全国的95%。2017年，陕西年出栏100头以上的养猪场/户生猪出栏数占全省的65%，年存栏20头以上的奶牛养殖场/户奶牛存栏占全省的57%。陕南生猪出栏占全省的45%，陕北羊存栏占全省的60%，关中奶牛存栏占全省的95%。蔬菜产业突破发展。蔬菜产业从自给自足的自然经济逐步成长为现代农业支柱，彻底告别了过去蔬菜总量不足，品种单一的"大萝卜、大白菜"的短缺单一时代。2017年，全省蔬菜产量1896.18万吨，比1984年增长了5.38倍，其中设施蔬菜产量比重超过40%，成为西北地区最大的生产基地。茶产业发展迅猛。陕西茶产业在改革开放浪潮中迅猛发展，茶叶品种不断丰富，品质与市场影响持续提升。2017年，全省茶叶产量11.4万吨，比1978年增长了近80倍，汉中仙毫、紫阳富硒茶、泾阳茯茶成为全国重要的茶叶品牌。中药材优势愈加凸显。经过40年发展，中药材已经成为陕西在全国极具优势的农特产品。2017年，陕西省中药材种植面积460多万亩，居全国第二位，是全国著名的地道药材基地。其中，麝香产量占全国的90%，猪苓占80%、元胡占70%、杜仲占50%，天麻、黄精、附子、连翘、丹参等占30%。

表1　陕西省主要年份重要农产品产量规模对比

年　份		1978	1984	2000	2010	2017
粮食	产量（万吨）	800	1023.5	1089.1	1164.9	1228.3
畜牧	大牲畜存栏（万头）	243.2	244.8	301.92	165.0	147.98
	肉类产量（万吨）	14.2	24.39	92.12	102.64	111.8
	禽蛋产量（万吨）	2.4	—	41.26	47.07	60.1
	奶类产量（万吨）	1.55	14.61	63.88	177.62	134.8
渔业	水产产量（万吨）	0.22	0.61	6.08	6.04	16.3
蔬菜	产量（万吨）	—	297.16	556.53	1384.02	1896.18
水果	水果产量（万吨）	33.41	26.21	493.79	1238.50	1801.02
	苹果（万吨）	9.92	14.09	388.57	856.01	1153.94
	猕猴桃（万吨）	—	1.61（1995年）	16.47	62.93	138.97
茶叶	产量（吨）	1408	2822	6126	25052	114000

资料来源：《陕西省统计年鉴（2017）》《2017年陕西省经济和社会发展公报》《新中国60年统计资料汇编（陕西）》。如未作特殊说明，以下数据来源均同。

三是农业现代化步伐加快。改革开放 40 年来，陕西农业逐步摆脱自然传统农业，阔步向现代化农业迈进。化肥施用量和机械化水平大幅提高。农田化肥施用量（折纯量）从 1978 年的 109.2 万吨提高到 2017 年的 232.15 万吨，增长了 1.13 倍。农机机械总动力从 1978 年的 391.3 万千瓦提高到 2017 年的 2242.5 万千瓦，增长了 4.7 倍。农业科技进步贡献率从改革开放初的不足 20% 提高到 2017 年的 52%。新型经营主体快速成长。传统以单个自然经济农户为主体的农业生产组织及生产方式已发生转变。2016 年底，陕西职业农民、家庭农场分别达到 3.05 万人和 2.3 万家。加入合作社农户数的比重提高到 26%，省级龙头企业达到 2680 家。农业园区从无到有，规模迅速扩张，截至 2016 年，省级农业园区达到 362 个，其他各类园区 2495 个，园区建设面积 598 万亩，占全省耕地面积的比重达到 12%。质量效益明显提升。40 年来陕西农业增加值实际年均增长 5.1%，带动陕西农村居民人均可支配收入由 1978 年的 134 元增加到 2017 年的 10265 元，提高了 75.6 倍，年均增长 11.8%。主要粮食品种良种覆盖率提高到 95%，农产品质量安全例行监测总体合格率达到 96%。农业可持续性发展能力增强。在耕地面积不断减少的形势下，陕西采取有力措施，稳定耕地面积在 5900 万亩左右，逐年提高高标准基本农田数量超过 1000 万亩，农田有效灌溉面积 1900 多万亩。主要农作物化肥利用率、农药利用率、农膜回收率分别提高到 31%、35% 和 42%，养殖废弃物综合利用率提高到了 55%，农业可持续发展能力进一步增强。

（二）转型升级持续加速，工业竞争力不断增强

陕西地处西北内陆，中华人民共和国成立初期工业基础极为薄弱。经过"一五""二五""三五"建设时期国家倾斜性的战略投资形成了以煤炭、电力、石油化工、有色金属等材料开发为核心，以高压输变电、石油钻采设备等重型机械制造业为重点的能源、基础原材料和装备制造业配套发展的重工业格局。改革开放以来，陕西工业开启了市场化发展模式，工业总产值以年均 15.6% 的速度快速增长（见图 3），大致经历了三个时期。第一时期为

1978～1999 年，陕西工业总产值年均增速 14.3%，消费品和轻工业发展迅速，基础工业也得到一定程度加强，"轻工业"和"基础工业"的根基进一步夯实筑牢。这一期间，陕西轻工业总产值达到 581.16 亿元，是 1978 年的 12.4 倍，年均增长 13.5%，占工业总产值的比重提高到 38.7%（见图 4）。第二时期为 2000～2010 年，随着国家西部大开发战略的实施，陕西受益于国家战略投资，工业发展加速，工业产值年均增速 21.3%，能源化工、装备制造、食品、电子信息技术、医药、有色金属冶炼、纺织和建筑材料八大传统优势产业集中发力，重工业超速发展，重工业化趋势明显。2000 年，陕西工业总产值达到 12421.8 亿元，其中重工业占比从 2000 年的 64.9% 增长至 2010 年的 81.1%。能源化工、装备制造、食品、医药、有色金属等主要工业产品增长迅猛，2010 年原油加工、粗钢、水泥、汽车等主要工业品规模以上企业产量分别是 2000 年产量的 6.17 倍、11.5 倍、4.2 倍和 40 倍（见表 2）。第三时期为 2011 年至今，陕西工业步入工业化后阶段，"调结构、促转型"成为陕西工业发展的主线，传统高耗能高污染行业加速转型，能耗低、产业链长的高端制造业、高新技术产业蓬勃发展，带动经济增长作用凸显。2015～2018 年，高端制造业、高新技术产业的 PMI 指数处于不断扩张趋势（见表 3）。历经 40 年发展，陕西工业经济总量不断攀升，发展质量不断提高，工业增长逐步从资源驱动型、投资驱动型向创新驱动型转变，工业经济发展成就巨大，特点突出。

一是资源产业转型发展持续发挥支柱稳定作用。陕西富集能源、矿产资源，多年来以能源为主的资源型产业占很大比重。第一、第二工业发展时期，石油、煤炭、有色金属等资源型产业发展迅猛，在工业发展中贡献突出，对全省规模以上工业增长和利润的贡献作用一度达到 70% 和 85% 以上。进入第三时期以后，伴随能源消费结构调整与工业的转型升级，陕西坚持优煤、稳油、扩气，打造新能源、电力外送、煤炭深度转化三个增长点，推动能源化工产业高端化发展。陕西能源化工产业逐步呈现绿色化、多元化、高端化、高质化、高新化发展趋势。在新时期，陕西能源产业依靠科技推动重现发展活力，尽管增加值占工业增加值的比重呈现下降

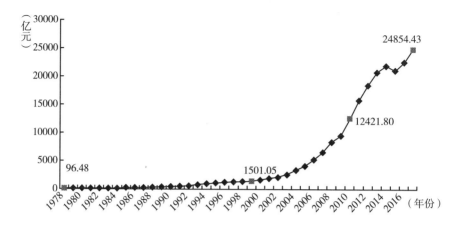

图3　1978~2017年陕西工业总产值增长情况

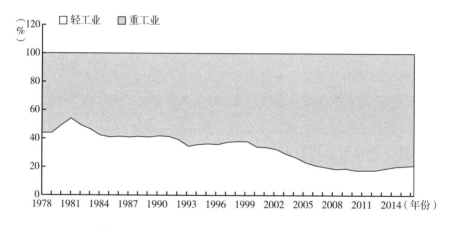

图4　1978~2016年陕西轻工业与重工业占比情况

趋势，但其占比依然高达40%，在工业经济中仍然发挥着工业平稳发展的支撑作用。

二是非能源工业持续加速逐步形成多元支撑格局。随着能源化产业多年的高位运行，"一枝独大"的产业结构带来的经济风险不断累积，在国家绿色发展政策的推动下，陕西加快推进产业结构调整从"八大工业传统支柱产业"到"七大战略新兴产业"，再到"六大新支柱产业"转变。陕西食品加工、纺织服装、装备制造、电子信息、生物医药、新材料、汽车等特色非

表 2　陕西省主要年份规模以上企业主要工业产品产量

主要工业产品	1978 年	2000 年	2010 年	2017 年
纱(万吨)	—	14.1	27.12	42.6
布(亿米)	—	6.4	7.52	9.22
食用精炼食物油(万吨)	—	—	67.92	190.69
原油加工量(万吨)	6.03	321.1	1979.94	1770.63
粗钢(万吨)	24.29	52.5	604.82	1184.26
钢材(万吨)	—	48.9	994.89	1377.61
十种有色金属(万吨)	—	6.9	112.71	232.6
水泥(万吨)	210.66	1294.7	5463.79	7476.09
平板玻璃(万重量箱)	—	—	1291.57	2157.3
硫酸(万吨)	—	48.3	132.33	139.51
烧碱(万吨)	—	7.4	22.67	99.89
化肥(万吨)	13.69	75.3	82.74	148.39
化学药品原料药(吨)		125	7767.16	2.49
金属切削机床(万台)	—	0.336	2.45	2.2
汽车(万辆)	0.0951	1.6429	65.21	61.63
变压器(万千伏安)	—	—	11944.88	15000

资料来源:《陕西省统计年鉴 (2017)》《2017 年陕西省经济和社会发展公报》《新中国 60 年统计资料汇编 (陕西)》。

表 3　陕西制造业、装备制造业和高新技术产业 2015 ~ 2018 年上半年 PMI 指数均值

项　目	2015 年	2016 年	2017 年	2018 年上半年
陕西制造业	48.64	49.48	51.08	50.58
装备制造业	47.57	49.58	53.26	51.24
高新技术产业	52.27	52.18	52.92	51.23

资料来源:《波澜壮阔的四十年——陕西制造业 (1978 ~ 2018) 综述》,http://www.nbs - sosn.cn/index.aspx? menuid = 4&type = articleinfo&lanmuid = 18&infoid = 2853&language = cn。

能源产业快速成长,在工业中的比重不断上升。2017 年,陕西非能源工业增加值占规上工业比重提高至 55.2%,分别较 2010 年和 2000 年提高了 13.3 个和 17 个百分点。陕西工业"能源一枝独秀"的局面正逐步改变,"多点发力,多元支撑"的格局正在加速形成。

三是创新驱动引领先进制造快速发展孕育发展新动能。陕西产业驱动力

发展大致经历了从"资源优势—投资驱动—要素创新"的粗线条走向。尤其是在经济新常态背景下，创新驱动产业发展的势头更为强劲，陕西"深厚巨大的（科教）创新潜力、独具优势的军工科研"潜在优势正伴随先进制造、高新技术产业和军民融合产业的快速崛起而日益激发。2017年，陕西战略性新兴产业实现增加值占GDP比重提高到10.8%。汽车、航空航天与高端装备制造、新一代信息技术、新材料和现代医药等六大新的支柱产业快速发展，年均增速高于规上工业均速5个百分点。2017年六大新支柱产业工业产值占全省工业的比重提高到38%，已初步树立起了"造飞机、产汽车、制芯片、做手机、出好药、强新材"的陕西工业新形象。

四是军民融合产业迈步发展蓄势待发。陕西军工科研在全国名列前茅，也是我国重要的军工产业基地。在20世纪八九十年代，陕西国防工业民品制造取得突破性进展，电视机领域的"黄河""海燕""如意"，冰箱"长岭"，洗衣机"双鸥"，摩托车"渭阳"，在当时风靡全国。然而，在20世纪90年代中后期，受到体制机制约束和南方民营经济崛起的冲击，出现"'黄河'断流，'海燕'折翅，'如意'不如意"的现象，陕西军工民品生产陷入徘徊不前的境地。进入21世纪之后，国家推进军民结合产业发展，陕西逐步形成了航空、航天、船舶、军工电子、兵器等优势领域，出现了一批"上天入地"的高科技军工产品和部分优势民品。党的十八大后国家实施军民深度融合战略，陕西着力推动"军转民""民参军"双向融合，军工产业进入快速发展新阶段。资料显示，2011～2015年，陕西国防科技工业累计完成总收入和工业总产值分别为7329.34亿元和5493.08亿元，年均增长11%和15.7%。

（三）服务经济快速发展，迈进提升发展新阶段

改革开放以来，陕西服务业取得长足发展。从发展过程看，大致经历了三个时期。第一时期从1978～1999年，改革处于起步期，服务业虽然占比不高，但增长速度相对较快，年均增长13.9%。尤其是1992年我国确立了社会主义市场经济体制之后服务业谷底反弹重新步入快速发展轨道。第二时

期为 2000~2010 年，服务业步入稳步发展时期，年均增长 12.8%。第三时
期为 2011 年至今，尤其是党的十八大以来，伴随着经济结构的转型升级，
服务业成为经济增长的新亮点。2011~2017 年，陕西服务业年均增长
9.6%，在国民经济中的比重稳步上升，于 2016 年达到 42.2%，超过工业
增加值占地区生产总值的比重，成为支持经济发展的重要力量。历经改革开
放 40 年，陕西服务业成效显著，总体规模持续扩大，转型升级加快，新兴
服务业蓬勃兴起。

一是服务业实力不断积累壮大。陕西服务业增加值从 1978 年的 14.24 亿
元增长到 2017 年的 9263.98 亿元，年均实际增长 13%，高于地区生产总值增
速 2.2 个百分点。服务业占 GDP 的比重不断上升，从 1978 年的 17.6% 提高到
42.3%，年均提高 0.6 个百分点。服务业效率相应不断提升，服务业劳动生产
率从 1978 年的 11966.6 元/人稳步提升至 2016 年的 125611.9 元/人，年均增长
率达到 13.0%。陕西服务业对国内生产总值的增长贡献率稳步提高，从 1978
年的 19.8% 提高到 42.0%，成为拉动陕西经济增长的重要力量。

二是服务业内部结构不断优化。1978 年改革开放初，陕西服务业主要
以传统服务业为主，交通运输和仓储邮政业、批发和零售业占服务业的比重
高达 60.5%（见表 4）。经过 40 年发展，新兴服务业加速成长，现代物流、

表 4　改革开放以来陕西重要年份重点行业增加值及传统三大行业增加值占比

年份	(1)交通运输和仓储邮政业（亿元）	(2)批发和零售业（亿元）	(3)住宿和餐饮业（亿元）	(4)金融业（亿元）	(5)房地产业（亿元）	(6)其他（亿元）	(1)、(2)、(3)三大行业占服务业比重(%)
1978	3.15	5.46	0	1.72	0.99	2.92	60.5
1990	33.79	25.5	0	11.69	6.78	54.03	45
2000	151.75	175.62	0	50.27	59.42	326.14	42.9
2010	474.6	856.65	218.16	384.75	315.95	1438.82	42.0
2016	771.77	1604.4	457.63	1181.54	747.17	3319.59	35.1
均速(%)	15.6	16.1	13.1	18.8	19.1	20.3	—

资料来源：《陕西省统计年鉴（2017）》《2017 年陕西省经济和社会发展公报》。

金融保险、信息技术、房地产业和商务服务等现代服务业迅速崛起，正在成为服务业的重要增长极。1978～2016 年，以交通运输和仓储邮政业、住宿和餐饮业、批发和零售业为代表的陕西传统服务业占比降至 35.1%，以金融业、房地产业、物流、信息技术等为代表的新兴服务业快速成长，年均增速接近 20%，高于传统服务业增速将近 5 个百分点。

三是传统服务业加快升级。交通运输业发生历史性巨变。全省公路里程长达 17.25 万公里，比 1978 年增加 13.41 万公里，其中高速公路通车总里程达到 5279 公里，构筑起了与周边中心城市的"一日交通圈"。铁路正线延展里程 10186 公里，比 1978 年增加 7875 公里，基本形成"两纵五横三枢纽"骨架网。民用航空航线里程达到 9256.12 万公里，共有 556 条航线，西安咸阳国际机场 2017 年旅客吞吐量达到 4186 万人，排名全国机场第 8 位、全球机场第 46 位，正在加速向"国际运输走廊"和"国际航空枢纽"目标迈进。邮电通信业加速现代化步伐。全省邮电局（所）数量由 1978 年的 1585 处增加到 2016 年的 30916 处，邮政业务总量由 1978 年的 5025 万元增加到 2017 年的 952.31 亿元，其中快递业务从零起步，迅猛增加至 36902 万件。通信业实现历史性跨越，程控交换、数字微波、光纤通信、移动通信等通信新技术实现广泛应用。全省城乡电话用户从 1978 年的 4.65 万户增长到 2017 年的 622.8 万户，互联网宽带用户从无到有，迅猛增加到 903.2 万户。商业经济繁荣发展。商品供应充足，名优品牌多样，营销方式多元化，改变了改革开放前物资短缺、商品凭票供应、营销方式单一的落后局面。全省社会消费品零售总额由 1978 年的 33.37 亿元增加到 2017 年的 8236.37 亿元，增长了 247 倍，其中，住宿餐饮业零售总额 840 亿元，是 1978 年的 800 多倍。外贸经济快速发展。1978 年全省外贸进出口总值仅为 0.119 亿美元，对外贸易主要以商品出口为主，进口甚微。2017 年外贸进出口总值已经增加到 400 多亿美元，增长了逾 250 倍。其中，出口迅猛增长，从 1978 年的 0.119 亿美元增加到 2017 年的 167 亿美元。出口产品结构不断优化，最初的农产品、纺织服装、机械产品等传统商品占比逐步降低，而先进制造、高技术产品占比快速提高，拥有自主品牌和知识产权的汽车、飞机、石油钻机、输变电成套设备等重大技术装备出口实现重大突破。

四是新兴服务业快速兴起。旅游产业发展活力强劲。2017 年，全省共接待国际国内旅游人数 5.23 亿人，实现旅游总收入 4813.6 亿元，分别为 1991 年的 34 倍和 178 倍。国际国内旅游交通、住宿、餐饮、购物等相关基础设施明显改善。2017 年，全省共有星级宾馆 186 家，其中五星级宾馆 16 家，四星级宾馆 48 家；旅行社 665 家。文化产业势头良好。2017 年，陕西文化产业增加值已经突破 900 亿元，近五年年均增速 12.5%，占地区生产总值的比重达到 4.2%，文化产业增加值总量位居全国第 15 位，占比居全国第 9 位。2017 年全省新登记文化及相关产业市场主体 1.7 万户，文化产业呈现以文化旅游、广播影视、新闻出版、文艺演出、会展博览、文化创意多部门竞相发展的良好态势。金融产业高速增长。金融业增加值从 1978 年的 1.72 亿元增加到 1181.54 亿元，年均增速 18.8%，占服务业的比重提高到了 14.6%。2017 年末，全省金融机构（含外资）本外币各项存款余额 38153.27 亿元，各项贷款余额 26924.48 亿元，分别比 1978 年增长了 1000 多倍和 500 多倍。上市公司由 1993 年的 1 家增加到 2017 年的 49 家。保险公司保费收入由 1990 年的 3.95 亿元增加到 2017 年的 868.69 亿元，增长了 220 倍。房地产业从无到有，快速发展。党的十一届三中全会以后，通过提高租金、标准价售房、集资建房等方式，拉开了住房改革的序幕。进入 21 世纪以来，陕西房地产业逐步步入快速发展轨道，涌现出高科、紫薇、天地源等国内知名品牌房地产开发公司。2016 年，陕西房地产产业增加值已经达到 861.53 亿元，年均增长 19.0%，房地产成为拉动区域经济增长，增加地方税收的重要力量。

五是服务业涌现新产业、新业态、新模式。伴随互联网、大数据、云计算、人工智能等新一代信息技术的快速发展，互联网加速向服务业渗透，服务业新产业新业态新模式不断涌现。在生产方面，基于大数据、物联网、云计算的广泛应用，数据采集、数据存储、数据处理、集成电路设计、信息技术咨询等新型生产性服务业持续快速发展。自 2012 年起，陕西在全国率先举旗大数据，依托沣西新城打造国家级大数据产业基地，众筹、众建陕西工业云,推进城市信息融合示范,建设"一带一路"大数据交易所,培育了西安美林数据、西安银河数据、西部资信、万盛达等一批大数据企业,陕西大数据产业正阔步迈进,加速成长。在生活方面,商业综合体、生态旅游、健康养老、远程教育、在线医疗、数字穿戴、数字家庭、智慧社区等与人民生活息息相关的服务新业态、新模式快速发展。2016年,陕西网上零售额达到1016.8亿元,总量列全国第11位,西部第2位。陕西城市综合体如雨后春笋般纷纷崛起,截至2017年底,陕西规模以上城市商业综合体共有38个,全部可出租(使用)面积达194.95万平方米,全年总客流量达2.26亿人次,实现销售额136.45亿元。

二 陕西产业发展历史经验总结

回顾陕西产业近40年的发展历史和取得的辉煌成绩,是全省人民解放思想、实事求是,创新进取、不断努力的结果。其主要发展经验有四条。

(一)立足实际,动态发挥资源要素优势,积极发展特色优势产业

新结构主义认为区域经济发展的过程实质是:区域资源要素禀赋升级—内生企业发展—产业升级—经济发展。这表明一个经济体的经济结构(主要是产业结构)内生于它的资源要素禀赋结构,持续的经济发展是由资源要素禀赋的变化和持续的技术创新推动而实现的。陕西改革开放40年来,产业发展基本遵循了这一发展逻辑。陕西能源资源丰沛,煤炭产量位居全国第三,油气当量居全国第一,陕西始终将能源化工产业确定为支柱产业,并持续推动能源工业的现代化、高端化,使能源化工持续发挥工业增长的稳定支撑作用。陕西拥有瑰奇壮丽的自然景观、悠久丰厚的历史文化,在居民消费进入文化精神消费时代的关键阶段,陕西充分利用这一优势,推进观光旅游、文化休闲成为陕西经济发展重要增长点。依托深厚巨大的(科教)创新潜力、独具优势的军工科研,陕西持续将科技创新和军民融合产业作为战略重点,先后制定实施"教育奠基、科技兴陕""创新驱动""军民结合"

"军民深度融合"战略，不断强化科技创新支撑，培育军民融合产业新优势。同时，针对关中、陕南、陕北资源要素禀赋差异化实际，立足关中科技资源丰富，高素质劳动力密集的优势，积极发展航空航天、机械制造、电子信息等产业，先后开展"一线两带"建设和推进关中创新协同发展；立足陕北能源资源富集的优势，推进国家能源化工基地建设，促进能源转型发展；立足陕南绿色资源优势，开创陕南药业为主、多业并举的绿色产业发展新局面。

（二）深化改革，持续破解制度瓶颈，不断激活发展新动力

市场制度是现代产业形成、运行和发展的基本制度，是调配产业资源和要素的基本规则和有效机制，也是推进产业运行，释放产业发展动力的重要源泉。陕西始终将深化改革作为推动产业发展的重要动力源。改革开放以来，陕西积极推进从计划经济向市场化经济方向的改革，极大地推动了产业发展。1979 年在农村推广联产承包责任制改革，激发了广大农民的积极性，推进改革开放后陕西农业的第一次飞跃；新时期，面对分散经营带来的"小农户、大市场"的突出矛盾，推进土地经营权流转，培育新型经营主体、完善现代经营体系的系列改革，进一步解放了农业生产力，先后培育形成了果业、蔬菜、茶叶等全国性优势特色产业。在工业领域，国有经济改革一直是改革的中心主题之一。陕西坚持解放思想，实事求是，先后推进"放权让利""抓大放小""股份制改造""混合所有制"等系列改革，较大地释放了国有企业的活力。其间，陕西一度培育出了"黄河电视""长岭冰箱""双欧洗衣机"等国内知名品牌。科教体制障碍一直是科技成果转化不足，形成产业科技两张皮，制约陕西经济发展的突出矛盾。陕西积极探索，先后形成西安科技大市场、"一院一所一校"等科技创新模式，极大地推进了科技服务业发展。同时，陕西依托西安高新区国家自主创新示范区、曲江新区国家文化产业示范区、国家军民融合示范区、统筹科技资源改革示范基地、国家现代服务业示范城市、陕西自贸区等试验示范载体，积极推进产业重点领域改革，在文化产业、自主创新、军民融合、科技服务、对外贸易业

等领域探索出了一批可供示范、复制、推广的创新经验，在全国产生了广泛深远的影响。实践证明，深化改革，持续破解制度瓶颈是推进产业发展的不竭动力。

（三）坚持开放，增强内外发展活力，扩大产业发展空间

开放性是产业健康成长发展的外部条件，国际化是现代产业发展的最优成长环境。产业开放对产业升级的技术空间起着决定性作用，通过开放可以扩大市场和资源空间，增拓产品多样性；有助于借助国际市场，切入高端产业，实现由垂直分工到水平分工的转化；有利于企业通过价值网络学习技术知识和市场知识，提升企业创新能力。陕西始终坚持经济开放战略，为产业开放发展提供了良好的外部条件。20世纪80年代的农业与工业改革开放，将陕西工农业推进到了一个新的舞台，陕西农业、装备制造、旅游等产业开始面向全国，产生了一批具有全国影响力的产品。90年代末的西部大开发战略，以更广阔的姿态，将陕西推到了国家开发建设战略的前沿，使得陕西基础设施产业获得了突飞猛进的发展，改善了对外开放的基本条件。这一期间，陕西能源、有色、果业、奶业、装备制造等产业更加深度融入全国市场，在市场竞争中不断提升发展。新时期，国家提出的"一带一路"倡议，将陕西推至全国开放的最前沿，为对接国内外高端资源，开启亚欧市场，推进产业对外交流和合作提供了先机条件。陕西提出发展枢纽经济、门户经济、流动经济，打造内陆改革开放新高地和"一带一路"五大中心，有力地推动了交通、物流、商贸业的快速发展，直接推进了文化、旅游、农业、装备制造积极"走出去"，谋求"外向型"发展新空间。实践证明，只有对外开放，才能更有效地实现市场对接，统筹利用国内外两种资源、两种技术，在世界市场广泛的竞争与交流中，真正实现技术创新，企业转制，产业升级和竞争力的提高。

（四）强化服务，推进多方协调管理，促进产业转型发展

政府在产业运行和发展过程中发挥着重要作用，尤其是在市场经济制度

不完善的经济转型过程中，因产业升级引致的"硬件"（基础设施）改善、产业协调与制度调整是现代产业体系动态发展的客观需求。改革开放四十年来，陕西坚持合理界定市场与政府的边界和关系，通过制定发展战略、强化产业协调，加强产业培育，推进基础设施建设，优化产业公共服务等方式，"间接式、引导式"促进产业发展。在战略层面，陕西坚持从本省实际出发，先后制定了"教育奠基、科技兴陕""关中先进制造，陕北能源化工，陕南绿色产业""关中协同创新、陕北转型持续、陕南绿色循环"等系列符合陕西实际的产业战略，并以此为指导，实施了推进能源化工产业高端化、果业现代化、文化旅游融合发展、制造2025、300万辆汽车产业等专项规划和实施方案，形成了较为完整的"战略、规划、方案、配套措施"政策体系，有效引导了产业的发展。在产业运行层面，一方面，加强优势产业的引进、培育和扶持，聚焦果业、文化、旅游、先进制造、战略新兴产业、军民融合等领域，从土地、基础设施、财税、投融资等方面予以重点支持，引导资源、要素向这些重点行业集聚，推进形成了陕煤、延长、陕汽、比亚迪、三星、强生等一批行业龙头，有力地提升了陕西优势产业的竞争力；一方面，陕西坚持推进重大产业基础设施建设，缓解制约产业发展的道路、水电、通信等"硬件"瓶颈。先后重点推进国家、省市、区县多层次的涵盖工业、农业等领域的产业园区，构筑产业发展支撑体系，打造产业发展有效载体。在产业管理层面，逐步探索形成了"政府、协会、联盟、企业"交流协作管理机制，围绕企业主体，政府重点优化市场环境，强化公共设施供给与机制创新；协会重点强化行业管理、协调与服务职能；联盟注重推进产业链协作、创新促进与信息交流，形成了围绕产业发展，多方参与、分工协作、协调管理的产业管理模式。实践证明，在市场经济不完善的转型过程中，政府遵循市场经济规律的引导式干预作用明显，是培植本地优势企业和产业优势的重要举措。

改革开放40年的产业发展历程和取得的辉煌成绩，是陕西人民遵循产业发展规律，解放思想、求真务实，创新进取、不断努力，积极探索符合陕西发展新路径的结果。展望未来，在迈入社会主义新时代背景下，三秦儿女

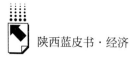

必将在陕西省委、省政府的正确领导下，以实现中华民族伟大复兴的中国梦为引领，加快推进产业转型升级，积极构建现代产业体系，为构筑陕西现代经济体系，实现"五新"战略目标，谱写出新时代陕西产业追赶超越的新篇章。

参考文献

《改革开放40年陕西农业经济全面发展》，《陕西日报》2018年9月16日。

《2017年陕西省茶叶总产量11.4万吨》，《三秦都市报》2018年5月20日。

《陕西打造中药产业发展新格局》，《人民日报》2015年4月16日。

《波澜壮阔的四十年——陕西制造业综述》，http：//www. nbs – sosn. cn/index. aspx? menuid = 4&type = articleinfo&lanmuid = 18&infoid = 2853&language = cn。

陕西省统计局：《栉风沐雨四十载 砥砺前行铸辉煌——改革开放40年陕西经济社会发展成就系列报告之三》，陕西省统计局网站，http：//www. shaanxitj. gov. cn/site/1/html/126/131/138/18630. htm。

《改革开放40年 制造业已成为陕西经济发展的支柱行业》，《西安晚报》2018年8月18日。

《服务业在改革开放中快速发展 擎起国民经济半壁江山——改革开放40年经济社会发展成就系列报告之十》，国家统计局网站，http：//www. stats. gov. cn/ztjc/ztfx/ggkf40n/index. html。

苏红义：《数字里的辉煌——改革开放以来陕西经济社会发展成就报告》，《法治与社会》2009年第1期。

闫朦：《陕西改革开放的历史经验》，《中国延安干部学院学报》2008年第7期。

司武林：《改革开放以来陕西农村现代化路径研究》，陕西师范大学论文，2012。

B.18
推进汽车产业成为陕西"三个经济"
发展领航产业路径研究[*]

吴　刚　王文刚[**]

摘　要：　陕西提出大力发展枢纽经济、门户经济、流动经济，发展
　　　　　"三个经济"需要培育产业支撑。汽车产业链条较长，资源
　　　　　整合、辐射引领能力较强，具有枢纽性、门户性和流动性
　　　　　产业特质，是高质量发展重要依托。汽车消费潜力巨大，
　　　　　市场拓展空间广阔，发展机遇良好。陕西汽车产业呈现良
　　　　　好发展态势，步入加速赶超的新阶段。但同时陕西汽车产
　　　　　业枢纽性、门户性和流动性产业特质尚未充分发挥，制约
　　　　　了产业规模实力壮大，领航作用发挥有限。加快破解突出
　　　　　问题，构建良好产业生态，聚焦轻量化、电动化、智能化
　　　　　发展方向，推进实施汽车名优品牌培育和引进、产业升级、
　　　　　全方位创新、整零协同、产业链延伸，培育发展新产业新
　　　　　业态，打造万亿级汽车产业集群，建设世界知名新能源汽
　　　　　车品牌基地。

关键词：　汽车产业　"三个经济"　领航产业

---

[*] 本报告系国家社科基金项目"西部地区传统制造业转型升级能力评测及路径优化研究"（项目编号为14BJL098）阶段性成果之一。

[**] 吴刚，陕西省社会科学院经济研究所副所长、研究员；王文刚，陕西省决策咨询委员会办公室主任。

当前，陕西经济正处于从增量扩能为主向扩大优质增量供给转型期，培育发展新动能、激发新活力是加速迈向高质量发展关键所在。陕西省委、省政府着眼要素时空配置优化、产业空间分工体系重塑、区域发展能级提升的战略研判，提出大力发展枢纽经济、门户经济、流动经济（简称"三个经济"）。发展"三个经济"需要培育产业支撑。汽车产业链条较长，资源整合、辐射引领能力较强，具有典型的枢纽性、门户性和流动性产业特质，是高质量发展重要依托。近年来，陕西布局和落地了一批汽车及零部件配套项目，汽车产业呈现良好发展态势。但同时陕西汽车产业枢纽性、门户性和流动性产业特质尚未充分发挥，制约产业规模实力壮大，领航作用发挥有限。加快破解突出问题，明晰发展路径，打造汽车产业成为陕西"三个经济"发展领航产业。

一　汽车产业发展的环境形势分析

（一）汽车消费潜力巨大，市场拓展空间广阔

1. 汽车消费潜力巨大，需求层次丰富

当前，我国正处于消费结构升级不断加快的关键期，汽车逐渐成为家庭标配。数据显示，2017 年我国汽车保有量仅为 131 辆/千人，而同期欧洲为 600 辆/千人，美国为 834 辆/千人，与其他发达国家相比，我国汽车普及度较低，尤其是中小城市仍然存在巨大的发展空间。

2. 产品形态和生产方式发生变革，汽车功能更加丰富

随着能源革命和新材料、新一代信息技术的不断突破，汽车产品加快向新能源、轻量化、智能和网联的方向发展，汽车生产方式向互联协作的智能制造体系演进，汽车从单一的交通工具向大型移动智能终端、储能单元和数字空间转变，汽车正在成为出行、移动办公场所。

3. 新模式新业态创新活跃，汽车消费新需求大量涌现

互联网与汽车的深度融合，使得安全驾乘、便捷出行、移动办公、本地

服务、娱乐休闲等需求充分释放。消费需求的多元化特征日趋明显，老龄化和新生代用户比例持续提升，共享出行、个性化定制需求大幅度攀升。

（二）汽车产业加快发展面临良好机遇

目前，互联网等新兴科技企业大举进入汽车行业，产业价值链、供应链、创新链发生深刻变化，汽车产业生态正在重塑，汽车产业发展迎来新的机遇期。

1. 全球汽车产业格局发生深刻调整

目前，全球汽车产业生态正在重塑，欧美发达国家纷纷提出汽车产业升级战略，加快推进产业创新和融合发展。东盟、巴西等发展中国家也在加紧布局，积极承接汽车产业转移。近年来，我国实施制造强国战略，布局绿色制造、智能制造等一大批重大工程，加速汽车产业转型升级，推进汽车大国向汽车强国转变。

2. 汽车产业新政密集出台

当前，我国出台《汽车行业中长期发展规划》《智能网联汽车技术路线图》等一系列政策举措，支持新能源汽车与互联网、大数据、人工智能深度融合；支持智能网联汽车产业化基地建设，深化甲醇汽车试点示范、深入开展绿色供应链管理示范试点等，汽车产业发展环境氛围更加良好。"一带一路"倡议纵深推进使海外发展通道更加畅通，沿线市场开发更为便捷，汽车产业协同其他优势产业共谋全球布局、国际发展的机制正在加快形成。

（三）陕西汽车产业处在加速赶超的新阶段

截至 2017 年底，全国已有 29 个省份具备整车产能。其中江苏、重庆、湖北、山东 4 个省份汽车产能都已超过 400 万辆，处于全国汽车产业第一方阵。河北、广东、吉林、上海包括陕西等 15 省份产能超过 100 万辆，处于第二方阵。2017 年陕西汽车产业实现总产值 1627.47 亿元，增幅 47%；汽车产销量达到 61.63 万辆，增长 46.6%，产销规模由全国的第 19 位上升到第 15 位。目前，陕西汽车产业呈现加速赶超、奋力迈进万亿级俱乐部的新

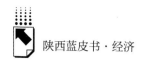

活力、新趋势。

1. 一批汽车领军企业产销能力实现提升

比亚迪是陕西新能源汽车领军企业，比亚迪二期30万辆新能源项目在建，比亚迪产销将有望达到60万辆。吉利目前有两个板块，吉利宝鸡生产线产能24万辆，再上一条线将达到50万辆，吉利西安在建30万辆新能源汽车项目。陕汽重卡和中轻卡车加起来，由现在的20万辆发展到40万辆。南京开沃在西安发展20万辆新能源汽车。宝鸡通家微型电动车，发展目标也是20万辆。西咸新区引进落地宝能50万辆新能源汽车项目。咸阳雷丁秦星50万辆汽车项目在建。另外，有望引进上汽大众、北京奔驰、广汽本田等一线合资品牌，预计到2021年，陕西汽车产销实力将有更大的跃升。

2. 新能源汽车产业超高速增长

2017年陕西新能源汽车产销量分别为8.38万辆和8.58万辆，分别占到全国新能源汽车产销的10.6%、11.1%，同比分别增长78.16%和82.31%，超过最大的汽车省份江苏7万辆，已经跃居全国新能源汽车第二位。目前，陕西引进和布局的汽车产业项目主要是新能源汽车及其配套项目，300万辆汽车工程实现后，将形成以新能源汽车为主导的汽车产业体系，届时陕西汽车产业结构全国领先，高位势差明显。

3. 汽车产业集群日臻完善

近年来，陕西逐步形成了西安、宝鸡为核心，咸阳、渭南、商洛等竞相发展的汽车整车产业集群。除了整车以外零部件配套方面，吉利在宝鸡的汽车发动机年产72万台，已经投产。西安的三星环新动力电池3GWh生产线已实现满产，被列入国家《汽车动力蓄电池和氢燃料电池白名单》，在建产能完成后将达到4.0GWh。西安、宝鸡、渭南开发区围绕汽车产业配套，已经初步形成汽车零部件产业集群。目前西安比亚迪电池、三星环新动力电池、渭南天臣动力电池研发生产项目相继投产，发展势头良好，陕西动力电池研发生产能力优势突出，有望成为新的产业增长点。

4. 一些政策举措正在发挥催化加速作用

西安、宝鸡是陕西省汽车产业主要聚集区，两市均把汽车产业作为新的支柱来培育，分别设立了30亿元的发展基金，重点支持汽车产业及零部件企业引进、技术创新、品牌升级等。新近省政府出台支持汽车产业加快发展的"九条"意见，将进一步加速弥补陕西汽车产业发展短板，激发汽车产业发展活力。

顺势而为，加快布局和落地新能源汽车、智能网联汽车及其配套项目，将实现汽车产业新的跨越。

二　汽车产业成为"三个经济"发展领航产业面临的问题分析

（一）汽车产业研发配套能力薄弱，枢纽作用尚未充分体现

研发配套是汽车产业生态链重要环节、核心竞争力的集中体现。上海、武汉、重庆、北京是我国重要的汽车产业中心，也都是汽车产业研发配套中心。目前，陕西汽车产业前端性研究机构数量较少，多数重点实验室、工程技术中心设立在高校和科研院所，企业创新主体作用发挥不够。陕西汽车产业省内配套率平均不足40%，而同期江苏、上海、吉林等省份汽车产业本地配套率已经超出60%。陕西多数零部件企业属于二、三级配套，核心配件企业严重短缺。整体上，陕西汽车产业研发配套能力薄弱，"洼地效应"不明显，产业枢纽作用尚未充分体现。

（二）汽车高端化、品牌化产品供给不足，门户效应发挥有限

从陕西汽车产业链分布图景分析来看，目前陕西整车企业全部是自主品牌，没有合资或独资的世界级品牌；多数车企还只是产品提供商，后市场开发不够，企业盈利渠道单一；相关上游材料提供商，多是供给普惠性材料，高端材料供给不足等。汽车高端化、品牌化产品供给不足，吸纳聚焦高端资源要素能力欠缺，门户效应发挥有限。

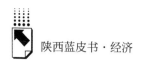

（三）汽车产业开源创新、资源流动共享活力不强，效益与动能倍增效果欠佳

目前，互联网等新兴科技企业大举进入汽车行业，汽车产业价值链、供应链、创新链发生深刻变化，汽车生态正在重塑。广汽、上汽、北汽等品牌车企大力推进开源创新、对接融合造车新势力，打造开放、共享、全场景的汽车生态，增强企业效益和发展动能。陕西汽车产品形态和生产模式变革缓慢，产品与互联网、大数据、人工智能深度融合不够，新产业新业态创新滞后。汽车产业开源创新、资源流动共享活力不强，企业经济效益与发展动能倍增效果欠佳。

（四）新能源汽车市场竞争实力较弱，引领能力有待提升

新能源汽车是陕西汽车产业发展最大优势依托。前期，新能源汽车产业爆发式增长主要依赖于政策扶持，目前车补政策调整，对新能源汽车市场销售影响较大。新能源汽车研发投入不足、动力续航里程有限、性能缺乏稳定性的弊端逐步显现。后补贴时代，新能源汽车增强市场化竞争实力，提升产业引领发展能力尤为关键和迫切。

三　加快构建良好产业生态，加快汽车产业
发展的路径选择

产业生态是相互协作关联的企业、人才、创业者、资本等通过共享、匹配、融合形成共生共赢的生态环境。良好产业生态将激发产业裂变扩张，动能倍增。久久为功，大力构建良好产业发展生态，加快汽车产业发展。

（一）深化细化发展思路，进一步强化机制保障

一是深化细化推进思路。坚定不移地落实陕西省委、省政府"300万辆汽车工程"战略指向，坚持大企业引领、大项目支撑、集群化推进、园区

化承载的推进思路，聚焦轻量化、电动化、智能化发展方向，重点发展新能源汽车、智能网联汽车、汽车轻量化产业。加快汽车名优品牌培育和引进、产业升级、全方位创新、整零协同、产业链延伸，培育发展新产业新业态，打造万亿级汽车产业集群，建设世界知名新能源汽车品牌基地。二是进一步完善政企战略决策沟通机制。建立省市领导与重点企业高层的定期会晤、战略决策、沟通交流和重点项目推进机制，加强与整车企业、重点零部件企业的沟通交流，协商解决领军企业战略实施、品牌升级、提质增效、营商环境优化等方面的瓶颈问题。三是加强汽车产业市场研判，强化产能预警。定期组织汽车企业研判分析国内外市场变化趋势特征，强化汽车产能监测预警，动态跟踪行业产能变化，发布产能信息，引导行业和社会资本合理投资。

（二）加快名优品牌培育和引进，建设世界知名新能源汽车品牌基地

一是全力培育品牌产品。对标丰田、北汽、特斯拉等一线品牌，引导比亚迪、吉利、陕汽、法士特等企业加强智能化、轻量化、前沿性技术研发，提升产品的安全性、可靠性、智能化水平，增强产品性价比、品牌美誉度及市场占有率，全力打造世界知名品牌。引导宝华、通家、秦星、跃迪、金汉等企业强化品牌意识，积极申请"中国驰名商标"，争创"中国名优品牌""陕西名优产品"，尽快成为行业知名品牌。二是引导产品提供商向技术、资本及服务综合供应商转变。引导整车企业从单纯的汽车产品生产销售向提供产品全生命周期管理服务以及整体运营服务等领域延伸，拓展利润源，积极开发汽车融资租赁、网络精准营销、电池换电与回收、充电基础设施运营等业务板块。三是大力引进一批上下游关联汽车项目落户。系统科学有效地构建汽车产业招商地图，精心包装项目，推进实施"延链补链"招商策略，聚焦我省汽车产业链中缺失和关键环节引资引智。大力引进奔驰、丰田、北汽、长庆专用车等一线品牌车企、系统服务综合提供商等；积极跟踪德国采埃孚（ZF）、现代摩比斯等国际知名汽车零部件供应商以及上海电驱动和精进电动、台湾富田电机等新兴电机电控制造商项目投资动向。

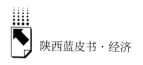

（三）以应用为导向，打造高质量汽车产业体系

一是推进新能源汽车市场化进程。坚持纯电动、混合动力、先进燃油汽车战略取向，支持比亚迪、陕汽、吉利等新能源车企提高产品竞争力，加快产品开发、市场推广、品牌打造，提高产能利用率，完善供应链及质量管理体系；鼓励通家等新能源专用车企，扩大新能源专用车市场占有率；同时，高度关注我国取消新能源汽车外资股比限制的战略机遇，吸引特斯拉、德国电动车等企业在陕西省投资建厂；引导国家电网、特来电等新能源设施提供商加强智能充电桩、智能充换电站、电动汽车智能充电系统的开发和推广；支持引导单位及个人自建充电桩，尽快形成覆盖全省范围的充电设施网络。二是推进智能网联汽车发展。紧密跟进国家智能网联汽车总体发展战略，支持引导吉利、陕汽等企业加强智能网联汽车关键技术攻关，以"ADAS驾驶辅助系统和车载互联终端"等为切入，重点攻克环境感知、智能决策、协同控制等核心关键技术，加快开发智能网联汽车。积极申请国家智能网联汽车产业化基地建设试点，打造智能网联汽车创新枢纽基地。三是推进汽车轻量化发展。以轻合金、高性能纤维等轻量化材料及热成型、温成型、铝锻铝铸锻、激光拼焊技术和复合材料成型工艺推广应用为重点，加快汽车轻量化产品开发与应用，全力打造汽车零部件轻量化制造体系。

（四）推进全方位创新，提升汽车产业核心竞争力

一是推进"三电"技术创新。依托陕西省新能源汽车产业联盟，建立技术创新平台，合力突破"三电"关键技术。动力电池，重点提升单体比能量和循环寿命，突破低温性能瓶颈。驱动电机，重点开发直流永磁电机及控制器，功率性能达到国内先进水平。整车控制系统，重点提升整车行驶品质与安全性能，提高能量综合利用率。二是引导跨界融合创新。围绕汽车产品、生产线、供应链及商业模式等环节，引导汽车与信息通信、道路智能交通、互联网的跨界融合。支持引导整车企业与蔚来、宝沃、汉腾等造车新势力开展研发和制造领域共享融合，打造开放共享的智能网联新能源整车研发

平台。支持引导企业建设数字工厂、智能工厂，融合原材料供应链、整车制造生产链、汽车销售服务链，实现规模化定制生产。三是支持发展汽车绿色制造。支持大型车企积极争取国家汽车再制造试点，完善报废车辆回收体系，以发动机、变速箱、发电机等零部件再制造为重点，推动重点企业推广应用激光熔覆、电弧喷涂、表面恢复性热处理等先进再制造技术，打造具有影响力的汽车零部件再制造基地。四是加快体制模式创新。探索建立与市场经济相适应的经营决策、选人用人、业绩考核、薪酬分配等新机制。在汽车行业试行企业研发投入按比例折算为利润的政策制度，激发企业创新驱动能力。支持陕汽推行混合所有制试点改革，探索管理层持股、员工持股新办法。

（五）推进整零协同发展，实现零部件产业重点突破

一是提升汽车零部件产业协同创新能力。依托法士特创建汽车零部件技术国家地方联合实验室，整合产学研资源，提升零部件产业协同创新能力。支持引导汽车零部件产业从提供零件的配套向模块化、系列化发展，提高配套能力和水平。二是推动汽车零部件产业重点突破。支持引导法士特、康明斯、汉德车桥、三星环新动力等零部件企业加大投资力度，发展动力总成、变速器、电控系统、三元锂等高性能电池、传感器、车载光学系统、车载雷达系统、控制芯片、高精度定位、车载终端和操作系统等配套产业。三是积极构建新型整零合作体系。引导整车企业制定品牌汽车零部件战略伙伴计划，探索构建成本共担、利益共享、产权保护等整零协作配套新机制；加强引导整车企业与优势零部件企业在研发、采购等层面深度合作，建立安全可控的零部件配套体系。引导法士特等大型零部件企业向全球配套转变，积极开拓国内外客户，形成专业化、中性化和规模化的零部件集团。引导万方、德仕、泰德空调、天臣、星美、捷普电机等零部件、连锁维修企业和汽车咨询服务企业成长为"小巨人"。

（六）大力发展汽车服务业，延伸产业链条

一是大力发展现代汽车服务业。规划建设一批综合汽车后市场街区、特

色小镇，引导汽车租赁、汽车共享、汽车安防、影音导航、装饰改装、汽车美容养护、汽车金融和保险等服务业规范有序、集聚发展。二是加快发展汽车金融、文化创意产业。积极推动大型金融机构和品牌车企在我省设立金融机构；支持西安平安综合金融、神州车闪贷等汽车金融和保险企业发展壮大；引导整车企业培育发展融资租赁、供应链金融等新业态。支持西安汽车展、汽车论坛向国内顶级展会升级；支持引导比亚迪、吉利、陕汽等企业推进实施汽车工业旅游与实景展示展演综合体项目，打造汽车主题公园，探索汽车旅游与科普、生态旅游融合发展新路径。三是积极发展汽车新业态。支持整车企业开展基于个性化需求的移动出行业务，建立满足个性化需求的汽车租赁公司，加强与互联网出行平台合作，开展网约车、分时租赁、汽车共享等移动出行业务。利用高端品牌影响力，开展公务舱点对点专车服务、公务出行服务，推广绿色出行服务，打造汽车新的"移动终端"。

参考文献

《汽车产业中长期发展规划》，http：//www.xinhuanet.com。

陈兵：《技术角度的产业制造发展智能化策略研究——以汽车制造和航天航空制造为例》，《中国经贸导刊》（理论版）2018 年 9 月 27 日。

董扬：《中国正在迈向汽车制造强国》，《中国品牌》2018 年 9 月 8 日。

韩昊辰、徐博：《吉林省汽车产业发展研究》，《黑龙江科学》2018 年 8 月 23 日。

万钢：《能源技术和智能化发展引领汽车产业大变革》，《中国科技产业》2018 年 8 月 15 日。

萌越、程楠等：《德国斯图加特汽车产业带发展经验及启示》，《工业经济论坛》2017 年 7 月 25 日。

中国汽车技术研究中心编《新能源汽车蓝皮书：中国新能源汽车产业发展报告（2017）》，社会科学文献出版社，2017。

B.19
抓住时代机遇
促使物联网成为支柱产业

陕西省决策咨询委员会课题组*

摘　要： 推进物联网产业发展，是实施国家大数据战略、加快建设数字中国的一项重要任务。陕西作为军工科技和高教大省，在物联网感知层的传感器研发生产领域，具有雄厚的技术优势和产业基础，陕西物联网产业发展潜力很大，前景十分广阔。本报告在充分调研陕西物联网产业发展现状的基础上，总结当前存在的问题，提出陕西物联网产业发展的思路，以及推进物联网产业发展成为支柱产业的对策建议，从而开创新时代陕西物联网发展新局面。

关键词： 物联网　支柱产业　陕西

一　陕西物联网产业发展现状

（一）产业发展基本情况

陕西是国内物联网起步较早省份，部分企业多年前就生产传感器和开展

---

* 课题组顾问：吴登昌；课题组组长：邱义路；课题组副组长：郑广平；课题组成员：张涛、穆宪龙、陈志靖、薛晓燕、刘怀、胡新、周诠、魏生民、李东平、谷荣祥、刘立琦；执笔：胡新、刘怀。

物联网应用业务。2011 年 3 月，省发改委发布《陕西省"十二五"物联网产业发展专项规划》，批准成立陕西省物联网产业联盟。据不完全统计，到 2016 年末，陕西物联网产业相关企业数量 400 多家，其中九成集中在西安、宝鸡、汉中三地，产业总规模 258 亿元。从发展情况看，陕西作为军工科技和高教大省，在物联网感知层的传感器研发生产领域，具有雄厚的技术优势和产业基础，陕西物联网产业发展潜力很大，前景十分广阔。

1. 传感器行业在国内处于优势地位

传感器是将感知的物理量、化学量、生物量数据变成可用信息传递出去的器件装置。传感器行业，既包括压力、温度、称重、流量、气体、烟雾、陀螺、光电等传统传感器，也包括"复合"融合传感器、MEMS（微机电系统）具有传感功能的集成电路、GPS/北斗导航和 RFID（无线传感器网络）等。据不完全统计，陕西现有传感器企业 216 家，涉及 40 个大类，以物理量传感器为主，在国内处于优势地位。我省外资企业的烟雾传感器具有全球竞争力；宝成仪表、中航电测、中星测控、宝鸡麦克等企业的惯性、工业应变、工业压力、称重传感器具有全国竞争力和影响力。其中，中航电测公司是全球应变计和应变式传感器行业三大供应商之一，一半以上传感器产品销往海外，国内中高端市场占有率居首位，2016 年营业收入 10.86 亿元，利润 1.47 亿元。西安中星测控公司压力传感器/变送器、惯性传感器、可穿戴电子产品在国内外有一定的知名度。

2. 物联信息传输和服务能力提升

随着西咸新区沣西新城国家级大数据产业园——国家新型工业化（大数据）产业示范基地建设和"秦云工程"逐步实施，陕西省物联信息传输和服务能力逐步提升。一是覆盖城乡的宽带互联网基础设施逐步完善，为万物互联信息的全息快速、稳定传输奠定了坚实的网络传输基础。二是由中国移动、中国联通、中国电信和广电网络组成的移动互联网运营商落户西咸新区沣西新城，针对物联信息传输、处理的服务平台初步建立。三是与物联网发展相关的大数据、云计算设施逐步完善，服务功能逐步拓展，为物联网信息融合处理、服务能力提升创造了有利条件。四是一批与物联网发展相关的移动网络传输、航空制导、北斗卫星应用技术骨干企业和相关科研院所云集陕西，为打造区域物联网战略高地提供了有力的技术支撑，奠定了扎实的产业基础。

3. 物联网行业应用逐步展开

发展物联网产业，物联信息的采集、传输、处理是手段，行业应用是目的。据调查，陕西省物联网在工业制造、智能交通、智慧城市、智慧节能、文物保护等行业应用取得了成效。西安优势科技公司在研发物联网核心芯片唐芯一号的基础上，推出了我国第一颗物联网 LED 照明专用的唐芯四号芯片，形成全新一代 airlamp 物联网照明系统，最大组网规模超过 10 万个节点，其强大的组网能力在市政景观、智慧园区、智能楼宇、高速路隧道、商业办公、现代化智能厂房、大型体育场馆、智慧景区等智慧城市建设中具有明显的优势。该公司"物联网 LED 一体化集成照明系统"用于咸阳彩虹8.6 代线高等级厂房及医院等大型建筑中，仅彩虹项目一年可节约 400 多万元电费，为大型建筑节能降耗提供了成功样板。航天 210 所，通过军转民体制改革成立了股份有限公司，主要业务是为物联网行业应用提供自动化解决方案。承担丹江口水电，西安地铁一、二、三号线供电和泰国湄公河供水等项目，年营业收入达 1 亿元。西安交通信息公司，用物联网技术为营运车辆搭建信息服务平台，开发的西安市营运车辆北斗信息服务平台、出租车监控调度系统、客运联网售票系统、公交智能调度系统和公交信息服务平台，与高德、百度合作提供路况信息和拥堵情况等，已取得了良好的社会效益。西安爱润物联网技术公司已在全国开发建设了 1000 多个城市智能停车场，其中西安 300 多个。西安中兴物联公司是深圳中兴物联科技公司三个研发中心之一，2016 年 12 月落户西安，主要从事中兴物联蜂窝通信模块产品、车联网通信终端产品和 IOT 整体解决方案的研发工作，为中兴物联全球业务提供服务。2017 年与陕西电信、陕西水务集团、斯特大禹联合推出国内首个NB-IOT 智能超声波水表项目。此外，还有一批企业在水源监测、智慧城市、智慧农业、智慧旅游、智慧能源、智慧节能、智慧环保、文物保护等领域推广应用物联网，取得了一定的成效。

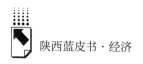
（二）产业发展存在主要问题

1. 产业规模明显偏小，处于国内"第三梯队"

北京市 2016 年物联网产业规模达到 1300 亿元，占全国的 14%；上海市早在 2013 年物联网产业规模就超过了千亿元；广东省 2014 年物联网企业达到 3100 多家，产业规模 2400 亿元，占全国该产业规模 5800 亿元的 41%；湖北省 2017 年物联网产业规模预计达到 1000 亿元。与陕西同处西部地区的四川省，人口占全国的 6.6%，2016 年物联网产业规模 1100 亿元，占全国的 14%，远高于人口所占比重；重庆市南岸国家物联网产业示范基地，物联网规模达到 446.5 亿元，是陕西全省的 1.7 倍。从现有的统计数据上看，陕西物联网产业规模，占全国的 2.7%，与人口所占比例大体相当，在国内区域物联网产业发展中处在"第三梯队"。

2. 行业应用成为短板，扩大行业应用难度大

与其他省份物联网产业发展相比，陕西省产业规模存在明显差距，尤其是物联网行业推广应用不够，成为产业发展最大的短板。一是行业领域涉及范围较小，只限于智能交通、智能水务、智慧旅游、智慧城市等个别领域和环节，行业应用市场有效需求不足。如智慧城市建设需要在街道井盖上安装监测感知装置，属于公共服务设施需要纳入城市建设规划，但城建项目的投资不足。二是物联网产品在实验室或个别单位进行试用，还没有形成一定的市场规模，行业应用障碍需要突破。如 618 所研发的高铁运行监测车，已经在西部高铁线上试车成功，但由于种种原因，至今未能获得铁路运输部门认可准入，不能投入批量生产。三是物联网应用要借助于大数据，而获取相关大数据资源困难，特别是条块分割的管理体制制约着公共数据资源聚集、开放、共享。四是物联网新产品、新方案的推广应用还需要有一个市场宣传和用户认可的过程。

3. 资源统筹不到位，军民深度融合亟待突破体制机制障碍

从物联网全产业链三个层面上看，感知层、传输层和应用层涵盖的企事业单位众多，分属央企、军工和地方民企等范畴，涉及中央、省、市多个行政管理部门。构建上下游有机融合的物联网产业链，做大做强区域物联网产业，需要进一步打破行业部门壁垒，加强跨地区、跨部门和跨领域的合作与协调，加强企事业单位间交流与合作，统筹优势资源，形成产业发展合力。另外，陕西省物联网企业，绝大多数是中小型民营企业，而掌握中高端技术的企业特别是传感器大中型企业都是军工单位。加快物联网产业发展，在很大程度上取决于军民融合深度。陕西作为军工大省，应积极开展军转民改革试点工作，突破管理体制和运行机制障碍，为推进区域物联网产业发展做出军民融合发展的贡献。

4.产业地位认识不足，产业生态需要改善

一是思想认识上存在差距，还没有把物联网当作智能化革命的产业入口来认识，区域物联网的发展方向、重点不够明确，加快发展的机遇感、紧迫感、使命感不强；二是推进物联网发展的顶层设计不到位，省级层面组织领导、政策引导、资金支持和行业应用环境需要改善；三是产业链条各环节的资源统筹、部门协同、单位交流和产业链向外延伸工作需要加强。

二　物联网产业发展设想

纵观国际、国内物联网发展大势，陕西处在后进地位，必须抓住时代发展机遇，积极应对各种挑战，奋起直追，迎头赶上，抢占产业战略高地，开创新时代陕西物联网发展新局面。

（一）总体思路

以贯彻落实党的十九大精神为统领，以构建现代化经济体系和满足人民对美好生活需要为目标，以智慧城市建设需求为导向推进应用示范，以培育物联网细分产业和行业应用解决方案为主攻方向，以应用创新、技术创新、商业模式创新"三位一体"为发展路径，健全研发设计、生产制造、集成应用、示范推广相衔接的物联网产业链体系，推动区域物联网快速发展。争取用5~8年时间，将物联网产业发展成为陕西支柱产业，打造成国内的物联网大省，进入全国第二梯队行列，部分技术领域达到国内领先或国际先进水平。

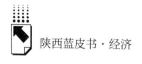
（二）阶段目标

1. 2018～2020年：合理布局，产业集聚度提升

注重顶层设计，成立相关的统筹机构，颁布我省未来三年的物联网发展行动计划，启动重点行业的物联网典型示范工程，主攻成长性强的细分行业领域，培育专业化的物联网产业协作平台，建成一批以物联网应用为标志的特色小镇或园区，示范推广"智慧城市"建设的优秀应用解决方案，力争到2020年产业规模突破1000亿元。

2. 2021～2023年：重点突破，产业优势扩大

培育规模化龙头企业，构建绿色照明、智慧能源、智慧交通等几个独具特色的物联网产业协作平台，营造全产业链贯通的物联网生态圈，扩大陕西省在全国物联网重点领域的影响力；完善产业创新培育、应用示范推广、标准制定参与、公共技术服务四大体系，将陕西省具有相对优势的智能传感器行业打造成为国内的产业中心，为区域产业转型升级、核心竞争力提升提供重要支撑，力争到2023年产业规模达到1500亿元。

3. 2024～2025年：全面推进，竞争能力增强

培育一批具有全国影响力的物联网企业，打造2000亿元的物联网产业，将陕西建成凝聚国内一流创新团队的技术核心区、具有市场差异化优势的产业集聚区、充分发挥典型应用辐射效应的应用示范区，成为西部物联网应用示范中心，进入国内物联网大省行列。

（三）重点任务

实现上述发展目标，需要在产业链上实施"扬长补短"发展策略。一方面，突出区域产业优势，将传感器研发制造领域技术优势扩大，提高市场占有率；另一方面，突出区域特色行业应用，补齐应用短板，将具有区域特色的行业应用范围扩大，构建行业应用高地。

1.打造工业传感器制造中心

以打造压力、光纤、激光智能传感器国家制造业创新中心为契机，发挥

骨干企业的龙头带动作用，整合区域优势资源，研制生产与现代信息传输配套的高端传感器，提高产品技术水平，扩大市场占有率，提升我省产品在国内传感器领域的产业地位，成为国内工业传感器研发制造中心。

2. 实施行业应用示范工程

将民生领域作为切入点，推进一批示范工程。一是智能交通示范工程。以解决交通拥堵、停车难、交通信号灯时间设置不合理等痛点为主攻目标，实施行业应用示范工程。二是建设物联网技术应用示范小镇。联合知名企业，选择具有人文历史特点和自然环境优美的小镇或开发区，建设物联网体验小镇，力争打造西部第一个千兆网络全覆盖小镇，第一个 NB-IOT 网/5G 小镇和第一个物联网创新应用示范先导区。三是水域治理与智慧水务示范工程。一方面，从原有的单纯以污水处理或河道治理的"末端模式"，逐渐延伸成以管网、污水处理厂、河道、岸线景观等组成流域环境单元的"系统模式"；另一方面，以智慧水务为抓手，建设综合治理水域和城市供水智能平台，打通产业供给链，将水域监测、污水处理、智能井盖制造等企业联合起来，建立流域系统治理效果可追责的长效机制。

3. 培育物联网龙头企业

一是感知层物联网芯片设计、RFID 企业，掌握核心技术，向下游延伸，成为能够提供关键技术和专业领域应用整体解决方案的系统集成商。二是智能传感器企业，发挥优势，不断创新，做大做强，打造若干个在全国乃至全球有竞争力和影响力的企业。三是部分制造企业，向工业物联网领域转型，将传统工业提升到智能工业的新阶段，争取成为工业物联网的排头兵。四是应用层企业，形成一批细分专业精于特定关键技术的科技小巨人。

三　推进物联网产业发展建议

开创新时代陕西物联网发展的新局面，将物联网发展成为支柱产业，"十三五"期间，重点做好以下八个方面的工作。

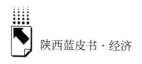

（一）提高思想认识，增强发展物联网产业责任感

物联网产业在我国已经发展了一段时间，经历了"一哄而上（市场混沌期）—热潮减退（产业萌芽期）—逐步深化（与传统产业融合）—2016年产业重启（国际巨头重度参与）"的发展过程。应认清物联网发展的大势，抓住时代机遇，创新发展思路，增强物联网发展的危机感、紧迫感和使命感。充分认识发展物联网产业重要意义和在新时代实施追赶超越战略中的重要作用，明确陕西与物联网大省的差距和短板，"变跟跑为领跑"，抢占战略高地，将物联网作为现代经济体系中的重点产业予以重点支持。

（二）做好顶层设计，统筹推进物联网产业大发展

一是设立省物联网产业发展领导小组或联席会议制度，负责物联网发展顶层设计和重大问题协调处理。由省政府主管领导担任组长或联席会议召集人，省工信厅、发改委、科技厅、财政厅、住建厅、交通厅、水利厅、文化厅、文物局等相关部门为成员单位，办公室设在省工信厅。二是由省工信厅牵头，有关部门参加，编制省物联网产业发展三年行动计划，制定物联网关键技术研发、产业化和应用示范工作方案。三是统筹省内产业资源，细化部门分工，形成合力，协调解决物联网产业发展中的困难和问题，确保行动计划确定的发展目标如期完成。

（三）发挥智库作用，为产业发展提供智力支撑

在现有物联网产业联盟基础上，成立专家咨询委员会。聘请覆盖技术、经济、公共管理等领域的国内外物联网行业知名专家，组建省一级的物联网专家咨询委员会，负责就我省物联网产业发展中的重大问题向省物联网产业发展领导小组或联席会议提出建议，并就有关前瞻性的政策、技术、应用问题进行研究论证，为开创新时代陕西物联网产业发展新局面提供智力支撑。

（四）搭建产业平台，营造良好的产业发展生态

按照"市场引导渐进化、区域发展特色化、产业协同深入化"的思路，打通企业抱团发展的通道，营造良好的产业发展生态环境。一是加快工业互联网基础设施建设。引导并鼓励工业企业加快内网改造升级和外网建设，实现供应链系统和企业生产系统精准对接，促进信息资源集成共享。二是积极发展北斗卫星导航应用系统，以其准确的定位、导航和授时功能更好地促进物联网发展。三是推动大数据产业规模化、集约化、专业化发展，充实丰富大数据生态圈，为物联网产业发展提供数据支撑。四是在智慧水务、智慧安防、智慧照明、智慧交通等优势特色领域，由主管部门牵头，依托核心企业，打造行业应用服务平台。

（五）军民融合发展，搭建军民资源共享平台

推广西安光机所模式，鼓励开发高端民品的军工院所加快混合所有制改革，拿出优质资源与民营企业共同组建联合体，围绕企业技术创新共性需求，建设集研发、中试、小批量生产和测试于一体，国内领先、国际先进的物联网公共技术服务平台、公共测试服务平台、综合信息咨询服务平台。通过军民融合，完善集科技投融资、产学研合作、成果转化、信息共享、政策咨询、市场推介、知识产权、人才培训、综合配套于一体的公共技术服务体系。

（六）加大政策支持力度，引导扶持关键环节创新发展

一是比照国家重大专项设置省级物联网专项资金，支持关键技术研发突破。引导应用需求，培育应用市场，激发应用热情，以应用带动产业发展。二是物联网专项基金应重点向具有核心技术的企业和产业协作及孵化平台投放，落实好各级政府在财税、土地、招商等方面的优惠政策和措施，支持物联网企业发展。三是开展物联网示范企业认定，给予示范中小企业研发投入抵扣补偿等具有针对性的扶持政策。四是建议由省级财政资金支持区域物联

网研发应用示范试点，鼓励各地区出台与物联网相关的扶持政策。五是强化产业发展投融资保障。支持信用担保机构对物联网企业提供贷款担保，支持知识产权质押贷款。财政资金和金融资金，应从支持研发向支持研发和市场开发并重转变、从支持供给向支持供给与增加需求并重转变，从支持单一项目向支持行业发展转变，创新对物联网示范应用项目打包支持模式。发挥政府产业基金的导向作用，吸引金融资金和社会资金投向物联网产业。

（七）发挥产业联盟作用，沟通协调整合多方资源

一是实体化运作物联网产业联盟，有效促进产业内、产业间的沟通协调，为各企事业单位研发、生产和应用工作提供有效服务。二是按照打通上下游产业链思路，在行业应用领域设立子联盟或协会，汇合集体资源联合投标。三是重视物联网标准制定工作，建立以龙头企业为核心，联合运营商、相关企业和省内外科研院所共同参与，基于共同标准制度的产业共同体。

（八）扩大对外交流，推进物联网产业高端化

一是加强与国内企业和科研院所合作。如量子通信项目，涉及物联网领域，需要合作研发适用量子通信的传感器，抢占行业发展的制高点。二是加强与工业4.0领先的德国企业合作，研发新型的传感器，增强传感器国际竞争力。三是推动物联网产业"走出去"。落实习近平主席提出的"五通"要求，将陕西物联网产业合作拓展到"丝绸之路经济带"。由省市政府出面，举办物联网高层论坛、展会，建议在西安举办"一带一路国际合作高峰论坛"期间，联合丝路经济带省份和沿路国家，举办"丝路经济带物联网"专题论坛，扩大对外影响。

B.20
新时代背景下的绿色矿业发展
机制与响应政策*
——以陕西为例

周　宾**

摘　要： 首先，对绿色矿山及绿色矿业的基础理论进行了阐释，国外并没有绿色矿山的直接提法，故对国内外矿山环境恢复治理的概况进行了梳理与总结；其次，对陕西绿色矿山建设和矿山环境恢复治理概况和存在的问题进行了描述；再次，以陕西绿色矿山建设和绿色矿业发展为例，重点分析了"绿矿"的系统构成及其运动机制；最后，根据"绿矿"的系统机制分析，重点围绕绿色矿山建设和绿色矿业发展所需的财政和金融支持、鼓励技术创新、提升公共配套服务水平等方面提出了相应的政策建议。

关键词： 绿色矿山　矿业经济　矿山生态环境

一　绿色矿山与绿色矿业的基础理论

在传统的矿山建设和矿业开发模式中，除了塑造一个工业体之外，矿业

---

* 课题来源：陕西省社会科学院2018年院重大课题"绿色矿山建设及矿山环境恢复治理机制研究"。

** 周宾，博士后，陕西省社会科学院副研究员，研究方向为循环经济与绿色金融。

的发展需要新建一个小型的社区，包括矿山建设的生产配套和矿业职工及其家属的生活配套。在矿山开采和矿业开发过程中，由于传统的技术条件较为落后，环保理念偏弱，导致矿区的环境污染和生态破坏较为严重。因此，"重开发、轻保护"和不可持续的模式已无法适应现代社会对经济发展与环境保护的共同需求。

发达国家提出的绿色矿山和绿色矿业的概念与我国有所差异，我国绿色矿山和绿色矿业的概念主要源自科学发展观，旨在推动矿产资源的勘探、开采、加工、利用和保护等环节实现资源的集约高效安全利用、综合效益最大化和生态环境扰动最小化的全过程、全产业链和全生命周期的科学规范管理，是贯彻新发展理念、建设生态文明的重要举措，也是推进矿产资源领域的供给侧结构性改革和实现地区经济结构调整与产业转型升级的重要引擎。绿色矿业则以绿色矿山建设为基础，以矿产开采、加工、储运、利用等产业环节为核心，不断衍生和集聚出与矿产配套的生产性服务业和生活性服务业，进而形成的矿业生态经济体系。

绿色矿山建设和绿色矿业发展所依托的理论较广，但主要来自可持续发展、工业生态学、循环经济和清洁生产等基础理论，将矿山生态环境、矿产资源、经济发展和社会和谐有机统一，是围绕矿产开发利用的整个人类经济活动的过程与自然和社会进步相协调，尽可能消除和缓解人为活动影响的负面效应，以"3R"原则为核心，即矿产开采的减量化、加工过程的资源重复利用、副产品和废弃物的资源化。由于现代科技的快速进步，相关的绿色矿山技术逐渐得到推广应用，如连续破岩切割采矿、深井支护、采选一体、无废开采和智能开采等技术手段有力地推动了矿山建设和矿业发展的绿色化过程。此外，由于地质勘查和探矿的过程中，槽探、钻井基台修建、交通道路修建和物资的搬迁等人为活动生态对环境的影响也不可小觑，随着绿色发展的理念不断深化，以及矿山建设系统性和矿业发展周期性，以"矿产开采—加工—运输—后续利用"等为代表的产业链条得到进一步延伸，进而将矿产绿色勘查也包括在绿色矿山建设之中。

当前，我国仍处于经济结构的调整期、产业政策的变革期、环境问题的凸显期、城市功能的转换期。在推动绿色经济发展的过程中，我国呈现出区域发展方面的不平衡、产业转型方面的不协调、政策引导方面的不统一、资金支持方面的不配套、技术支撑方面的不同步等问题。矿业作为工业经济的基石，其发展水平决定着现代化经济体系的质量。以经济结构调整、产业转型升级和产能优化为目标，通过科技创新等手段，积极推动建设绿色矿山和发展绿色矿业，不仅是积极改造作为工业体系基础性的矿业经济产业发展模式，而且也是带动矿区环境恢复治理的主要抓手和贯彻落实生态文明建设和"两山论"的重要载体。

二　国内外矿山生态环境恢复治理的概述

（一）国外典型的矿山生态环境恢复治理概述

受经济增长与环境污染共同作用的影响，加之公众环保意识不断提升等因素影响，一些国家在矿山环境恢复治理方面取得了积极成效。

英国的矿山环境恢复治理可以追溯到20世纪中叶的《矿业工作法案》，设立铁矿石恢复基金，之后，通过不断完善相关的环保法案来调和经济发展与环境保护之间的关系，尤其在设立矿产资源规划管理主体，采取对矿山闭坑后的生态恢复和废弃物处理与回填等技术措施，设立严格的许可准入管理制度，政府对废弃土地恢复的补助基金，非政府组织参与等方面积极探索。如，以英国康沃尔郡伊甸园为代表，"传承自然生态文化型"矿山生态修复模式。

美国自20世纪60年代末以来，主要从环保法律和法规的制度监管和环保技术的研发和应用入手，强化矿山环境恢复治理。继美国的《国家环境政策法》颁布之后，《露天采矿管理与土地复垦法》《环境扰动、赔偿与责任综合法》《联邦土地政策与管理法》等对矿山开采的环境保护措施进行了规范和细化，并采取了包括矿山环境影响评价，以及环境许可证、环境监督报告、定期和不定期的环境监测等严格和较为完善的监管体制。同时，明确

矿产开发企业与矿区居民的偿付权益以及矿产租金等资金的分配和使用。如以美国密歇根港湾高尔夫球场度假区为代表，"服务升级换代和功能转化型"矿山生态修复模式。

加拿大作为矿业大国，除与英美等国制定了较为完备的矿山环境保护的相关法律法规和环境影响评价制度之外，其建立的矿区恢复保证金、因地制宜的全过程矿区生态恢复制度和废弃矿山管理信息系统为其矿山环境的恢复治理的顺利实施奠定了资金、技术和管理基础。如以加拿大布查德花园为代表，"营造休闲私家园林型"矿山生态修复模式。

澳大利亚除了不断建立健全与矿产领域相关的环保规定外，在矿产资源综合利用、土地复垦的综合目标与方案管理、全过程监控与责任追究制度方面实施效果显著，尤其在以联邦矿业法、各省矿业法、土著居民权益法为代表的确定利益相关者和土著居民权益方面特色明显，此外，还通过租金、权利金、资源租赁税等杠杆调节利益相关者之间的经济补偿关系。

德国对于采矿者有义务对采矿迹地治理和生态恢复的规定可追溯到18世纪。德国的《矿产资源法》认为，矿区的景观生态重建并不是将土地恢复到开采前的状况，而是做到规划要求的状况。

南非作为世界矿产资源国之一，尽管其并没有单独设立矿山生态环境管理机构，但是借鉴了一些发达国家的成功经验制定了环境影响评价制度、保证金制度、环境监督制度，并对矿区复垦、矿山闭坑等等作了详细的规定。此外，强调政策法规在矿山生态环境治理中的引导作用，并且注重新科技的应用和强调矿区公众参与和社会监督。

（二）我国矿山环境恢复治理与绿色矿山建设概况

经过多年的努力，我国矿山环境的恢复治理取得了积极成效，尤其自2009年我国《矿山地质环境保护规定》颁布以来，通过实施《矿山地质环境保护与治理规划》和加快推进环保专项治理、开展矿山复绿行动、建设矿山主题公园等行动，以及建立健全矿山地质环境治理恢复保证金制度，已初步构建起矿山开发保护补偿的经济运行机制。至2015年，中央和地方以及相关矿山企业累计投入经费超过 900 亿元，全国矿山地质环境治理面积超过 80 万公顷，部分资源枯竭型城市的矿山地质环境得到了有效恢复和治理。尽管如此，我国矿山环境的恢复治理仍不适应新形势下矿产开发和保护的要求，粗放开发方式对矿山地质环境造成的影响仍然严重，如土壤表层损毁、矿区地面塌陷、地表植被和当地地形地貌以及景观人为改变等一系列问题仍比较突出，[①] 需要从矿业经济全产业链条和矿业开发利用的全过程和全周期视角寻求产业发展与环境改善的"交集"，以更好地适应新时期现代化经济体系下的矿业经济发展与矿山生态环境保护的协同。

2007 年"发展绿色矿业"在我国被首次提出，2008 年全国 11 家矿山企业与中国矿业联合会签订的《绿色矿山公约》，以及随后的《关于贯彻落实全国矿产资源规划发展绿色矿业建设绿色矿山工作的指导意见》等政策的相继出台，表明我国建设绿色矿山、发展绿色矿业的基本条件已经具备。"十二五"期间，我国加快推进绿色矿山建设和绿色矿业发展，原国土资源部相继公布了四批共 661 家绿色矿山试点单位，涉及煤炭、黑色金属、有色金属、黄金、化工、石油、非金属、其他特殊矿种。基于"加快推进生态文明建设"和"贯彻新发展理念"，"大力推进绿色矿山和绿色矿业发展示范区建设"作为重点任务和重大工程被写入我国《国民经济和社会发展十三五规划纲要》之中。以 2017 年国家六部委联合发布的《关于加快建设绿色矿山的实施意见》为重要节点，2018 年，煤炭、有色、黄金等 9 大种类的国家绿色矿山建设规范即将公布，这标志着我国绿色矿山建设和绿色矿业发展进入了系统化、规范化的推广实施阶段。

截至目前，国家级绿色矿山达到 660 家（见图 1），煤炭矿山的绿色矿山占比最高，约 1/3；其次是有色金属、黑色金属和黄金，三者占比共约 42%。反映出煤炭和金属类的矿山占绿色矿山的主要部分。同时，绿色矿业发展示范区是绿色矿山由点到面集中推广的体现。目前，全国各省级矿产资源总体规划所确定的各自的绿色矿业发展示范区共计 116 个（见图 2）。除

---

① 《关于加强矿山地质环境恢复和综合治理的指导意见》（国土资发〔2016〕63 号）。

京、津、沪、琼、藏外，其他 26 个省区市均提出了各自的绿色矿业发展示范区，湖南和新疆最多，分别为 13 个和 11 个；其次为四川、贵州、福建、河南、山西、辽宁，这 8 个地区的绿色矿业发展示范区占 53% 左右，其他省份绿色矿业发展示范区数量相对较少。此外，从绿色矿山和绿色矿业发展示范区叠加的情况看，呈点状分布的绿色矿山主要集中于中东部地区，而呈片状的绿色矿业发展示范区多集中在西部地区矿产资源大省和东北老工业基地，由此可看出，建设绿色矿山和发展绿色矿业已成为全国各地区和矿业经济转型升级的共识和主要趋势。

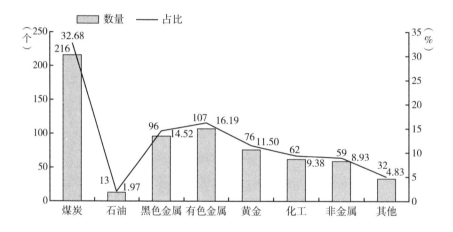

图 1　省级矿产资源总体规划的绿色矿山试点单位统计情况

资料来源：陕西省国土资源厅，http：//gtzyt. shaanxi. gov. cn/info/1149/36532. htm。

进入经济新常态，我国矿业转型升级和绿色发展的进程明显加快，区域间和企业间发展各自呈现不同特点。在煤炭、铁矿领域，华北的矿业转型升级整体领先，西北的矿业转型升级成效显著，华东的矿业转型升级经验具有推广价值，东北老工业基地矿业转型升级任重道远；就企业规模看，大型矿山企业转型升级具有示范作用，中小型企业矿业转型升级仍需加强。自 2017 年《关于加快建设绿色矿山的实施意见》出台之后，为推动绿色矿山建设和绿色矿业发展，全国许多地区积极出台本地区绿色矿山建设的相关激励政策和工作方案，对基本原则、建设目标、重点任务、进度安排、保障措

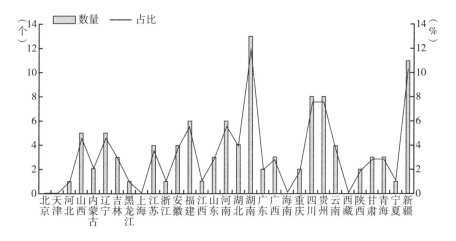

图 2　全国省级矿产资源总体规划的绿色矿业发展示范区统计情况

资料来源：陕西省国土资源厅，http://gtzyt.shaanxi.gov.cn/info/1149/36532.htm。

施等都进行了较为系统的规划。

从我国矿山生态环境恢复治理和绿色矿山建设的情况看，可以将绿色矿山建设主要通过不断地科技进步，围绕资源开采回采率，综合开发利用低品位和共伴生资源、减少"三废"污染、防治矿区地面沉陷、资源的清洁化加工和储运等指标进行控制，提高矿产循环经济效益和清洁生产水平。此外，通过围绕矿业经济积极发展衍生产业带动当地经济发展和改善周边居民生活环境，从而实现智能矿井、绿色矿山和谐矿区。典型的绿色矿山样本如湖北黄石国家矿山公园，以记忆复原为主导的矿山生态修复和矿冶工业文化旅游；青海格尔木察尔汗盐湖国家矿山公园，以自然科普为主导的矿山生态修复和盐湖演化自然旅游。

三　陕西绿色矿山建设与矿山环境恢复治理概述

陕西是全国矿产资源大省之一，其矿产资源禀赋在全国具有重要影响，煤、油、气、岩盐、水泥用灰岩、金、钼等矿种不仅资源储量较大，且多为陕西省的优势优质矿种。岩盐保有储量位居全国第一位，石油储量居全国第三位，煤炭、天然气、水泥用灰岩位居全国第四位，金、钼位居全国第 7 位。陕西的矿产资源地理分布特色明显，陕北地区以优质煤、石油、天然气、岩盐、黏土类矿产为主；关中及相邻地区以煤炭、非金属矿产、地热等为主；陕南秦巴山区以有色金属、黑色金属、贵金属以及各类非金属矿产为主。矿业在全省经济建设中占有十分重要的地位，奠定了陕西工业化的基础，陕北已成为国家级能源化工基地，矿产资源开采及其加工行业的经济体量约占全省经济总量的 50% 以上，矿业发展带动了下游的冶金、火电、交通运输、建筑建材、油气化工及相关生产性服务业等发展。近年来陕西的产业结构虽不断优化，但目前矿业经济仍是全省的重要经济支柱。①

"十二五"时期，陕西因矿业开发引发的地质灾害隐患约 400 处（含塌陷、滑坡、崩塌、泥石流等）。全省因矿山开采占用和损毁的土地约 2.5 万公顷，其中各类采矿场、废矿料堆、煤矸石堆、尾矿库及其他物料占用土地约 2 万公顷。在坚持生态优先、协调发展的原则下，全省矿产开发过程中的生态环境保护力度不断加强，开展了废弃尾矿库治理、矿山复绿、绿色矿山建设等，现已建设国家级绿色矿山 19 个，② 绿色矿业示范区 2 个，国家矿山公园 1 个，省级地质公园 2 个，积极落实矿山地质环境治理恢复保证金制度，③ 矿山环境修复治理和生态恢复取得积极成效。截至"十二五"末，全省累计投入矿山地质环境治理恢复资金 16.6 亿元，采取了回填矿山采空区、平整塌陷区、改造矿区道路、修建排水设施、治理坡面崩塌、复垦矿区土地、恢复生态植被、生态移民等工程，累计治理恢复矿山 1500 余处，累计土地复垦约 2200 公顷，修复治理矿区面积超过 1 万公顷。

"十三五"以来，由于矿业经济有所好转，全省矿业开采累计占用、损坏土地面积也迅速上升。2017 年全年因矿业开采累计占用、损坏土地面积

---

① 《陕西省矿产资源总体规划（2016—2020 年）》。

② 截至 2018 年，全省国家级绿色矿山试点已增至 22 个。

③ 根据《财政部 国土资源部 环境保护部关于取消矿山地质环境治理恢复保证金建立矿山地质环境治理恢复基金的指导意见》（财建〔2017〕638 号）的规定，现已调整为"矿山地质环境治理恢复基金"。

达 4625 公顷，同比增加 55%，年度恢复治理的矿山数 483 个，同比增长近两倍，恢复治理面积 3760 公顷，同比增长 72%。2017 年全省矿山环境治理地方财政投入 3.06 亿元，同比增长 13.6 倍，企业投入 6.9 亿元，同比增长了近 20 倍，矿山地质环境治理恢复保证金存额达到 13.4 亿元，保证金返还 2660 万元。[①] 此外，按照全省矿产资源总体规划的要求，通过积极推进绿色矿业勘查与矿产资源评价、矿产资源综合开发、矿产资源循环利用、矿山生态环境修复治理、建设绿色矿山和绿色矿业发展示范区、矿山地质资料信息集成与社会化服务等七类工程，全省的矿山环境恢复治理和绿色矿山建设取得明显进展，西安、铜川、宝鸡、潼关等地的矿山生态环境治理项目成效明显。在矿业经济发展和矿山环境恢复治理的同时，我省矿产资源开发利用方面的结构性矛盾仍较突出，资源利用粗放，资源开发与环境保护不够协调等问题仍未根本解决，矿产资源开发带来的矿山地质环境影响与历史遗留问题并存。因此，加快推动绿色矿山建设和绿色矿业发展，从而带动陕西矿业经济的绿色转型和支撑全省经济稳定增长。

四　新时代背景下的陕西绿色矿业发展的响应政策

结合陕西绿色矿山建设与矿山环境恢复治理成效，研究认为，新时代背景下，为建设现代化经济体系和实现高质量发展，要求在稳定矿业经济、稳步增长的同时，应通过技术改造和升级等手段，淘汰落后产能，释放优质产能，加快推进矿业经济的结构调整，应通过创新驱动和绿色发展，实现矿山生态环境的持续改善，加快推动其发展方式的绿色转换。

第一，从绿色矿山建设和绿色矿业发展的管理体制、运营机制、技术支撑、资金保障、项目后评估等方面尽快完善政策体系。结合矿产资源综合利用、矿山环境生态修复、矿区循环经济实施等政策，推进"智慧矿井"与"和谐矿区"建设，抓住 2017 年国家"释放优质产能，改善煤炭供应结构，

---

① 《陕西省国土资源综合统计报告（2017 年年报）》。

保持市场供需动态平衡"的政策，对照新组建的国家自然资源部下设机构的有关职能，尽快完成陕西省矿产资源管理部门相应职能的调整优化，加强对陕西省绿色矿山建设与绿色矿业发展的管理，探索以"政府部门组织管理、矿山企业和环保企业落实矿山环境治理和生态修复、相关科研院所提供技术支持、金融机构和其他社会资本保障资金供给、第三方评估机构实施跟踪评估"的管理体系，为陕西省绿色矿业项目在规划建设、运营监管、公共配套等方面，提供企业所需的政策指导、先进适用技术推介、人才融资需求信息等服务，营造公平、公正、有序、便利的市场环境和竞争秩序。

第二，细化和完善相关技术规范，搭建绿色矿山管理信息服务平台，鼓励金融机构为陕西省矿业经济开展绿色保险业务。尽快出台符合陕西省矿业发展实际的绿色矿山技术指导和评估规范，规范应体现不同矿种的分类指导和不同绿色矿业企业的分级管理原则，尽快筹建陕西省矿山企业绿色信息大数据管理平台，针对矿产勘查、矿产开发、矿产加工、矿产储运、矿产品市场需求、矿业循环经济等矿业全生命周期和全产业链条进行精准管理和跟踪评估，并尽快设立陕西省"绿色矿山与绿色矿业项目库"，提供包括先进技术装备研发平台、紧缺人才的引进和培养、项目推介和协调融资等所需的信息服务。此外，鼓励金融机构进行矿山生态环境风险评估和开展绿色保险业务，根据所涉及的矿种和环境污染与生态影响的类型，共同并有区别地设计相应的强制环境责任险和任意环境责任险管理办法，引导全省矿山企业为可能产生的环境污染和生态破坏等责任风险理性投保。

第三，根据拟治理后的矿区土地用途不同，积极借鉴经验，科学分类施策，建立陕西省的矿山生态环境恢复治理收益回报机制。对社会资本参与矿山生态环境恢复治理成为建设用地的可通过招拍挂程序获得建设用地使用权，并用先期投入的环境治理恢复基金抵扣土地出让金；治理成为农用地，可按照"公司＋合作社＋农户"的运营模式，由治理区受益居民以土地入股，选择或组建代理公司作为项目实施主体，以合作社的形式促进受益居民的土地流转，并监督其运营，形成的环境资产，可置换成建设用地指标纳入政府储备中，其获得的土地出让收益，以补偿矿山环境恢复治理资金；以旅游资源开发作为经济收益的，可采取因地制宜的措施，多元化开发成为新的旅游资源，或结合矿山（区）所具有重要科学价值的特征，建立相关的科普教学实习基地等；在余留矿产资源开发权益回报方面，可为社会资本提供包括减免矿产资源补偿费等政策性优惠，以开发余留资源获得的收益充抵矿山环境恢复治理项目资金。

第四，创新绿色金融供给渠道，积极探索矿产资源证券化路径，鼓励试点矿山项目的绿色资产支持票据（ABN）业务。由于矿产开发周期较长、企业融资风险较高且难度较大，建议省财政设立"陕西省绿色矿山和绿色矿业发展示范区建设基金"作为配套专项启动资金的同时，为缓解地方财政压力，吸纳民间资本和外资参与绿色矿山建设和绿色矿业发展，确保参与绿色矿山建设和绿色矿业发展的非国有资本的合理盈利权，并强化对矿业权的评估，借鉴住房抵押贷款证券化的可行经验，探索矿业权抵押贷款证券化和矿业权资产证券化，为陕西绿色矿山建设和绿色矿业发展提供充裕的资金保障。此外，应鼓励试点矿业单位通过剥离部分矿业权（包含配套的生态环境恢复治理项目）作为基础资产，公开或定向发行绿色资产支持票据（ABN），以建设绿色矿山和发展绿色矿业为目标，助力募集更多资金，进而带动矿区生态环境的恢复治理和矿区驻地经济的转型升级。

第五，为积极推广采矿新技术、新工艺、新装备在绿色矿山建设和绿色矿业发展方面的应用，应加大鼓励科技创新政策的驱动效应。为实现全省各类矿山（区）推广自动化开采，逐步提高智能化开采水平，应鼓励有条件的企业试点无人化开采、流态化开采、地下空间开发利用等绿色技术，推动整个开采过程的原位利用和污染零排放的同时，提高开采回采率和矿产资源综合利用率；为鼓励全省矿山企业与科研院所、高校等积极开展联合技术攻关和科技创新合作，应出台旨在减少融资和经营成本的"可落地"政策，探索如推广非上市的中小企业通过"新三板"进行股权融资、创投企业投资未上市的中小科技企业 2 年以上享受所得税优惠等，为科技型企业项目孵化和融资提供便利；为促进科技成果的市场化转让交易，应理顺科技成果转

化路径，可采取包括股权激励、科技成果使用、处置和收益管理改革等，以提升科技人才（团队）收入水平和回报"获得感"。

参考文献

曹献珍：《国外绿色矿业建设对我国的借鉴意义》，《矿产保护与利用》2011年第1期。

王斌：《我国绿色矿山评价研究》，中国地质大学，2014。

宋国明：《英国矿产资源开发环境保护与土地复垦》，《中国国土资源报》2010年4月9日。

宋国明、郑子敬：《澳大利亚矿业投资环境》，《国土资源情报》2012年第12期。

李虹、黄洁、王永生等：《南非矿山环境立法与管理研究》，《中国国土资源经济》2007年第3期。

陕西省国土资源厅：《矿业转型升级与绿色发展亟须政策支持》，http：//gtzyt. shaanxi. gov. cn/info/1039/35745. htm，2017年10月20日。

刘建芬：《如何进一步优化绿色矿山建设布局》，《中国矿业报》2017年10月21日。

中国循环经济协会：《绿色矿山发展及各地方政府绿色矿山建设方案汇总》，http：//www. chinamining. org. cn/index. php？m = content&c = index&a = show&catid = 6&id = 24507，2018年1月22日。

江西省国土资源厅：《明晰产权关系吸引民间资本——谈构建矿山环境治理与生态保护机制》，http：//www. jxgtt. gov. cn/News. shtml？p5 = 55438203，2016年4月7日。

致谢：本课题调研与座谈得到了包括陕西省国土资源厅、陕西煤业化工集团有限责任公司及其所属黄陵矿业公司等单位的配合与支持，谨此表示感谢。

B.21

陕西提升企业跨境贸易和投资便利化研究

孙雅姗*

摘　要： 为加快建设内陆改革开放新高地，2018年陕西省全面实施优化提升营商环境"十大行动"。其中《提升企业跨境贸易和投资便利化行动方案》以压缩办理时间、降低准入门槛和收费标准为重点，提出13条对外贸易便利化和5条外商投资便利化措施。本文通过实地调研榆林、汉中、宝鸡、高新区、鄠邑区等市（县区），了解了各地关于提升企业跨境贸易和投资便利化的具体做法和落实情况。发现存在贸易和便利化协同推进机制缓慢，创新举措的主动性、继承性不足，外贸人才队伍建设滞后等问题。以这些问题为出发点，本文从提升贸易便利化水平、优化外商投资环境、加大开发性人才引进力度等几个方面提出了相应的对策与建议。

关键词： 陕西　企业　跨境贸易　外商投资

一　陕西提升企业跨境贸易和投资便利化的基本情况

（一）对外贸易便利化工作开展情况

1.持续深化"放管服"改革，政务服务环境大幅度提升

近年来，陕西省各地各部门以建设人民满意的服务型政府为目标，深入

---

* 孙雅姗，陕西省社会科学院金融投资研究所助理研究员。

推进"放管服"改革，积极探索实践，切实转变政府职能，深入开展"行政效能革命"，在改善营商环境、推动职能转变、释放市场活力、加强便民服务等方面取得突破性成绩，积累了一批可复制可推广的经验。在企业准入环节，自贸试验区全部实行"一口受理、19 项事项联办"，办理时间由原来60 个工作日缩短至 3 个工作日以内。汉中市汉台区在受理外贸企业备案登记上压缩时间、提升效能。在受理申请备案登记后，受理时限由原来的 5 个工作日压缩至 1 个工作日。渭南市商务局对外贸易经营者备案工作由过去的5 个工作日办结实现了目前的即时办结。国家外汇管理局渭南市中心支局在资本项目管理上，坚持对外商投资项目核准、备案等事项实行"当日受理、随到随办、当日办结"。

调研发现，"放管服"改革在县一级政府也得以扎实推进。城固县指导企业报关报检，提速单证办理时限，针对企业申请办理对外贸易经营备案，在企业提交所需材料完备的情况下当天办结转报相关手续，配合本地海关、商检、口岸等部门对出境货物实施"一次申报、一次检验、一次放行"。神木县承接国家工商总局下放的外商投资企业登记管理权限，于 2017 年 1 月1 日起全面受理外资企业登记，并在提速单证办理时限上下功夫，对企业申请办理的对外贸易经营者备案、进出口许可证、原产地证申领人备案等业务，由原来的 15 个工作日缩短为 3 个工作日办结。

2. 创新海关监管模式，新型贸易监管制度体系初步形成

通关监管方面，自贸试验区成绩斐然。成功复制上海自贸试验区"23 + 8"项海关创新制度中的 26 项，包括"一线'先进区、后报关'""二线'批次进出、集中申报'""智能化卡口验放"等25 项内容，区内企业采用"一区两址"方式可享受 365 × 24 小时通关服务，提升区内企业通关效率；借助"在途监管电子辅助系统"实现的监管升级，将原先的静态监管变为动态监管，实现与青岛、北京、广州等重要口岸通关一体化作业模式；西安关区内企业通关五个"第一票"改革（即第一票无纸化报关、第一票通关一体化、第一票区港联动、第一票区区联动、第一票跨关区流转），由传统的"串联式"作业改变为"一次申报、分步处理"，将原模式下每票货物从

申报到完成交接需要用时约 12 小时缩短至 5 小时，为企业节约成本 40% 以上。渭南市也大力推进通关一体化改革工作，一季度通关时效在西安关区所有业务现场中排名第一，出口报关单审查时间平均用时 0.8 个工作日。

保税业务流转环节，自贸试验区在全国率先开展特殊区域外集成电路研发检测全程保税业务试点。以英特尔移动通信技术（西安）有限公司为试点，开展特殊区域外集成电路研发检测全程保税业务监管模式。为特殊区域外集成电路设计企业办理和加工贸易电子化手册，压缩审批层级，减少审批手续，优化检测物料国内流转方式，将通关时间从原来的 3 天缩减到约 3 小时，通关时效提升近 95%。其中海关通关审核时间更是减少到了 3 分钟左右，基本实现"秒通"，大大提高了芯片设计企业参与全球协同开发的时间效率，降低了企业成本。

检验检疫监管方面，陕西出入境检验检疫局从 2017 年 5 月起在陕西地区全面上线全国检验检疫无纸化系统。无纸化申报企业端由"陕西检验检疫局检验检疫无纸化报检管理系统"切换至"全国检验检疫无纸化系统"，企业享受到全国范围内的报检通关无纸化。调研显示，渭南市无纸化报检覆盖率已达到 100%，2018 年一季度受理无纸化报检 1100 多批次，签发原产地证书 120 余份，进出境业务全流程平均时限从 2017 年 9 月份的 2 ~ 3 天压缩至现在 0.5 天。此外，各地区还积极开展"单一窗口"各项应用功能推广工作，推动"单一窗口"逐步成为外贸企业的主要介入服务平台。

优化企业纳税服务方面，汉中市大力提升出口退税办理效率。一、二、三类企业分别在 3 个、8 个和 13 个工作日内办结，比省上要求各缩短 2 个工作日。渭南海关支持企业"自报自缴"，积极推动税收征管由海关主导型向企业自律型转变，将税收要素审核从"事中"向"事后"转移。

3. 跨境金融创新蓬勃开展，金融服务功能更加完善

西安市高新区深入开展跨境金融创新，带动区域发展跑出"加速度"。帮助延长石油获批跨境双向人民币"资金池"业务（中国银行总部批复 3 亿元额度），有效推进跨境人民币资金余缺调剂和归集；全国首批开展投贷联动试点，使银行对科技型企业实现了以投资和贷款有机联系的融资支持；

帮助迈科集团通过海外协议业务（242万美元），使其在不支付货款的条件下，先行取得了物权单据或转卖等权利，有效规避了财务风险。在"控流出"宏观环境下，以"内保外贷"的形式，为海外并购企业提供资金保障，帮助企业"走出去"。招商银行高新科技支行通过总行自主研发的区块链直联跨境支付应用技术，叙做了一笔美元跨境支付业务，实现跨境外币资金"秒级"传输，有效提升现有金融系统的运作效率。

4. 积极构建对外投资促进体系，对外合作服务平台初现成效

一是引进中国贸促会（陕西）自由贸易试验区服务中心。服务中心依托中国贸促会的多、双边工商合作机制以及国际组织的紧密联系，汇集国家、省、市、区各级贸促会的渠道资源与专业服务，为企业提供了包括对外经济合作、对外贸易、商事法律等方面的个性化服务，助力企业国际化发展。二是培育陕西省外经贸一站式服务平台。以"互联网＋外经贸产业链＋金融＋服务"的服务模式，建设国内首个服务双向全口径国际化服务平台，即覆盖"全外经贸领域、全国际投资贸易流程、全项目寿命周期"和服务"中国政府和企业、外国政府和企业"一站式服务平台。目前已经初步建立了覆盖53个国家和地区的外经贸服务网络。三是打造"一带一路"产能合作平台。目前显示已建成欧亚国际一期、丝路国际创意梦工厂等项目，启动了中亚商贸园两国两园建设。此外，各地方政府部门在对外合作服务方面也亮点纷呈，神木县积极协调榆林市口岸办、天津港务局，为12户企业办理了出口许可和海外运输通道许可，积极组织主要工业品出口。目前，神木兰炭已经出口马来西亚、新加坡、印度尼西亚、印度、韩国等多个国家，累计出口量突破300万吨，贸易总额突破30亿元。

（二）外商投资便利化工作开展情况

1. 全面推行"负面清单"模式，对外贸易市场主体不断扩大

为贯彻《国务院关于扩大对外开放积极利用外资若干措施的通知》（国发〔2017〕5号）精神，2017年8月，陕西省政府发布了《外商投资产业指导目录（2017年修订）（含外商投资准入负面清单）》，就此"负面清单"

模式在全省全面推行。经国务院同意,《自由贸易试验区外商投资准入特别管理措施(负面清单)(2017 年版)》于 2017 年 7 月 10 日实施;2018 年 3 月,西安市人民政府办公厅印发《西安市企业投资负面清单》,其中包含了外商投资准入负面清单的两大类 61 项,实施与负面清单管理模式相适应的外商投资国家安全审查措施,对外商投资项目核准、备案、审批等事项实行"在线审批,限时办结";重新修订了《2018 年小微企业创业创新示范项目(跨境电商项目)申报指南》,成功吸引了京东、国美在线等一批国内外知名 B2C 电商企业的总部或区域落户。在企业准入改革下,陕西省对外贸易主体不断扩大。2018 年以来,西安市新设境外投资企业 6 家,其中西安爱菊集团在哈萨克斯坦投资的农产品加工物流园,将争取商务部验收,实现西安境外园区零的突破。自贸试验区自 2017 年 4 月 1 日挂牌至 2018 年 3 月 9 日,新增外资企业 90 家,新增外资企业注册资本 10086.91 万元。宝鸡市 2017 年新注册外贸企业 100 多户,有进出口业绩企业共计 323 户;民营企业全年进出口总值 23.69 亿元,增长 46.5%,占全市进出口总值的 41.2%;出口额超过 1000 万元的企业 35 户。汉中市汉台区 2017 年新增备案登记外贸企业 9 户,目前累计备案登记外贸自营口企业达 63 户,完成外贸进出口总额 2.72 亿元,占年度任务的 117%,超额完成目标。

2. 完善外国人才引进制度,生活配套服务环境显著提升

为引进外籍高端人才,自 2017 年 5 月起,在陕西自由贸易试验区、西安市行政区域内正式实施七项服务自贸区和国家级自主创新示范区的出入境政策。只要符合条件,在华工作的外国人、外籍华人和留学生,也能拿到中国"绿卡"。对符合认定标准的外籍高层次人才及其配偶、未成年子女,经自贸区管委会等单位推荐,可直接申请在华永久居留。2017 年 6 月,西安市出台《引进海外高层次人才资助项目暂行办法》,对愿意来西安发展的外籍人才和留学回国人员给予进一步的项目资助。西安高新区还积极与省、市外国专家局协调,为三星、镁光、英特尔等外资企业高层次专家办理了最高 5 年的外国人来华许可证;为区内入孵企业送去陕西自贸区首张外国高端人才(A 类)专家证;推荐三星环新申报陕西省博士后创新基地并最终获评,

促进了陕西外资企业人才队伍建设。

作为外国人才的聚集地和密集区，西安高新区对照建设欧亚交流的国际化大都市要求，持续提升高新区城市发展环境。启动了"三城"（中国西安科学城、新能源汽车城、未来科技城）、"三街"（韩国风情街、东南亚风情街、欧美风情街）建设，重点加快国际学校、国际医学中心、国际社区建设，为外资企业和外资人员提供更加宜居宜业的生活环境。

3. 逐步健全法治制度，涉外法律服务体系日益完善

西安高新区引进中国国际经济贸易仲裁委员会丝路仲裁中心，为陕西企业特别是外向型企业搭建便捷的涉外商事法律服务平台，为企业增加在对外经贸合作中的谈判筹码，帮助企业提升法律保障能力，规避法律风险，及时化解纠纷，提高企业应对国际贸易壁垒的能力，为企业开拓国际市场、提高国际竞争优势提供便利服务。

二 陕西提升企业跨境贸易和投资便利化存在的问题

（一）制度创新和改革探索的推动机制倒置

优化营商环境是市场主体自下而上创新，行政体制自上而下改革的全过程。然而在实际调研中发现，我省的制度创新和改革探索的推动机制存在以下问题。

1. 市场主体作用尚不明显

由于陕西省整体外向型经济发展还欠发达，区域间贸易投资便利化水平差距较大，制度创新和改革探索仍是一种自上而下的被动式创新。作为市场主体的外向型企业与政府的互动不够充分，自下而上的主体能动性尚缺乏发挥空间。调研中发现，一些外向型经济较为落后的地区在本次改革中由于缺乏市场主体的参与，在工作中更多地偏重于低头拉车，抬头看路的意识还不够强，便利化提升手段仅停留在表面，没有从根本的扩大市场主体入手，针对性较弱，创新效率不高。

2.层级审批及协作机制尚未理顺

涉外经济与地方经济行政体制改革脚步不一致。陕西省外资项目审批权限在市一级,政府配套政策少,县区工作缺乏抓手;一些政策科技型涉外企业在政策享受上还存在断层。如汉中市科技型企业市级认定标准尚未出台;高新技术企业的认定一般是上半年提交资料,下半年省市科技部门受理后才予以认定;科技型中小企业待实际认定标准出台后才能组织申报。由于提升投资便利化工作涉及领域十分广泛,部门较多,在联席协作、信息获取及合力形成,方面还有待于进一步加强;一些地区的政策性奖励等合法合规承诺,也因涉及部门较多,缺乏联动机制而出现协调落实较难的情况。此外,在调研中发现,各地均缺乏跨境贸易和投资便利化相关考核督查机制,缺乏一套科学有效的评估评价便利化成果的指标体系,使得改革创新成效难以量化。

(二)"放管服"改革缺乏系统谋划,政务服务优化脚步不一

"放管服"改革是一项涉及面极广的社会系统工程,从机制来看需要系统谋划,从进程来看不可一蹴而就。然而在调研中发现,陕西省不少涉及跨境贸易和投资便利化的改革推进机构缺乏系统谋划,改革政策供给"过快",出台的政策文件,部门和地方来不及研究消化,换一换头面就进行转发。不少市县也没深入研究,没拿出务实落地举措。如许多地市出台的《提升企业跨境贸易和投资便利化行动方案》与省上出台的方案基本无异,没有针对地方外向型经济发展现状与特色的行动细则,一些地区的负面清单也缺乏针对性与科学性。改革的上层建筑缺乏谋划导致政务服务优化脚步不一,有的地方三证合一,一证三号在试点,有的地方已经开始三证合一、一证一码改革,有的甚至在进行五证合一的探索,让管理部门和企业在放与管间犹豫、线上线下徘徊的情绪明显。

(三)改革创新举措的系统的主动性、集成性仍不足

由于陕西省各地外向型经济发展参差不齐,一些跨境贸易发展较为滞后的地区在便利化工作中向上级对口业务部门请示和与兄弟区县交流的主动意

识不强，落实举措只有规定动作没有自选动作，推动工作存在"一令一动、不令不动"的情况。而作为跨境贸易和投资便利化改革创新举措高地的西安市高新功能区，虽已经建立了创新案例专家会商机制，也率先形成了投贷联动、通关便利化等一批创新案例，但案例分布比较散，且偏于点上的突破，面上突破不多，改革创新的系统性、集成性还不足。

（四）对外贸易管理的人才队伍较为滞后

政府管理型人才是社会人才的精英群体，其思想观念、大局与全球意识、创新精神、协调能力及其分管业务的专业知识与水平关系到我省营商环境优化改革的全局。目前，陕西省对外贸易管理人才存在的突出问题：一是专业队伍能力发展滞后。具体体现在人才队伍年龄结构偏老化、专业知识比较陈旧、总体素质不高，缺乏具有世界眼光和战略性思维的国际化人才，高级涉外商务专业人才和高层次复合型人才的总量不足，尤其是精通世贸规则、熟悉国际商务法律、掌握国际商务谈判知识、具有较强外语能力的高级商务人才严重供不应求。二是岗位设置不足。这一问题在外向型经济落后的地区尤为明显，一些区县市政府部门外贸工作有职能而无人分管，有的一人干几个人的活，管理、业务、政策一肩挑，使得基层对外贸易提升工作难以有效开展。

三 对策与建议

（一）不断扩大跨境贸易与对外投资主体，切实发挥市场能动性

对基层部门来说，提升企业跨境贸易和投资便利化，最根本的是不断扩大贸易与投资主体，最具体的工作就是抓好外贸进出口、实际利用外资，服务地方经济发展。一是用足用好欧亚经济论坛、丝博会、"一带一路"国际研讨会、丝绸之路旅游部长会议等高规格会议，丝绸之路国际电影节、艺术节和旅游博览会常态化，借助博鳌亚洲论坛、外交部陕西推介会向世界全方

位展示陕西新形象。加强与国家级商协会的对接联系，借助有效平台引进新的外贸经营主体。二是充分发挥自贸试验区、综合保税区、西安港等对外开放先导作用，围绕我省产业结构升级，着力引进产品技术含量高、附加值高、以出口为主导的贸易型企业。三是建立外贸主体在营商环境优化中的参与作用机制，充分发挥市场能动性。深入开展调研，将外贸企业对营商环境的需求作为优化的重要指标，让市场的声音成为改革的主旋律。

（二）继续推进"放管服"改革，不断加快政务服务网建设

不断加快政务服务网建设。一是建议省上出台规范性文件及细则，明确基层政府里哪些可以做，怎么做，解决什么问题，使其制度化、规范化，以保证改革的可操作性与可持续性。二是在全省推广政务服务网建设，指导各区县智能化网上办事大厅建设，推进实体办事大厅与网上办事大厅融合发展。三是搭建"横向到边、纵向到底"的全省制度化平台，建立智能化电子信息平台，整合全省资源，打通各区县、各部门之间的"信息孤岛"，打破行业壁垒，实现数据共享和业务协同。四是按照"应上尽上、全程在线"的要求，将所有政务服务事项纳入政务服务网，实现在线咨询、在线申请、在线审核、在线反馈，实现"让数据多跑路，让群众少跑腿"的目标。积极搭建全省制度化平台，自上向下，建立智能化电子信息平台，打破行业壁垒，整合全省资源，让企业和政府能够随时通过网络传递信息。五是既要当好"风险预报员"，加大信息发布力度、提供风险预警，减少企业的信息不对称，也要当好"企业服务员"，为企业海外投资开展必要的培训、咨询等，提升企业风险防范能力。

（三）推广各地市优秀举措和成功经验，建立有的放矢的行动细则

以可复制可推广为基本要求，将陕西自贸区作为创新主体，探索改革途径、发挥示范效应，在省、市各地区的横向经验交流小组，推广成功经验，总结失败不足。如渭南市商务局先行在市农产品出口集中地白水、大荔、蒲城商务部门设立跨境贸易服务协调办公室，确定专人协助属地企业开展跨境

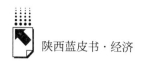

贸易，及时反馈企业诉求；开展"服务外经贸企业，优化提升营商环境"调研活动，并结合下基层走访调研情况，有针对性的开展政策宣传、业务培训，提升企业开展跨境贸易和投资业务的能力、提升市县两级服务外经贸发展的能力，及时协调解决企业所盼，为全市营商环境的优化提升尽职尽力。这种量体裁衣、有的放矢的便利化提升举措值得在全省其他地区推广。

（四）壮大开放型干部队伍，优化基层外贸部门的岗位设置和用人机制

一是加大开放型人才引进政策支持力度，在全球范围内，引进一批一流的开放型管理人才，尽快培育一支熟悉国际国内市场和现代产业管理，能招商、会营销的开放型经济人才。以服务对外开放为着眼点，采取中短期培训相结合、国内培训与国外培训相结合，理论教育与实地考察相结合等多种方式，增强现有管理人员战略思维和发展开放型的本领。二是优化基层政府的外贸岗位设置。根据需求适当增加基层名额配比，根据区域跨境贸易和对外投资现状，因地制宜，制定差异化的岗位设置及管理模型，提高外贸管理的工作效率。三是积极研究落实基层人才政策，不断充实基层外贸管理人才队伍，并在职务晋升、职称评定等方面给予倾斜，鼓励外贸管理人才到区县去、到基层去。

B.22
降低陕西企业获得信贷
难度和成本的报告

郭普松 *

摘　要：　陕西省将2018年确定为"营商环境提升年"，对标世界银行
《全球营商环境报告》指标体系，出台了《陕西省优化提升
营商环境十大行动方案》。对标《陕西省降低企业获得信贷
难度和成本行动方案》，各地市、县（区）都出台了各自的
行动方案，与驻地金融机构签订战略合作协议，积极优化政
府性融资担保公司，积极探索金融产品创新和服务创新，积
极利用资本市场推动企业直接融资。同时，我省在降低企业
获得信贷难度和成本方面存在企业信贷供需各方利益矛盾冲
突、担保机构难以满足大量小微企业贷款需求、小微企业应
收账款融资受到限制、社会信用环境有待进一步改善等问题。
为此，我省应采取进一步完善信用体系建设、进一步优化完
善政策性融资担保体系、继续大力推进小微企业应收账款融
资、营造良好环境并加大政策宣传力度、支持金融机构落实
相关金融政策等措施。

关键词：　企业　信贷　陕西

---

* 郭普松，陕西省社会科学院副研究员，主要研究方向为私募股权投资基金和产业经济。

营商环境就是生产力。优化营商环境就是解放生产力，就是提高综合竞争力。进一步优化营商环境，是建设现代化经济体系、促进高质量发展的重要基础，也是政府提供公共服务的重要内容。习总书记多次强调建设稳定、公平、透明、可预期的营商环境的重要性，李克强总理多次召开国务院常务会议，专题研究和部署营商环境建设工作，着力推进我国营商环境的法治化、国际化和便利化。降低企业获得信贷难度和成本是优化提升营商环境的重要一环，关系到千万个中小企业的健康成长和发展壮大，关系着国家的创新创业大计的实现。陕西将 2018 年确定为"营商环境提升年"，对标世界银行《全球营商环境报告》指标体系，出台了《陕西省优化提升营商环境十大行动方案》。对标《陕西省降低企业获得信贷难度和成本行动方案》，各地市、县（区）都出台了各自的行动方案。

一 陕西省降低企业获得信贷难度和成本成效初显

根据党的十九大和 2018 年国务院首次常务会议精神，按照《陕西省降低企业获得信贷难度和成本行动方案》、《陕西省降低企业获得信贷难度和成本三年行动计划（2018—2020 年)》和《陕西省降低企业获得信贷难度和成本 2018 年工作要点》的要求，陕西省降低企业获得信贷难度和成本工作稳步推进，成效初显。

（一）制定了《降低企业获得信贷难度和成本行动方案》

陕西省各地市都制定了《降低企业获得信贷难度和成本行动方案》，设计出各自降低企业获得信贷难度和成本工作开展的时间表和路线图，进一步提升信贷服务水平，支持和鼓励更多驻地金融机构采取有效措施降低企业，尤其是小微企业获得信贷难度和成本，不断优化区域投融资环境。

（二）地方政府与驻地金融机构签订战略合作协议

为了推进银企对接，陕西省各地市（某些县区）纷纷与驻地金融机构签订金融服务战略合作协议。例如，西安市与中国邮政储蓄银行西安分行、中信银行西安分行分别签订合作协议。按照协议，中国邮政储蓄银行西安分行在5年内向西安市优质中小微企业、产业园区投放不少于100亿元的信贷规模，并建设8家小微企业特色支行；中信银行西安分行在5年内为西安市工业经济、中小微企业、工业园区提供不低于150亿元的综合融资服务支持。汉中市汉台区与建行、中国邮政储蓄银行汉中分行签订了战略合作协议，"十三五"期间两行将为汉台区分别提供不低于50亿元的贷款，用于重点项目、战略性新兴产业、"三农"、脱贫攻坚、小微企业等重点领域和薄弱环节。

（三）积极优化政府性融资担保公司

陕西省各地市积极优化政府性融资担保公司，通过向区县政府性融资担保机构注资参股和下延机构业务的形式，以股权和再担保业务为纽带，形成各地市政府性融资担保体系。充分发挥其在地方融资担保体系中的引领作用，切实降低担保费率，降低中小企业融资成本。在省金融办关心支持下，2017年底前，汉中市政府直属的汉中市资信融资担保公司完成了第一步增资，资本金达到5亿元。府谷县银丰融资担保有限责任公司由府谷县国有资产运营公司代表县政府同8家国有企业以及9家民营企业共同出资组建而成。截至2018年3月底，公司为中小企业累计提供融资担保689笔，担保总额511372万元。

（四）积极探索金融产品创新和服务创新

中国人民银行西安分行开展"小微企业应收账款融资专项行动"，推动陕西省小微企业以应收账款融资方式获得资金支持，进一步提升小微企业金融服务质量和水平，推动小微企业创新转型发展。自专项行动开展以来，陕西省金融机构积极响应，加大对小微企业的支持力度。人民银行汉中市中心支行积极推广小微企业应收账款融资业务，推动金融机构制定并向政府采购中心报送应收账款融资方案，并共同在政府采购网公示，初步建立起政府采购模式下应收账款融资的制度体系。截至 2018 年 3 月末，汉中市小微企业应收账款融资余额 37.33 亿元，较年初增加 16.93 亿元，走在全省前列。

陕西省各地市银监分局以支持地方经济发展为导向，大力推动金融机构开展金融产品创新和服务创新。中国建设银行陆续推出善融贷、税易贷、POS 贷、薪金贷、创业贷、信用贷、善融 e 贷、结算透等"七贷一透"信用类产品，并创新出"小微快贷"业务，推动小企业业务向小额化、标准化、集约化转型，试图解决小微企业抵押难问题。农行大力推广"简式贷"、"税银通"、"数据网贷"、"账盈通"、发票融资、存货质押、政府增信等创新信贷产品，破解中小企业"担保难"问题，不断拓宽融资担保渠道。中国银行结合区域经济环境推出了"税融贷""中银结算通宝"等产品服务企业。长安银行推动收费权、知识产权等质押贷款业务，并积极推出"园区贷""招标贷""医保贷""诚信贷""精准扶贫贷"等创新产品。

陕西省各地市加快推进"助保贷"，破解企业贷款抵押难题。由政府出资中小微企业助保金贷款风险补偿金，与金融机构开展合作，建立"助保贷"融资专业平台，金融机构按照放大风险补偿金一定比例向企业发放贷款。西安市财政局、工信委、金融办等部门联合制定了《西安市重点中小微企业助保金贷款风险补偿暂行办法》，鼓励引导银行开拓全新中小企业信贷业务，降低企业贷款抵押担保比例，缓解中小企业融资问题。2011 年至今，财政分三批投放风险补偿基金总计 8000 万元。截至 2017 年底，累计入池小微企业 210 家，累计发放 152 家，发放助保金贷款 94840 万元，缴纳助保金 1896 万元。城固建行、城固邮行同县中小企业局合作，城固中银富登村镇银行同县经贸局合作，分别获得县政府风险补偿金 300 万元，建立了 3 家"助保贷"融资专业平台。3 家机构按照放大风险补偿金 10 倍比例向企业发放贷款，大大减轻了企业缺少抵押物的瓶颈制约，在破解企业融资难、融资贵难题方面发挥了一定作用。2017 年，城固 3 家金融机构通过"助保贷"平台，累计为 15 户企业发放贷款 2105 万元。

西安高新区在降低企业获得信贷难度和成本方面探索出了多条新路子。一是建立了信用金融服务平台，助推中小企业快速发展。近 1000 家企业通过平台累计发布各类融资需求 300 亿元，实现融资对接 180 亿元左右。二是通过投贷联动助力小微企业发展。国开行陕西分行与国开科技创业投资有限责任公司，中行陕西分行与西安投资控股有限公司分别进行合作，推出投贷联动业务，为科创型中小企业提供多元化的融资渠道。此外，西安银行作为国内首批投贷联动试点银行，与西安睿控公司、西安华诺环公司、西安磐石公司等多家小微企业签订投贷联动《入股选择权协议书》。三是出台了相关政策，通过债务融资贴息、债务融资风险补偿等为企业降低了融资成本。四是鼓励金融机构针对区内企业特点在金融产品及工具等方面开展金融创新，为企业融资提供更多的渠道和可能性。比如，平安银行推出了税金贷，浦发银行、芝麻信用合作开发的"灵芝快贷"，这些产品都为小微企业提供了高效、低成本的融资贷款服务。

（五）积极利用资本市场推动企业直接融资

陕西省各地市、县（区）紧紧抓住我国资本市场发展的战略机遇期，纷纷出台一系列鼓励本地企业参与资本市场直接融资的政策措施，对企业在主板、中小板和创业板上市的，以及在新三板（全国中小企业股份转让系统）挂牌和区域性股权托管交易中心挂牌的都给予一定金额的奖励。同时，各地邀请资本市场专家和证券机构为本地优质企业开展上市挂牌知识与实务培训会，建立优秀企业上市挂牌后备库。近年来，陕西省在新三板和区域性股权托管交易中心挂牌的企业数量呈大幅增长趋势。

二　我省企业获得信贷面临的突出问题

陕西省降低企业获得信贷难度和成本工作虽然取得了一定进展，但与《陕西省降低企业获得信贷难度和成本行动方案》、《陕西省降低企业获得信贷难度和成本三年行动计划（2018—2020 年）》和《陕西省降低企业获得信贷难度和成本 2018 年工作要点》提出的各项目标和要求还有一些差距，与陕西省追赶超越的大势还不匹配、不协调、不适应，主要表现在：小微企业、民营企业反映融资难融资贵等问题仍然存在，普惠金融、金融扶贫等领域的深度还不够，融资担保体系还不健全等；同时，在降低企业获得信贷难度和成本行动方案的顶层设计上，基层政府存在抓手不足的问题；小微企业应收账款融资存在亟待解决的问题；信贷风险补偿金的设立仍很单一，仅局限个别领域，政府增信机制还不健全；部分银行企业贷款申请流程多，时间较长。出现这些问题的主要原因是：

（一）企业信贷供需各方利益存在矛盾冲突

从银行方面看，国有银行经营方向与县域经济发展主方向不一致。国有商业银行经营重点为大项目、大企业、大城市，而县域经济以中小微企业和"三农"发展为重点，两者的目标不一致，制约了县域中小企业信贷服务的获得。同时，县域金融机构缺乏信贷自主权，不利于其发挥主观能动性。从承贷主体看，有效贷款需求少。市场有效贷款主体不多，缺乏有市场、有效益、有前景的贷款项目。大部分企业缺乏房产、地产等符合银行贷款条件的抵押物，贷款需求无法得到满足。从金融生态看，信用环境亟须改善。目前，银行不良占比较高，各银行分支机构对贷款的不良率限制严格，个别银行出现不良率容忍度为零的考核指标，银行贷款经办人员问责力度加大，造成银行慎贷、惧贷。

（二）担保机构难以满足大量小微企业贷款需求

当前，企业仍面临符合条件的担保公司少、担保费率高等问题。同时，抵押物在登记部门办理它项权利登记时，登记期限短，不利于企业融资。各级政府通过建立风险缓释基金，建立政府性担保体系等降低银行经营风险，增强小微企业融资可获得性，但规模有限，难以满足普遍的小微企业融资担保需求。

（三）小微企业应收账款融资受到限制

小微企业应收账款融资受到地方核心企业财权上收与集团控制力加大，以及上下游企业具备应收账款结算意愿的限制。地方核心企业多数已和省内乃至同行企业组成了大型集团公司，伴随而来的就是地方核心企业以财权为代表部分权力向集团总部的上收。而企业安装客户端要缴纳费用，集团总部对此类开支持拒绝态度，导致地方核心企业无法加入中征平台。一家企业只有在其自身及其供应链上游或下游企业同时具备使用应收账款结算的意愿时，该企业才可能进行应收账款结算。因此作为供应链两端的中小企业意愿不强烈，这也在一定程度上制约了核心企业进行应收账款结算的意愿。

（四）社会信用环境有待进一步改善

目前企业融资难很重要的一个原因，是由于社会信用体系不健全，导致银行因征信成本过高等原因，很难对企业信用进行有效评估。由于民营企业规模小，核心竞争力不强，加之以前部分企业诚信度低，进而影响到整个民营企业的社会信用度，使得民企融资渠道不畅，导致民企贷款难、融资难。同时，一些企业缺失信用，不守合同，规避银行债务，使得银行和担保机构不敢大胆开展担保贷款。

三 降低陕西省企业获得信贷难度和成本的对策建议

按照2018年国务院首次常务会议精神和我省关于降低企业获得信贷难度和成本工作的有关要求，陕西省下一步应加快完善社会信用体系建设，加大与各驻陕金融机构的合作力度，发展面向中小微企业融资的普惠金融产品和服务，完善政策性融资担保体系，实现全省县区服务全覆盖，发挥引领作用，切实降低中小微企业的融资成本。

（一）进一步完善信用体系建设

一方面，强化信用信息的共享应用，推动等级评价报告的应用。推动相关行政管理部门将履行职责过程中产生的各类信用信息，全面完整地汇集至省平台并及时更新，建立信用信息征集共享的常态化工作机制。另一方面，努力完善重点领域的信用建设，加大信用信息的公开力度。从商务诚信、政务诚信等多方面完善使用和监管制度，落实红黑名单管理制度及联合激励惩戒措施，并加大宣传力度，提升信用建设的效力。建议政府集合政银企各方力量，利用信用信息平台，为企业拓宽融资渠道，解决信息不对称问题，化解中小企业融资难的困境。建议政府加大对企业诚信教育力度，引导小微企业规范内部管理，健全企业财务报表信息和资料，让小微企业充分认识到金融信用的重要性，建立良好的融资信用。严厉打击恶意逃废债务的企业，对恶意逃废债务的企业、个人公开曝光，依法制裁。

（二）进一步优化完善政策性融资担保体系

打造融资性担保机构、省级再担保机构、银行业金融机构、市级融资担保基金四级风险分担体系。由省级融资担保机构牵头，与各银行机构洽谈，统一建立政银担保合作关系。推动原担保机构、省信用再担保公司、合作银行及所在市、县财政按4∶3∶2∶1的比例，建立风险分担机制。通过不收或少收保证金、提高放大倍数、控制贷款利率上浮幅度等措施，提高对小微企业融资担保贷款的风险容忍度。通过降低服务成本、争取合作银行让利等多种途径，降低融资担保费用；降低小微企业融资中间费用，政府性融资担保机构年化担保费率原则上不超过1.5%；完善信贷风险缓释机制。推动区县、开发区建立信贷风险缓释金，对发生的代偿风险按一定比例给予风险补偿。支持各融资性担保公司拓展抵质押担保业务种类，为小微企业提供多种特色服务，并纳入融资担保行业风险补偿范围。将国有资金背景担保机构对中小微企业和涉农企业融资担保业务开展情况纳入县区金融工作考核范围，缓解中小微企业和涉农企业融资难问题。同时，改善企业担保条件，提高企业担保能力。一是建议在办理抵质押等贷款业务过程中，延长房产、土地抵押权利登记年限。二是进一步建立健全法律法规，扩大有效担保范围，解决小微企业贷款抵押担保能力不足问题。

（三）继续大力推进小微企业应收账款融资

一是引导和支持小微企业在应用平台上开办业务，做好对供应链核心企业的宣传推广工作，提高核心企业对平台的认知度，争取带动整个供应链相关企业加入平台。二是强化与政府相关部门的沟通协调，通过联合举办推介会等形式宣传政府采购模式下的应收账款融资，积极推动政府采购供应商办理应收账款融资业务。推行小微企业应收账款融资顾问制度，各金融机构将自身小微企业客户划分片区，并委派专人作为小微企业的应收账款融资顾问，向广大小微企业普及应收账款知识，提高小微企业办理应收账款融资的积极性。

（四）营造良好环境并加大政策宣传力度

推动政府相关职能部门从构建"亲""清"新型政商关系出发，加强同小微企业的联系，结合自身职能，积极帮助小微企业提升发展理念，了解国家产业政策、金融政策和银行信贷产品，论证、策划、包装符合银行投放政策、符合产业发展方向的好项目，主动争取银行的信贷支持。围绕企业发展中需要解决的各类信贷融资问题，组织开展金融服务实体经济融资对接系列行动，推动驻地金融机构与企业信贷需求的有效对接。支持银行机构通过印制各类信贷产品、办理流程宣传册，定期开展"优化审贷流程，提升服务品质"宣传等活动，提升小微企业对银行机构信贷产品的知晓度。

（五）支持金融机构落实相关金融政策

支持和推动金融机构认真落实中央关于支持小微企业的相关政策，坚持"创新、效率、可持续"原则，以实现"三个不低于"为目标，进一步加大对小微企业的金融支持力度。发挥银行融资主渠道作用，持续加大信贷支持力度，在合理控制风险的前提下，对小微企业单列信贷计划，进一步优化小微企业授信流程，科学确定授信审查指标，提高审批效率。围绕扩大抵质押范围，创新信贷担保形式，结合小微企业多样化需求，支持金融机构开发"量体裁衣"式的产品，不断满足小微企业融资需求。

权威报告·一手数据·特色资源

皮书数据库
ANNUAL REPORT(YEARBOOK)
DATABASE

当代中国经济与社会发展高端智库平台

所获荣誉

- 2016年，入选"'十三五'国家重点电子出版物出版规划骨干工程"
- 2015年，荣获"搜索中国正能量 点赞2015""创新中国科技创新奖"
- 2013年，荣获"中国出版政府奖·网络出版物奖"提名奖
- 连续多年荣获中国数字出版博览会"数字出版·优秀品牌"奖

成为会员

    通过网址www.pishu.com.cn访问皮书数据库网站或下载皮书数据库APP，进行手机号码验证或邮箱验证即可成为皮书数据库会员。

会员福利

- 已注册用户购书后可免费获赠100元皮书数据库充值卡。刮开充值卡涂层获取充值密码，登录并进入"会员中心"—"在线充值"—"充值卡充值"，充值成功即可购买和查看数据库内容。
- 会员福利最终解释权归社会科学文献出版社所有。

社会科学文献出版社 皮书系列
SOCIAL SCIENCES ACADEMIC PRESS (CHINA)

卡号：111738189141
密码：

数据库服务热线：400-008-6695
数据库服务QQ：2475522410
数据库服务邮箱：database@ssap.cn
图书销售热线：010-59367070/7028
图书服务QQ：1265056568
图书服务邮箱：duzhe@ssap.cn

S 基本子库
UB DATABASE

中国社会发展数据库（下设 12 个子库）

　　全面整合国内外中国社会发展研究成果，汇聚独家统计数据、深度分析报告，涉及社会、人口、政治、教育、法律等 12 个领域，为了解中国社会发展动态、跟踪社会核心热点、分析社会发展趋势提供一站式资源搜索和数据分析与挖掘服务。

中国经济发展数据库（下设 12 个子库）

　　基于"皮书系列"中涉及中国经济发展的研究资料构建，内容涵盖宏观经济、农业经济、工业经济、产业经济等 12 个重点经济领域，为实时掌控经济运行态势、把握经济发展规律、洞察经济形势、进行经济决策提供参考和依据。

中国行业发展数据库（下设 17 个子库）

　　以中国国民经济行业分类为依据，覆盖金融业、旅游、医疗卫生、交通运输、能源矿产等 100 多个行业，跟踪分析国民经济相关行业市场运行状况和政策导向，汇集行业发展前沿资讯，为投资、从业及各种经济决策提供理论基础和实践指导。

中国区域发展数据库（下设 6 个子库）

　　对中国特定区域内的经济、社会、文化等领域现状与发展情况进行深度分析和预测，研究层级至县及县以下行政区，涉及地区、区域经济体、城市、农村等不同维度。为地方经济社会宏观态势研究、发展经验研究、案例分析提供数据服务。

中国文化传媒数据库（下设 18 个子库）

　　汇聚文化传媒领域专家观点、热点资讯，梳理国内外中国文化发展相关学术研究成果、一手统计数据，涵盖文化产业、新闻传播、电影娱乐、文学艺术、群众文化等 18 个重点研究领域。为文化传媒研究提供相关数据、研究报告和综合分析服务。

世界经济与国际关系数据库（下设 6 个子库）

　　立足"皮书系列"世界经济、国际关系相关学术资源，整合世界经济、国际政治、世界文化与科技、全球性问题、国际组织与国际法、区域研究 6 大领域研究成果，为世界经济与国际关系研究提供全方位数据分析，为决策和形势研判提供参考。

法律声明

　　"皮书系列"（含蓝皮书、绿皮书、黄皮书）之品牌由社会科学文献出版社最早使用并持续至今，现已被中国图书市场所熟知。"皮书系列"的相关商标已在中华人民共和国国家工商行政管理总局商标局注册，如LOGO（　）、皮书、Pishu、经济蓝皮书、社会蓝皮书等。"皮书系列"图书的注册商标专用权及封面设计、版式设计的著作权均为社会科学文献出版社所有。未经社会科学文献出版社书面授权许可，任何使用与"皮书系列"图书注册商标、封面设计、版式设计相同或者近似的文字、图形或其组合的行为均系侵权行为。

　　经作者授权，本书的专有出版权及信息网络传播权等为社会科学文献出版社享有。未经社会科学文献出版社书面授权许可，任何就本书内容的复制、发行或以数字形式进行网络传播的行为均系侵权行为。

　　社会科学文献出版社将通过法律途径追究上述侵权行为的法律责任，维护自身合法权益。

　　欢迎社会各界人士对侵犯社会科学文献出版社上述权利的侵权行为进行举报。电话：010-59367121，电子邮箱：fawubu@ssap.cn。

社会科学文献出版社